多面的制度
跨学科视野下的制度研究

北京大学人文社会科学研究院 编

阎步克 邢义田 邓小南 等著

生活·讀書·新知 三联书店

Copyright © 2021 by SDX Joint Publishing Company.
All Rights Reserved.
本作品版权由生活·读书·新知三联书店所有。
未经许可，不得翻印。

图书在版编目（CIP）数据

多面的制度：跨学科视野下的制度研究／阎步克等著．—北京：
生活·读书·新知三联书店，2021.4
ISBN 978-7-108-07068-5

Ⅰ．①多… Ⅱ．①阎… Ⅲ．①制度－研究 Ⅳ．① D033

中国版本图书馆 CIP 数据核字（2021）第 025778 号

责任编辑	钟　韵　杨　乐	
装帧设计	薛　宇	
责任印制	宋　家	
出版发行	生活·讀書·新知 三联书店	
	（北京市东城区美术馆东街 22 号 100010）	
网　　址	www.sdxjpc.com	
经　　销	新华书店	
印　　刷	河北鹏润印刷有限公司	
版　　次	2021 年 4 月北京第 1 版	
	2021 年 4 月北京第 1 次印刷	
开　　本	635 毫米 × 965 毫米　1/16　印张 19.25	
字　　数	239 千字　图 150 幅	
印　　数	0,001-5,000 册	
定　　价	72.00 元	

（印装查询：01064002715；邮购查询：01084010542）

目 录

1   序言

7   制度史视角中的酒爵酒尊
        ——周代爵制的可视化形态
        阎步克　北京大学历史学系教授

43   从制度的"可视性"谈汉代的印绶和鞶囊
        邢义田　台湾"中央研究院"特聘研究员

107   走向"活"的制度史
        ——以宋朝信息渠道研究为例
        邓小南　北京大学历史学系教授

137   自下而上的制度史研究
        ——以"一条鞭法"和"图甲制"为例
        刘志伟　中山大学历史学系教授

175   "制度"如何成为"制度史"
        侯旭东　清华大学历史系教授

203 比较历史分析源流辨析
应星 清华大学社会科学学院教授

223 论非正式制度
——中国官僚体制研究的启示
周雪光 斯坦福大学社会学系教授

253 经济学的制度范式与中国经验
周黎安 北京大学光华管理学院教授

281 经济社会学的制度研究
——两条不同的跨学科研究路径
刘世定 北京大学社会学系教授

序　言

众所周知，几乎从历史学在中国诞生的那一刻起，典章制度便作为一类重要知识而备受关注。《尚书》已见尧舜设官分职的详细记载，《左传》中也留有三皇五帝官职构成的点滴记录，后来成书的《周礼》，更是对国家整体结构的精巧设计，充分体现了时人对于制度建设的缜密思维。而自秦汉帝国以降，制度在历史学中的地位有增无减，有着"正史"之称；作为中国古代史乘最重要代表的"二十四史"，其中大多设有"百官志""职官志"，集中显示出古人对制度的长期关注。

现代史学于中国建立后，制度研究亦在其中占据重要的篇幅。无论是讲求史料考证的史料学派，还是主张理论先行的史观学派，都曾对制度研究倾注了巨大的心力。其结果便是，几乎围绕每个历史时期的史学研究，制度研究都构成了其中重要的一环，相关成果数量之多，可谓汗牛充栋。不断涌现的新出文献亦为制度研究持续注入源头活水，无论是甲骨金石，还是简帛文书，都揭示出许多传世文献未见的官职设置和行政运作，推动制度研究走向具体、走向细节。

而自20世纪90年代以降，一些敏锐的研究者还尝试提炼、总结制度研究的理论方法。邓小南教授倡导的"活"的制度史，阎步克教授提倡的制度史观，侯旭东教授推动的日常统治研究，都是其中的显例。理论方法的提出表明制度研究已很深入，但同时也显现出，在什么是制度、如何研究制度上，还存在着不少分歧：制度是静态存在的法令条文，还是具体政治社会中的实践？制度居于支配性的统摄地位，还是常常被接受者的能动性所干扰甚至左右？研究制度应立足中央/国家还是地方/社会？观察制度的视角应该是自下而上还是自上而下？可以说，在这些关涉制度的最基础、最紧要的问题上，研究者之间尚未形成共识。

另一方面，制度也是政治学、社会学、经济学等学科的重要命题。早在19世纪，即有所谓的旧制度主义。而伴随对20世纪五六十年代主流社会科学中的行为主义和理性选择理论的批判，制度再次成为社会科学研究的焦点，以制度为核心概念来解释政治、社会、经济现象的学术主张常常被称为"新制度主义"。如何发现特定政治体制的特征以及制度运行中各类正式、非正式的惯例和价值体系？制度与行为如何互动？所有这些问题都在新制度主义的研究中得到了推进。

不过，何谓制度？社会科学内部同样是众说纷纭。制度是什么？制度与行动者关系如何？制度是怎样形成的？其变迁动力又是什么？这些历史学者密切关注的问题，同样也是社会科学研究者争议的焦点。

2018年秋季至2019年春季，北京大学人文社会科学研究院（简称"文研院"）推出了"跨学科视野下的制度研究"系列讲座，邀请了一批来自各个领域的学者，聚焦"制度"这一人文与社会科学的核心主题进行讨论。讲座的讲稿经过整理和完善后，在三联书店出版。

这本书的开篇，我们邀请到了北京大学历史学系教授阎步克，他从制度史的视角分析周代可视性的等级标志——酒爵与酒尊。发达的衔号系统、精密的升降规则、森然不紊的等级待遇，必定是行政体制发展到特定阶段的产物。五等爵及公卿大夫士爵，在西周时还在孕育之中，它们实际都是春秋以来才逐渐成形的。然而，西周已是贵族社会，大小贵族虽不像后世那样有成熟的品秩勋爵，但也形成了一些萌芽性的、原生性的标识方式。

为了维持并强化秩序规范的稳定存续，人们会利用各种有形符号，使秩序规范可视化。其中，由权力建构的政治秩序，尤须借助有形的符号，标示权力主体与被支配的对象。台湾"中研院"历史语言研究所特聘研究员邢义田会从可视性的角度出发，以汉代官吏的印绶和鞶囊为切入点，重新思考制度及制度史的研究问题，考察古人如何将政治制度转化为有形、可视的符号，如何借助这些符号体现不同场合之下的权力与身份秩序。

政治制度史是学界研究中长盛不衰的热点话题。近年来，"走向'活'的制度史"这一研究范式受到了许多学者的高度关注。所谓"活的"，即不再拘泥于静态的、一成不变的制度规章，转而投向动态的、灵活多变的实施方式和功能效用，并力图借此将制度与文化、社会群体乃至思想活动联系起来加以考察。基于这一研究背景，北京大学历史学系教授邓小南将以宋朝的信息渠道研究为范例，探讨如何挖掘和理解制度史的"活动"因素。

在文献记载里，中国的王朝典章制度，一般都是由高层官员在中央决策层面提出，由皇帝批准施行。但许多资料却显示，很多制度的产生和定型往往是在基层发生的。这些制度随着现实环境的改变因应运作中的问题而采取了某些变通办法。这些变通最初在地方层面各自为政地实行，进而再逐步影响到国家体制的改变。"一条鞭法"和"图甲制"，在明清国家制度变革中具有非常重要的位置，两种制度的变革都不是中央决策层面设计的，而是在地方政府和基层社会的种种灵活应对中逐渐形成的。中山大学历史学系教授刘志伟将介绍明代基层社会经济的变动如何改变了里甲制的构造和运作方式,进而导致一条鞭法的产生,一条鞭法又是怎样成为这个社会转型过程的制度基础。

同样值得关注的,是制度与人心的关系,即制度在思想史层面上所形成的具体效应。清华大学历史系教授侯旭东以古人心中的"制度",即中国古代典籍中制度的含义为切入点,论述制度逐渐成为制度史的过程,以及这种转变的意义;在梳理制度史研究脉络的同时,他也关注对制度实态的研究。

比较历史分析是社会科学的一种基本工具,也是新制度主义潮流的重要组成部分。这种研究思路源起于经典社会理论,于20世纪60年代被正式提出,并在六七十年代的繁荣期后逐渐走向分裂和式微。沿着这一脉络,清华大学政治学系教授应星将会着重讨论比较历史分析的源头,述评美国社会科学的兴起及其若干特点,以及20世纪60年代以来比较历史分析发生转型的原因,最后,他也会回顾自己将比较历史分析与中国现代史相结合这一努力的探索和成果。

为什么非正式制度会盛行不衰?如何从非正式制度理解正式制度和国家治理?斯坦福大学社会学系教授周雪光会围绕这些问题,分析非正式制度在国家治理中的背景和逻辑,探讨非正式制度的再生产机制,以及对中国国家治理的意义。

经济发展过程中市场和政府的关系是现代经济学的重要主题。围绕这一问题,经济学发展出了诸多关于经济增长的理论,这些理论都涉及经济增长背后的制度条件。中国改革开放以来的发展奇迹向这些既有的理论发起了挑战,"中国做了什么"成为张五常等经济学家积极探讨的问题。北京大学光华管理学院教授周黎安由此出发,回顾国家经济增长的制度条件的相关理论,提出"官场+市场"的新看法,重新审视和评价政府与市场在中国的经济增长机制中各自所扮演的角色及其互动模式,进而解释中国经济增长所带来的理论困惑。

最后，北京大学社会学系教授刘世定基于自身多年的教学、科研经验，通过不同的路径分析来解释经济社会学所独有的思维方式。经济社会学作为在社会学与经济学互动中发展起来的学科，如何构建自身的研究方法与规范，如何在新发展趋势中进行新的探索，是这一讲的重要主题。

这九位来自历史学、社会学、政治学、经济学等不同学科领域的海内外学者，在跨学科的视野下，聚焦"制度"这一人文与社会科学的核心命题，集中讨论古今中外的制度及制度研究的理论方法。我们希望，广大读者能在问题的梳理与路径的交叉中激活思想，拓宽制度研究的视野。

渠敬东

北京大学人文社会科学研究院常务副院长、社会学系教授

2020年3月

制度史视角中的酒爵酒尊
——周代爵制的可视化形态

阎步克

北京大学历史学系教授

* 本文原为 2018 年 9 月 17 日阎步克老师在北京大学所做的"北大文研讲座"(第 93 期)。此次讲座也是文研院"跨学科视野下的制度研究"系列讲座第一场。

序论　原生态可视化等级标识

"爵"是饮酒器的通称,同时又是古代一种最重要的品位序列之称,从周代到清末,历代都有封爵。"尊"则是盛酒器的通称,它也成了最重要的身份用词,与"卑"相对。这样两个身份用语"爵"与"尊",同时又是酒器之称,这就很有趣了。由此启迪了一个推想:萌生期的爵制,曾存身于一种物化的、可视化的形态之中。爵、尊又作身份之辞,就是这种"原生态"的爵制遗留下来的历史胎记,而且与饮酒礼息息相关。

所谓"原生态",是相对于充分行政化了的爵制而言的。复杂的位阶衔号、严整的升降规则和繁密的等级待遇,必定是行政体制充分发展的产物。战国便达到了这种发展程度,军功爵的爵级多达20个。授爵的条件是斩一甲首者爵一级、斩二甲首者爵二级。依爵级而授田授宅的制度,也整齐有序。彻侯有封国封户了,所以授田不以顷计。关内侯授田95顷,还授95个单位的宅地,等而下之是90、88、86、82……第十级与第九级爵之间还能看到一个断层,从74直接降到了25。一直到最低的公士,1.5顷田,1.5个单位的宅地。按古代观念,"一夫百亩",而如果拥有了一级爵,就给1.5顷,即150亩。二十等爵的继承,也有精致的规则。"后子"是法定继承人,另两个儿子与其他儿子共三种身份,按三种不同方式袭爵。这样的授爵之制、授田宅之法、继承制度及等级待遇等,堪称完善。

这样整齐复杂的体制,当然不会一蹴而就。向前看周爵,那就简单粗糙多了。公、侯、伯、子、男这样的爵号,在西周倒是都有,不过它们从用途看仍较"散乱",尚没有组成一个严明清晰的高下序列。更没有男爵升子爵、子爵升伯爵、伯爵升侯爵、侯爵升公爵之事。这样的五等爵晋升之制,已是魏晋以后的事情了。卿、大夫、士作为职名,跟春秋以后的上卿、中卿、下卿,上大夫、中大夫、下大夫，上士、中士、下士这样的爵级，还不是一回事。"五等爵"与卿大夫士爵这两套爵，大约是从西周后期到春秋才逐渐成熟起来的。

但在商和西周，大小贵族的权势地位肯定是有区别的，有的家族权势地位高，有的家族权势地位低。那么，以贵族的实际差异为基础，就会滋生出一些原生性的等级标识。什么是"原生性"呢？比如，体现于相互位置、行事次序中的身份差异等；体现于物品形态、数量中的身份差异等。在行政化时代，原生性标识焕然一新、整齐有序，通过精细规划而被纳入成文法规，体现于朝堂班位、舆服等级。反过来说，行政化程度越低，成文法规越不发达，位阶体制越简单粗糙，原生性等级标识的作用，就相应地越大。"自然状态"的实际权势、原生态的等级标识与行政化位阶制度，大致呈现为三个层次【图1】。

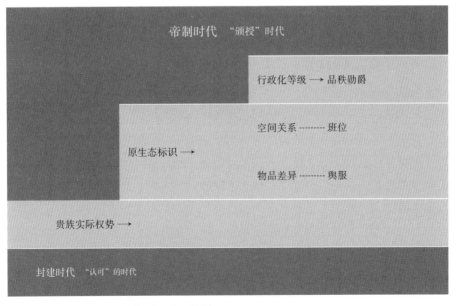

图1 原生性等级标识的三个层次

法律所规定的行政级别是看不见、摸不着的。而原生性等级标识不同，其特点是具有可视性，直接诉诸视觉形象，直接唤起心理感受，一望即知，一目了然。比如说坐席次序和行礼次序。原生社会也会有集体活动，还会有庄重的典礼。一群人"欢聚一堂"，谁地位高，谁地位低，行事时谁居先、谁居后，是可以逐渐固定化的。体现了各人在社群中不同地位的那种空间关系，就成了一种可视化的权力关系，或说是位置与动作中的可视化权力了。此外还有用品的质料、样式与用法，也很容易就变成实体化、可视性的等级标识。

其实在现代生活中，可视化的等级标识也依然存在着，同样直接诉诸形象，刺激着心理，以致老少咸宜，妇孺皆知。回想少年时代，我对少先队干部的臂章，即一道杠、两道杠、三道杠，便有一种敬畏之感。网上有人说美国的阿灵顿公墓很感人，生而平等、死而平等。后来我在阿灵顿公墓确实看到了那种场景，每一块墓碑形制大小完全一样，尽管军衔不同。然而事实上我在那里还看到了另一个墓区，那里的墓碑形形色色、各种各样、五花八门，这就非常"不平等"了；这一墓区的墓碑上的军衔，没有任何规律。那么就只能归结为孩子孝顺，家里有钱，就给父亲修了一个又漂亮又高大的墓碑；倘若他们认为这个不重要，less is more，那么一个朴素的普通墓碑就足够了。换句话说，此处墓碑的大小、形制都是个案，这种"不平等"是原生态的，宛如野地中的杂草，参差不齐。此外人们又知道另一种公墓，其墓区位置、坟墓面积、墓碑形制之差，都严格遵照行政级别。这种墓葬等级就高度"行政化"了。

爵、尊都是酒器。封爵和酒爵用同一个"爵"字，尊卑和酒尊用同一个"尊"字，可以判定，这就是早期原生可视等级标识所留下的一个历史胎记。具体说，它们来自古老的饮酒礼上，坐席与酒器所体现出的尊卑长幼关系。

一　爵位、齿位与遵者

日本学者西嶋定生慧眼独具，对酒爵与封爵之关系，先行进行了讨论。他利用若干清代学者的推测，提出了一个重要论点："爵"之一词二用，源于周代乡饮酒礼。氏族时期就存在集体宴享活动，由此发展出了饮酒之礼。日常生活中人们忙于自己的田地，互不见面，集体饮酒时就欢聚一堂了。在这时候，饮酒礼上的坐席布局和行爵次序，都严格依照长幼尊卑，而这就构成了最原始的爵序。

我觉得西嶋的论点相当精彩，揭示了酒爵和封爵之间的内在联系。最早的爵位就是饮酒礼上的席位。如西嶋所说："坐席序列成了爵的巡行序列，亦即爵列、爵次，这个次序本身就叫做爵。"西嶋还发现了一个有趣的细节：汉代赐民爵时，同时还会赐"女子百户牛酒，酺五日"，即男的赐爵，家庭主妇则按照一里百户来赐牛酒。为什么赐民爵时又要赐牛酒呢？就是让他们在社区举行饮酒礼，大饮五天。本来依照汉律，三人以上无故群饮违法，属于非法群体活动，而饮酒礼则是朝廷所允许的。饮酒意在行礼，按照古老的传统，赐爵就应置酒。赐爵本身就指明了饮酒礼的举行。"赐爵的意义是否就是饮酒礼本身呢？"西嶋意谓"爵位"本来就是饮酒礼上的席位，赐爵意味着地位提高了，所以要举行一次饮酒礼改变昔日席位，令当事人向社区做一宣示——老子地位上升了，今非昔比了，我现在坐到这个新席位上来了，由此"爵位"就落在实处了。人生意义，不就是高居上位、鹤立鸡群吗？在位阶体制尚未"行政化"的时代，我想这种直观可视的做法，就是社会秩序的一个重要方面。

西嶋的杰出之处，还在于他进而讨论了"爵位"与"齿位"之关系。孟子说"朝廷莫如爵，乡党莫如齿"，庄子也说"朝廷尚尊，乡党尚齿"。"齿"就是年齿。传统社会敬老，乡饮酒礼也是一种敬老之礼，敬老就是"尚齿"。因此爵位、齿位之关系，就成了一个绕不过的问题。《周礼》云："饮酒于序，以正齿位，壹命齿于乡里，再命齿于父族，三命而不齿。"《荀子》等书也有类似记载。西嶋说这个礼制就反映了"爵位"优于"齿位"。以国家权力为基础的爵命，优于乡里中的父老子弟身份。这个结论，应该说颠扑不破、无可置疑。

对于"壹命齿于乡里，再命齿于父族，三命而不齿"，西嶋定生没有对空间场面做具体推演，因为他视线的焦点是二十等军功爵，古饮酒礼只是背景、旁证。我现在来具体阐述这个事情。

【图2】出于宋代杨复的《仪礼图》。这张图标注了主人、宾和介的相对位置。介也是来宾之一。靠北墙放着两个酒尊，两个酒尊之东写着一个"遵"字，"遵"是一种特殊身份的人，是我们随即要讨论的。再看清代张惠言的《仪礼图》【图3】。

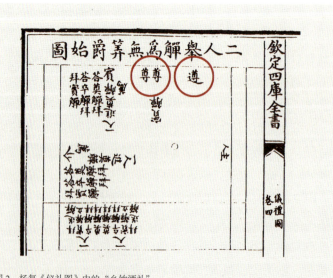

图2　杨复《仪礼图》中的"乡饮酒礼"

制度史视角中的酒爵酒尊——周代爵制的可视化形态　13

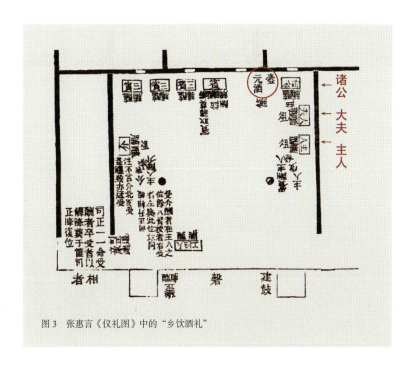

图3　张惠言《仪礼图》中的"乡饮酒礼"

此图的右上方，放着两个酒尊或者说酒壶，左边这个没写"壶"字，而是注为"元酒"，"元酒"就是"玄酒"。两个壶中有一个盛玄酒，这个壶比较尊贵一些，所以特别注明。所谓玄酒，或说就是清水。主人居东，另一侧则是宾、介和三宾。主人之上是大夫、诸公，他们也就是前一幅图上的那个"遵"，其席位在两个酒尊的东边。

为让大家看得更清晰，我把乡饮酒礼图重新制作了【图4】。

图中右上方是两个酒尊，具体说是酒壶。来宾处于场面西部，有宾、三宾，也有介，他们是社区成员中的德高望重者，乡饮酒礼主要就是面向他们的。但有时候会出现这么一种情况——一些拥有朝廷爵命的人前来观礼了。这些人如到场光临，其席位该怎么安排呢？《仪礼·乡饮酒礼》说："宾若有遵者，诸公、大夫，则既一人举觯，乃入席于宾东。"诸公、大夫就是"遵者"。他们在"一人

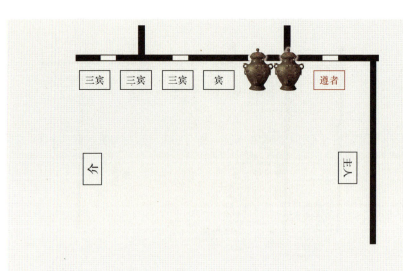

图4 乡饮酒礼图

《仪礼·乡饮酒礼》：宾若有遵者，诸公、大夫，则既一人举觯，乃入。席于宾东，公三重，大夫再重。

郑玄注：不干主人正礼也。遵者，诸公大夫也。谓之宾者，同从外来耳。大国有孤，四命谓之公。席此二者于宾东，尊之，不与乡人齿也。天子之国，三命者不齿。于诸侯之国，爵为大夫则不齿矣。

"举觯"这个节目之后入场，然后坐在来宾之东，也就是酒尊之东。酒尊之东，就是诸公、大夫或说"遵者"的席位之所在。所以什么是"遵者"呢？酒尊之东的那些人就是"遵者"，其地位最尊，两个高高的酒尊构成了他们的身份标识，使之跟其他人区别开来。这就是乡饮酒礼上"人—尊"的格局。

再来阐述"壹命齿于乡里，再命齿于父族，三命而不齿"。父族就是宾、介和三宾，他们是父老，在堂上有席位，按年龄从西向东排列，脸朝南，这个叫"南面东上"。子弟辈分的来宾立在堂下、西阶下，"东面北上"，面向东方，排列方式是越北地位越高。拥有朝廷爵命的人到来之后，一命的官跟子弟在一起，这

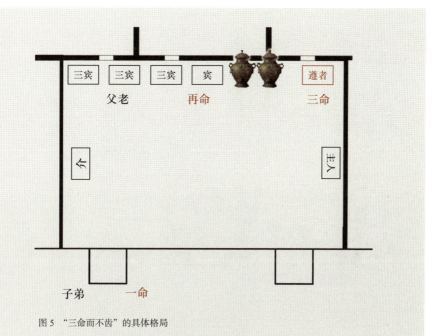

图5 "三命而不齿"的具体格局

《周礼·党正》：壹命齿于乡里，再命齿于父族，三命而不齿。

郑玄注：齿于乡里者，以年与众宾相次也。齿于父族者，父族有为宾者，以年与之相次也；异姓虽有老者，居其上。不齿者，席于尊东，所谓遵。

就是"壹命齿于乡里"；再命的官跟父老在一起，这就是"再命齿于父族"。"三命而不齿"，说的是三命以上的"遵者"坐席，别在酒尊之东，不与任何乡人齿列。由这种空间布局，对"爵位优于齿位"便可有更具体的理解【图5】。

在饮酒礼图中一般有两个酒尊。战国初年始，有些铜器上出现了刻纹，包括打猎、水陆攻战、大射等画面，此外还有宴乐图。那些宴乐图中所看到的酒壶，大多数是成双的，跟乡饮酒礼图一样。宴乐图是士大夫互相宴请的场面，跟乡饮酒礼有所不同，但由此也可以看出，"两壶"的风俗是普遍存在的。宴乐图在很多地方都发现了，从山西到四川，一直到江南，参看【图6】。

16 多面的制度

铜椭杯刻纹　上海博物馆藏
(马承源:《漫谈战国青铜器上的画像》,《文物》1961年第10期)

铜匜刻纹
(《陕县东周秦汉墓》科学出版社 1994)

铜匜刻纹　长沙黄泥坑M5
(交道义:《长沙楚墓》,《考古学报》1959年第1期)

铜壶刻纹　故宫博物院藏
(《故宫青铜器图典》紫禁城出版社 2010)

图6　宴乐图中呈现的"两壶"

可见在前行政化时代，等级区分采用了可视化的形式，通过人和人的空间关系来展示身份地位。进入春秋，这些可视化的标识形式继续发展，与"爵号"相辅相成、相得益彰。我们读《左传》《国语》，其中的"班"、"位"与"爵"几乎就是同义词。"班""位"就是朝班、朝位。而在西周和商，以及更早时候，还没形成五等爵和公卿大夫士爵，这时候饮酒典礼上的席次和爵次，进而各种典礼上的席次和爵次，就是一种原生态的爵位，古人所说的"爵"，最初就是这种东西。

二 "统于尊"或"统于君"

西嶋定生只谈了乡饮酒礼，没有涉及燕礼。我们再看一看燕礼。燕礼的样式之一，就是国君宴请自己的臣子。在国君出场的情况中，席次、爵次依然跟爵级息息相关。在席次上：小卿次上卿，大夫次小卿，士、庶子依次就位于下（"小卿"就是"少卿"，后代仍有"少卿"这个官名）。再从爵次上说，在燕礼上由宰夫做献主，他先献君，随后献卿、献大夫、献士、献庶子，完全依照爵级，自上而下地献。这些人也一个个地旅酬，即举杯相互致意，像接力赛似的从卿、大夫、士直到庶子，自上而下依次酬答。卿、大夫、士、庶子这样的身份等级，在春秋已经很清晰成熟了，但在西周恐怕还不是这样的，那些称谓还没有构成一套爵列。然而西周贵族的身份高下之别，必已体现在席次和爵次之上了，包括燕礼。

燕礼有国君出场，也正因为此，典礼的场面也发生了变化。变化体现于两点：第一，人和人的席位发生了变化；第二，人和酒尊的关系发生了变化。所以在燕礼上，酒尊仍是一个涉及身份的可视要素。

仍以礼图为例,如"主人献大夫图",出自宋代杨复《仪礼图》【图7】。

图中的"公"就是国君,他请臣子来喝酒,他的前方放有四个酒壶,北边的两个是方壶,南边的两个叫瓦大。方壶是卿大夫们所用的酒壶,瓦大是国君个人所用的酒壶。

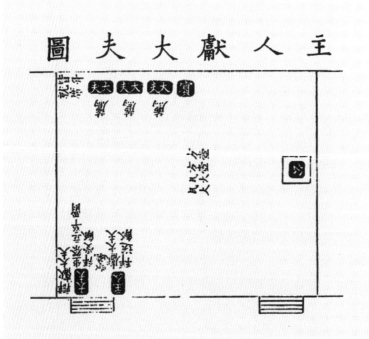

图7　杨复《仪礼图·主人献大夫图》

大射礼的宴饮布局跟燕礼相类，那么也不妨一观。【图8】是一幅大射礼中的"主人献大夫图"，也出自杨复《仪礼图》。

卿大夫、卿、小卿按"南面东上"的规则排列。这里的公是国君。国君之左，是比三命之卿爵命更高的四命诸公。四个酒尊中，两个是膳尊，相当于前图中的瓦大；另两个方壶，又叫散尊。两对酒壶中，都是靠南边的那个装玄酒，也就是清水。

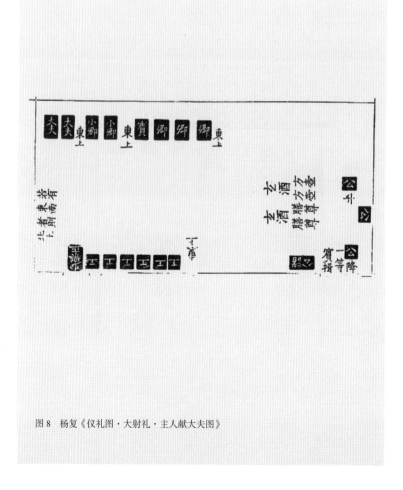

图8　杨复《仪礼图·大射礼·主人献大夫图》

【图9】出自清人张惠言的《仪礼图》。

卿大夫依"南面东上"排列。在坐席末尾的地方，若人多就会拐出弯来。公前置散尊玄酒、膳尊玄酒。四个酒尊放在哪呢？放在东楹之西，图中黑点指的就是楹柱，那四个酒壶就放置在这个柱子的西侧。

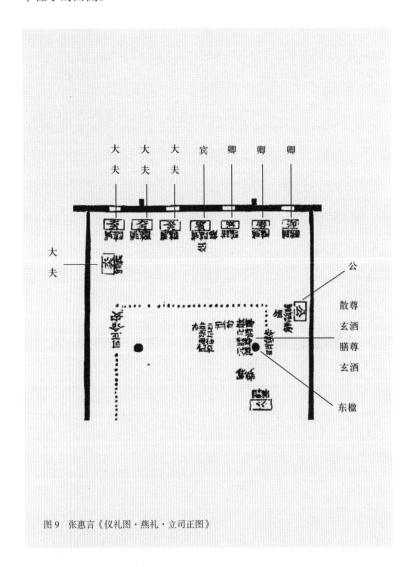

图9 张惠言《仪礼图·燕礼·立司正图》

这样一个布局,跟刚才所讲的乡饮酒礼就不相同了。《礼记·玉藻》说:"唯君面尊,大夫侧尊,士侧尊。"这就是一个"人—尊"关系的原则。只有君主才能正面对着酒尊,这四个尊都面向着君主。而大夫和士不能面对酒尊,只能以侧身对着酒尊,是所谓"侧尊"。"唯君面尊"的目的是什么呢?孔颖达疏说"谓人君宴臣子,专其恩惠,故尊鼻乡(向)君"。酒尊的有鼻的 面被认为是正面,以酒尊正面向着君主,象征着给你们喝的酒都是出自君主,恩惠为君主所专。所以这是尊崇君主的一种手段。"唯君面尊"的布局原则,是君主的出场造成的人—尊关系的变化,以显示君尊臣卑,以及君主专其恩惠。这里附带说一下什么是"尊鼻",很多《礼记》注释之书说不清楚。我推测应是铜罍下腹部的兽首装饰。所以制图时我采用了铜罍图像,图中的两个膳尊,就是铜罍【图10】。对此我已另外有文章专门讨论,这里就不详述了。

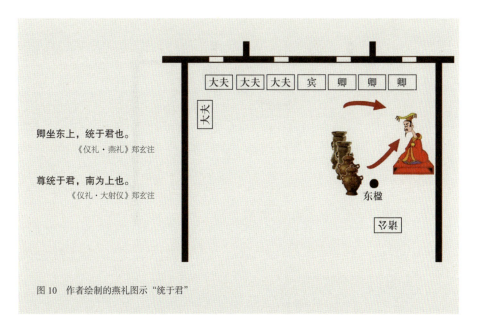

卿坐东上,统于君也。
　　《仪礼·燕礼》郑玄注

尊统于君,南为上也。
　　《仪礼·大射仪》郑玄注

图10　作者绘制的燕礼图示"统于君"

这样一种布局原则，郑玄把它称为"统于君"。在燕礼上，人与尊的空间关系和人与人的空间关系，都体现出了"统于君"的原则。首先，臣子的坐席按"南面东上"排列。郑玄说"卿坐东上，统于君也"，就是以君主为基准点，来安排这些人的坐席朝向与远近。郑玄又说"尊统于君，南为上也"，酒尊的排列也体现了"统于君"，指的是酒尊南北排列、以南为上和"唯君面尊"。赘言之，"统于君"有两重意思：一个是卿大夫的坐席与朝向以君主为基准点，一个是四个酒尊的摆放方式以君主为基准点。

再拿燕礼来对比乡饮酒礼，差异明显可见。在乡饮酒礼上，来宾跟主人身份相近；即便有诸公、大夫来观礼，主人跟他们也大致平起平坐。在这种情况下，来宾的坐席布局就以两个酒尊为准，用郑玄的话说就是"统于尊"。"统于尊"，就是各种来宾的坐席，越接近酒尊的人地位越高【图11】。酒尊西侧的那些宾，最接近酒尊地位最高；而酒尊东侧，"遵者"诸公、大夫处在场

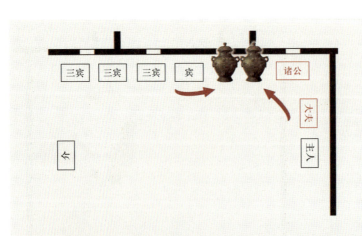

图11 "统于尊"

《仪礼·乡射礼》：大夫若有遵者，则入门左。……席于尊东。

郑玄注：尊东，明与宾夹尊也。不言东上，统于尊也。

面的东北角,地位最高,可郑玄特别强调"不言东上,统于尊也","不言东上"意思是说在酒尊东侧,并非越往东地位越高,而是越接近酒尊的地位越高。大夫离酒尊较远,其地位较低;诸公紧挨着酒尊,其地位最高。在这个场面中,酒尊是坐席的基准点,这种布局原则,就叫"统于尊"。

概而言之,乡饮酒礼、燕礼展示了三种人—尊关系。第一种是"统于尊",乡饮酒礼上宾主身份相敌,所以两个酒尊置于房户之间,以示共享。第二种是"统于君",燕礼上君主宴请臣子,由于君尊臣卑,四个酒尊就放在东楹之西,"唯君面尊"。除此之外,孔颖达还讨论了第三种情况,就是君主用燕礼宴请他国君主的情况。两国领导人见面了,空间布局就要显示双方身份对等。在这时候,酒尊置于两楹之间,两君都不面尊,叫做"宾主之间夹之,不得面乡尊也"。

第三种场面具体是什么样子,礼图中没有画,只能想象。我想象大致是【图 12】那样的。

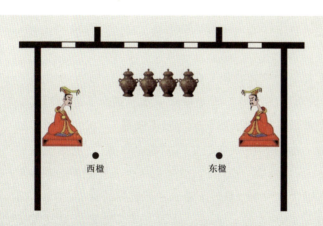

图 12 君主用燕礼宴请他国君主的情况

《礼记·玉藻》孔疏:若两君相见,则尊鼻于两楹间,在宾主之间夹之,不得面乡尊也。

《礼记·郊特牲》孔疏:《乡饮酒》是卿大夫之礼,尊于房户间。《燕礼》是燕己之臣子,故尊于东楹之西。若两君相敌,则尊于两楹间,故其站在两楹间。

主人应该居东,来宾应该居西。酒尊据说是在"两楹之间"。在两楹的中点上画一条南北向的竖线,这条线就叫做"两楹之间"。这时酒尊恐怕就不能南北排列了,因为南北排列的话,尊鼻不是向这边、就是向那边,做不到"不得面向尊"。酒尊不得面向任何一方,那就只能东西排列了,姑且认为是上图那样的吧。

这三种人—尊关系都表明,酒尊的摆放方式涉及场面的性质,取决于人与人的等级关系。酒尊之"尊"之所以成为尊卑之"尊",也是基于它在典礼上的等级意义吧。"遵者"为什么叫"遵者"呢?"遵者"之称跟"尊者"之称有关系吗?乡饮酒礼上的两个酒尊构成了"遵者"的身份标识,所以很容易引发这类猜测。我推测"尊者"跟"遵者"有一定关系,以往学者往往把"遵"和一种叫"僎"的人混为一谈,我有两篇即将刊出的文章,会对此加以辨析。这里不再多谈,目前还是来看酒尊的问题。

"尊"的字形是两只手捧着一个酒瓶。《说文解字》说:"尊,酒器也。从酋,廾以奉之。……以待祭祀、宾客之礼。""酋"就是酒瓶,"廾"是两只手捧着。这个构形跟"爵"字类似,"爵"也是一只或两只手捧着一个酒爵的形象。捧着这瓶酒干什么?"以待祭祀、宾客之礼"。

那么来看两位学者的相关论述。首先是唐兰的一个论点:"陈设之器为尊器"。"尊"本是一个动词,是两手拿着酒器去陈设,把它摆放在那儿。郑玄说"置酒曰尊",把一件酒器放在特定位置,这个动作就叫"尊"。"樽以鲁壶",就是把鲁壶陈设在典礼上;"侧尊一甒醴",就是把一个装有醴酒的瓦壶单独陈设在那里。这两个"尊"字都是"陈设"的意思。"尊"进而引申用于陈设的礼器,就是"尊器"了。有很多论文都研究过商周青铜器的"自名"问题,在青铜器的自名中,能看到"尊缶""尊盘""尊匜""尊鼎"之类自名,同时又能看到"盥缶""食鼎"之类自名。"尊缶"是用来陈设的缶,是行礼用的,

"盥缶"就是洗漱用的了;"尊鼎"是用来陈设的鼎,是行礼用的,"食鼎"应是用于日常饮食的,类似今之锅碗类的食器。这里的"尊"字显示,用于陈设的就是尊器。辉煌富丽的青铜礼器,就是一种物品化了的可视性等级权势,用于陈设,以炫耀主人的高贵富足。

再看谭介甫的一个论点,他强调"奉酒以敬":"尊"是一个动作,双手奉酒以向人、神示敬。在铜器铭文中,"尊俎于王姜",就是向客人敬酒;"用尊事于皇宗",就是向鬼神、祖宗敬酒。前者就是待宾客,后者就是待祭祀,恰好合乎《说文解字》所说的"以待祭祀、宾客之礼"。由此推论,奉酒的对象便是"尊者"了。"奉酒为尊",是一种动作与姿态中的人际关系。"酒"本身也是一种物品,它作为一种奉献物具有特殊性。虽然食器的使用也有等级性,但奉献食品远不如献酒的致敬功能那么强大。酒精的强大麻醉与兴奋功能,足以激发出典礼所需气氛,这一点食品无法企及,所以"无酒不成礼"。由此酒器压倒了食器,酒尊之"尊"成了身份用词。

了解了"置酒曰尊"与"奉酒以敬"这两点,对酒尊之"尊"为何同尊卑之"尊"息息相关,就有更深刻的理解了。

下面再来看酒尊本身的等级性。燕礼场面使用几种不同的酒尊。君主专用的那两个酒壶叫"瓦大",容量五斗;两个方壶供卿大夫使用,容量一石;士、庶子只能在堂下待着,门内西侧放着两个圆壶,其容量估计比一石更大,里面装的是给士、庶子喝的酒。这六个酒尊分成三等,以小为贵。根据《礼记》,礼器有时候"以大为贵",有时候"以小为贵"。好比生活中大碗喝酒的是一种人,小杯喝酒的又是一种人;出门坐小车的是一种人,出门挤大巴、挤地铁的又是一种人。大型酒尊所装的是众人所喝的酒;君主的酒尊最小,表明此系君主个人专用,反而显示了他身份最贵。这也算是一种"以小为贵"了。酒尊的大小也有身份性,再次反映了酒尊之"尊"和尊卑之"尊"具有一致性。

古人还有一个很有趣的说法,叫"五十而爵"。《礼记·王制》说"五十而爵",郑玄解释说"贤者命为大夫";《礼记·郊特牲》说"古者五十而后爵",郑玄又解释说"年五十乃爵为大夫也"。《白虎通义》还认为"士非爵",因为《礼记》又说"四十强而仕",四十岁入仕了却不说"爵为士",所以士就不是爵,"至五十爵为大夫",到了五十岁就可以做大夫,拥有大夫之爵了。这个说法很有意思,为什么非要"五十而后爵",为什么士就不算爵,一定有一个背景。我觉得这可能也跟饮酒礼有关。

《礼记·乡饮酒义》说"六十者坐,五十者立侍",贾公彦《仪礼》疏说是"乡人五十已上,九十已下有齿法"。乡饮酒礼的来宾分父老和子弟两等,父老就是五十岁以上、六十岁多的人,他们在堂上有坐席,按年齿而坐,这是敬老之意。我们也知道"父老"实即氏族、乡里之领袖,"子弟"须听命于父老。如果把席次视为原生性爵位的话,在堂上有坐席,就意味着他们有爵位。子弟是五十岁以下的人,他们在堂下立着,没有坐席,就意味着他们没爵位。那我们就得出了一个初步认识:第一、坐席在堂上还是堂下,跟年龄有关;第二、堂上有坐席的就等于有爵位,堂上没坐席的就等于没有爵位。

再回到"壹命齿于乡里,再命齿于父族,三命而不齿"这个礼制上来。一命的士,最多"四十强仕",通常不到五十岁。那么,他们不就没有堂上的坐席,得在堂下待着,只能"立侍"了吗?所以在这个意义上,"士"就不是爵,因为他没有爵位。而"年五十乃爵为大夫也",大夫就可以在堂上坐了,所以大夫有爵位。西嶋定生推定酒爵和封爵相关,这一点古人已经触及了。清代学者引用了一个古老的说法,认为酒爵就是封爵,但是他们没说这个说法是从哪里来的。我做了一个检索,目前看,此说唐朝已有。《开元文字音义》:"大夫以上与宴享,然后赐爵以章有德,故因谓命秩为爵。"君主把卿大夫请来喝酒,由《左传》等史书所见,士、庶子等通常不在宾客之列,不与宴享。在典礼上,士、庶子什么的也许承担着各种杂役,也许在堂下待着不能上堂【图13】。"赐爵以章有德"的"爵"指酒爵,"故因谓命秩为爵"就是封爵了。什么叫"大夫"?"夫"的本义就是成年人。如"民夫""丈夫"的"夫"都是指成年人。那么"大夫"就等于是"大人"了。"大人"可以指有官爵者,也可以指老人。父亲、伯父、舅父什么的,也都可以叫"大人"。可以设想,称"大人"的都比较年长,一般在五十岁以上,饮酒礼上他们有堂上坐席,也就是说他们有爵位。因此"五十而爵",与"四十强仕"而"士非爵",跟饮酒礼有关。

图13 典礼上,士、庶子等一般在堂下,不能上堂

《开元文字音义》:大夫以上与宴享,然后赐爵以章有德,故因谓命秩为爵。

汉初有个叔孙通，给刘邦制定朝礼，汉七年十月正会时实施。行礼之时，功臣、列侯、诸将军、军吏在西方，东向；文官丞相以下列于东方，西向。刘邦乘着辇车出来，坐在堂上，诸侯王以下到六百石依次上前奉贺，一个个地祝刘邦万岁万万岁，或万寿无疆，然后在堂上饮酒【图14】。请大家注意这个"六百石"，按汉代礼制，六百石就进入了大夫层次，大夫可以上堂。大夫在朝堂上有个人朝位，大夫之下的官吏即便到场，在朝堂上也没有个人朝位，只有集体朝位。

图14 汉初朝礼的班列

汉七年，长乐宫成，诸侯群臣皆朝十月……功臣、列侯、诸将军、军吏以次陈西方，东乡；文官丞相以下陈东方，西乡。……皇帝辇出房……引诸侯王以下至吏六百石以次奉贺。

《史记》中六百石＝大夫

武西	皇帝	文东
功臣 列侯 将军 军吏		丞相 列卿 千石 六百石

制度史视角中的酒爵酒尊——周代爵制的可视化形态　29

图 15　汉代画像石中的地方官府的朝见场面
　　（任日新：《山东诸城汉墓画像石》，《文物》1981 年第 10 期）

【图 15】出自汉代画像石，是一个地方官府的朝见场面。堂上有两批人，一批是有坐席的，而另一批没坐席。堂下的两拨人，东边的比西边的地位低，这怎么解释，我一时也说不好，但至少能看出堂上堂下是有区别的。

顺便再看一幅《徐显卿宦迹图·皇极侍班》【图 16】，这是在皇极殿举行的朝会，东班、西班是清要之官；百官以品级山为标识，品级山上写着一品、二品、三品……直到九品；勋臣就是有爵位的人，他们自成一格，有自己的特殊站位。

【图 17】是清朝的太和殿朝贺位次图，是我根据《大清会典》另绘的。可以看到，百官按九品官品列队于堂下（丹墀），亲王、郡王、贝子、贝勒、入八分公之类有爵的，则在堂上有特殊站位。虽说历史前后期制度变化非常之大，不能直接比拟，但也能看到，有爵的和没爵的在典礼时的站位，确有不同。

图16 《徐显卿宦迹图·皇极侍班》,呈现了隆庆、万历年间,皇极殿大朝场面

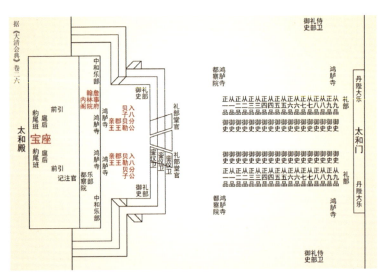

图17 清朝太和殿朝贺位次图 (据《大清会典》卷二十六绘)

三　饮酒庆功礼：书勋、书服、书名

中国古代的爵有两大功能：第一个是身份功能，用于尊崇亲贵，如皇子皇孙封爵，就体现了这个意义；第二个是激励功能，用来奖酬功勋，如功臣封爵，就体现了这个意义。西嶋定生从乡饮酒礼上寻找爵的起源，把爵的身份功能追溯到了一种古礼之上，让我们得以理解为什么爵是一套尊卑贵贱体系。进而第二个功能，即激励奖酬功能，是否也可以追溯到某种古礼上去呢？我们觉得也是可以的，这种古礼，就是饮酒庆功之礼，例如饮至礼。

饮至礼，就是打了胜仗之后举行的一种饮酒庆功礼，其中包含"舍爵"的环节，"爵"就是酒爵。酒爵当然是用于饮酒的了，所以酒爵和封爵在饮至礼上再次发生关系。"既饮置爵"之后还要书勋于策，把战功记在功劳簿上，"速记有功也"。

举行饮酒庆功礼，主要基于以下几种事由：

- 凯旋时会举行饮至。此外，田猎后也会举行饮至。因为田猎相当于军事操演，也有战利品，就是所捕获的禽鸟、野兽。
- 藉田后会举行饮至。藉田，就是在春耕之际，天子或国君领着百官举行的一种耕田之礼。耕田在理论上是个辛苦事，所以耕完了会有一场饮至，所饮的酒叫"劳酒"，表彰官员们付出的辛劳。后代的藉田礼也保留了"劳酒"环节。
- 使者归国，国君也会设宴款待。使者到国外出使，折冲樽俎、旅途劳顿，为国家做出了贡献，国君有义务对他加以慰问。

饮至礼的流程，大致包含三个环节：

- 设爵饮酒，以为庆贺。
- 策勋，即记载功勋。
- 大赏，即赏赐财物。

几个程序一环扣一环，所以饮酒、策勋、大赏是一个连续进程，应一并考虑。

"策勋"时所记录的，可以包括以下三个事项：

1. 书勋：记录功勋业绩。
2. 书服：记录大赏的物品。
3. 书名：记录立功后所授予的新名号或新名位。

饮酒庆功礼上既然要饮酒，那酒爵和功绩之间就将发生直接关系了。刚才提到西嶋定生的一个判断：赐爵的意义可能就是饮酒礼本身。这时他举了一个例子，就是《汉书·霍光传》中的那个"曲突徙薪"的故事：有一家人的烟囱和柴火的堆放有问题，有人劝主人加以整改，不然就有火灾隐患。这个主人并不在意，可后来真就失火了。邻居们帮着救火。火灭了，主人就杀牛置酒答谢邻居。这酒宴的坐席安排很有趣："灼烂者在于上行"——被烧得焦头烂额的坐上座；"余各以功次坐"——其余人按功劳大小决定上座、下座。我觉得功劳大的坐上座、先敬酒，这做法很符合人类一般心理，古今中外往往如此。这虽是汉人所讲的故事，但先秦很可能也是这样的。清华简《耆夜》记载了周初的一场饮至，敬酒时诸公、周王都先敬毕公。为什么先敬毕公呢？有研究者提出，是因为毕公此次战功最大。这样我们就推测：在饮至礼上，功大者坐上座、先饮酒。在这个饮酒环节上，席次、爵次跟功次成正比。

进而再看"书勋""书服""书名"诸环节。

"书勋"即由有司来认定与记录功勋。据史料所记,重大的"书勋"事宜,由最高行政官司徒、司马、司空三人主持。勋书则由内史、太史、司勋等负责制作和保藏。收藏勋书的地方,在周廷是"盟府",在列国是"公府"。我推测在授勋之时,功臣也会得到一份内容相同的勋书文本,作为凭据。功臣随后会铸造一个青铜器,把功勋记录铭于其上,让自己的光辉业绩永志不灭,传之子孙,商周青铜器上的军功铭文并不罕见。我推测每一篇军功铭文,在天子或者国君的档案馆里,都有一份同样内容的勋书存档。用古话说,就是"勋在王室,藏于盟府"。

周代铜器铭文中有这么一个"龏"字【图18】。这个字有人读"爵",有人读"庸",朱凤瀚认为应该读"功",也就是功勋、功劳的"功"。"尊"的字形是两手捧着一个酒壶,而这个"龏"字,是

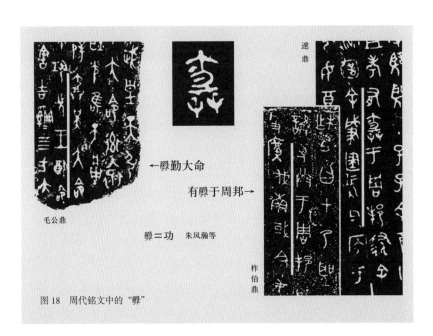

图18 周代铭文中的"龏"

两手捧着一个酒爵。这个字出现在这样一些文句之中:"釁勤大命""有釁于周邦"。

"釁勤大命"也就是"功勤大命"。釁是功勋,勤是勤劳。"功勤"换一个说法就是"勋劳"或"功劳"。汉唐文献中"功勤"并称的提法,是很常见的,可以说这是从周代铭文发端的。汉代的"功"分成大中小,一件件地计算;"劳"也就是勤务,按年月日来计算。比如说你有"中功一",你的"劳"是三个月零多少天、五个月零多少天,诸如此类的。

再看"有釁于周邦",也就是"有功于周邦"。我想这是以"勋在王室,藏于盟府"为背景的。不能忽略,这个"釁"字与"功"字还是有所不同的。"功"字泛指客观上已经完成的功,但未必得到了奖励,未必经过认定,未必记录在勋书中。而"釁"字就不同了,它的字形是两手捧爵,爵是酒器,那么"釁"字中两手所捧的爵,必是"舍爵策勋"之爵。进而"釁"就是经过了饮至典礼、喝过庆功酒的功,是已写成勋书、已收藏在周天子档案馆里的功。所以说,"有釁于周邦"是以"勋在王室,藏于盟府"为背景的。读"釁"为"功",从文字学上说精确无误。而从制度史的角度看,这个"釁"就不同于"功"了:"功"未必得到褒奖,而"釁"必已经过褒奖认定、记录在案。"有釁于周邦"的潜台词是:你的功绩曾被记录为勋书,藏在周王的盟府里,有案可稽。

再看"书服"。什么是"服"?各种可以享用的物品都叫"服"。"书服"就是记录天子或国君所赐物品的意思。"书服"显然是"大赏"环节的事情。由周代铭文所见,册命授官时会赐物,授勋也有赐物。我推测每一篇赐物铭文,在天子或者国君的档案馆里,都有一份同样内容的书服记录。

在各种各样的赐物中,有一些物品的等级性特别鲜明。比如在西周的命服中,芾与珩的等级性就特别强。《诗·小雅·采芑》:"服其命服,朱芾斯皇,有玱葱珩。"芾是蔽膝,珩是佩玉。朱红色的芾与叮咚作响的葱珩,构成了一套堂皇耀目的命服,给人以强烈的高贵之感。芾与珩的组合,金文中写成芾与璜的组合。有人说璜是系芾的丝带,但《采芑》"有玱葱珩",显示珩是玉器,则与芾搭配的璜也应该是玉器。《礼记·玉藻》说:"一命缊韨幽衡,再命赤韨幽衡,三命赤韨葱衡。"可见命服有"一命之服""再命之服""三命之服"的区别。这个就有意思了,分三命就是分三等的意思,所谓"命"肯定和册命有关。

春秋时的命服与西周不同,路车和冕服的组合,其等级性特别突出。比如鲁成公赐晋国的三位统帅以"先路、三命之服",赐晋国司马以下诸官一命之服;又如鲁襄公在战争胜利后宴请晋国的六卿——此即饮酒庆功之礼——随后赐晋国六卿以三命之服,赐其军尉以下一命之服。又,郑国的子展做统帅,子产做副帅,进攻陈国打了胜仗,回国后郑伯举行饮至之礼,宴享他们。随后是"大赏",赐主帅子展"先路、三命之服,先八邑",赐副帅子产"次路、再命之服,先六邑"。由此大家就看到了两样东西:一是路车与冠服的搭配,二是命服与命数的对应。路车和冠服的搭配,系由物品差异所构成的可视性权势;而命数,就有抽象等级的意义、有位阶的意义了。

命数可以视为"行政化等级"的一个前奏、位阶制的一种萌芽。这就涉及"书名"之事。"书名"就是确认名位,我们认为"命数"是名位的一种形式,"书名"就包括确认并记录与命服对应的命数。

为让大家了解命数的意义,再看《左传·昭公十二年》的一个故事。鲁国的叔孙昭子被国君给予再命身份,任命他做卿。季平子讨伐莒国取得胜利后,叔孙昭子又被授予了三命身份。杨伯峻推测说,授予叔孙昭子三命,是因为他的家族为这场讨伐做出了贡献。就是说,叔孙昭子立功了,命数就上升了。那么要注意了：命数与功绩相关。当时有个叫叔仲子的人，想挑拨叔孙氏和季孙氏两大家族的关系，就对季平子说：叔孙昭子不应该领受三命，"三命逾父兄，非礼也"。这是什么意思呢？我们刚刚讲过"一命齿于乡里，再命齿于父族，三命而不齿"的礼制，在叔孙昭子"再命为卿"时，按照"再命齿于父族"的规矩，他在乡饮酒礼上是跟父兄平起平坐的；而在他升为三命之后，就坐到宾客之东，或说酒尊之东那去了，"三命而不齿"，"逾父兄"了。所以《左传》这个记载，证明了三等命数"齿"还是"不齿"这个礼制，当时确确实实地存在着。

季平子一听，心想不能让这家伙逾父兄。于是就告知叔孙昭子，要免去他的三命。叔孙昭子回答很强硬：我们叔孙氏大家族出了家祸，嫡长子被人杀了，所以我作为一个庶子却做了一族之长（由叔孙昭子的这句话可知，叔仲子大约咬住了叔孙昭子的庶子身份问题，原意是说他作为庶子，是不可以在典礼上逾父兄的）。若你打算制造灾难把我干掉，那我知道你的意思了；如果不废君命，国君授给我的三命便依然有效，"固有著矣"。什么叫"固有著矣"呢？"著"就是朝堂上的朝位标志物。上文提到的明清品级山，其用途便同于先秦的"著"。西周春秋时，"著"是草本或木本的标识物。"朝有著定，会有表"，"表"也是班位的标志物，用于野外的集会。叔孙昭子意思是说，若维持君命，那我的三命新朝位的那个"著"、那个标识物已立在那了，就不可改变。叔孙昭子寸步不让。可见命数与席位直接挂钩。

郑国的公孙挥是一位很专业的外交家，东南西北四边各国大夫的族姓、班位、贵贱、能否，他全都了如指掌。在他的外交知识里，"班位"是其中之一。"班位"决定某人朝堂上的朝位，由"著"来标识。

《左传·昭公十六年》还有一个故事。晋国的韩起出使郑国，郑伯将设宴款待。大臣子产预先发布命令："苟有位于朝，无有不共恪。"只要拥有朝位的人，这次一定要认认真真地把外事活动做好。从"苟有位于朝"这五个字可以看出，有的人在朝堂上有位，有的人在朝堂上没有位，有位的至少是大夫。有个叫孔张的迷迷糊糊来晚了，不知道自己席位在哪里，竟跑到客人之中了。司仪的官（执政）把他赶跑了，但他还是找不到自己的地方，又跑到客人后面去了，执政说那也不是你的位置，又把他轰走了。孔张不知道何去何从，只好"适县间"。"县"就是悬挂乐器的架子，站到了乐器架子那里，傻乎乎的，"客从而笑之"。外交典礼上出这种事，给国家丢脸，子产气坏了，大发雷霆，说孔张你小子是国君的后代，又是"执政之嗣也"，你爷爷爸爸都是国家领导人，"已有著位，在位数世，世守其业，而忘其所"，你们家世代相袭的朝位就是那个地方，你怎么就找不着呢！由此大家又知道了一件事：朝位是可以世代相袭的，为某个家族固定拥有。这便可以旁证我们开头的推测，集会时各人的位置可以习惯化，进而可以表示各人的不同地位。在"前行政化"时代，各贵族家族的实际权势，可以体现在这种可视化的等级标识之中。

"命数"这东西显然与册命礼相关，应该起源于册命的次数。贵族体制下人的身份地位是不大变动的，然而也会有官职变迁现象。迁官就要册命，册命授官的次数多，官儿就大一些。"命数"就是这么发展出来的。首先，命数涉及了可视化的物品等级——佩戴什么芾什么珩，乘什么车，穿什么冕服，与命数相关；其次，命数涉及席次与爵次，再命就跟父老坐在一块，三命就"不齿""逾父兄"，朝堂坐席也要随之上调。白川静就曾指出，铜器铭文中有这么一个人，经历过三次册命，每次的命服都不一样。官职变了，命服跟着变了，命数当然也变了。虽然命数制度仍很粗糙、很不严整，但确实是一种原始位阶，具有了"爵"的意义。

叔孙昭子的"更受三命"，与军功相关。既与军功相关，受命时或许就有过饮酒庆功之礼。《易·中孚》中有一句歌谣:"鸣鹤在阴,其子和之;我有好爵,吾与尔靡之。"这个歌谣其实就是一个战前动员。大鹤在叫,小鹤们都要跟着叫;意谓君主发号施令了,你们要死力应之;只要勇敢作战,我便有"好爵"与你们共享。这里的"好爵"一语双关:既是一爵实实在在的庆功酒,也意味着你今后的新名位,包括典礼上的新席次、新爵次。

现在来做一个总结【图19】。立功后将有饮酒庆功之事,饮酒时功大的人可能居于上位、先敬酒,这时候的酒爵和功劳大小相关。随后经过书勋、书服和书名,立功者就可能获得新命服、新命数,而这就可能给立功者带来新班位。随后,这命数、这班位将影响饮酒礼,以及各种典礼上的席次与爵次。这种席次与爵次,就被我们视为一种原生态的爵。班位是空间关系中的等级权势,而命服是一种物品化的等级权势。

"爵"本是饮酒器之名,后来又指封爵;"尊"本是盛酒器之名,后来用为尊卑之尊。行政化的品秩勋爵产生之前,西周春秋的等级制寄托于直观可视的形态之中,由此影响了汉语发展,导致了"爵""尊"二字的一字二义。所以我们说,这种"一字二

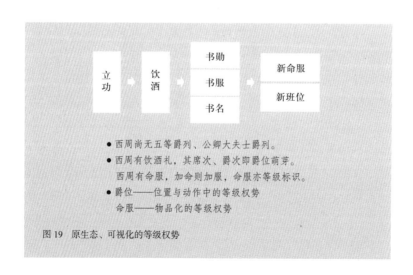

图19 原生态、可视化的等级权势

义",就是早期原生可视性的等级标识所留下的一个历史胎记。

侯外庐有一个论述:"礼者别贵贱、序尊卑者也,这样一种制度藏在尊爵彝器的神物之中,这种宗庙社稷的重器代替了古代法律。……尊、彝、鼎、爵,所谓'唯名与器不可假人',就是指贵族的专政。"这个认识非常独到。照他说来,这样一些宗庙社稷的重器代替了古代法律,就相当于贵族社会的习惯法,也就是说它们本身就是政治制度。尊指尊位,彝指法律,鼎指政权,爵指身份,这套青铜礼器及其使用规则,就是物化了的制度。"礼"这东西的特点之一,就是直接诉诸感性,诉诸视觉,由此改变、重塑你的心理状态和社会认知。"法"就不同了,"法"是非感性的,是抽象制定的制度形态。礼、法的区别,早在梅因的《古代法》一书里就有讨论了。

新制度主义组织学有一个看法,说组织有两面性,一个是技术效率的方面,一个是仪式性的方面。这对于观察组织很有启发。我在《中国古代官阶制度引论》一书中,把"仪式组织"和"功能组织"视为组织的两个方面,同时把"身份组织"和"功能组织"视为组织的两个方面。什么样的组织其仪式性最强呢?教团就在其列。宗教组织的形成及其感召力,相当程度上就在于它的强大仪式性。教团同时也是一个身份组织,大主教、红衣主教一直到牧师,等级分明。至于功能组织,我想公司、工厂最典型了,因为市场经济中的公司或工厂,其生命线就是效率、利润,必须能盈利,没利润发不出工资就会破产,所以它们的功能性特别强。政府这种公共管理组织,就复杂了。可能有一些政府组织,其功能性特别强;而另一些政府组织,其仪式性特别强。这将直接体现在很多制度上,甚至也会体现在集会的空间布局上。

在《中国古代官阶制度引论》中,我还分出了两类会场布局:一类是功能性的会场布局,一类是仪式性、身份性的会场布局【图20】。这两种会场,在当代世界能找到很多实例。也就是

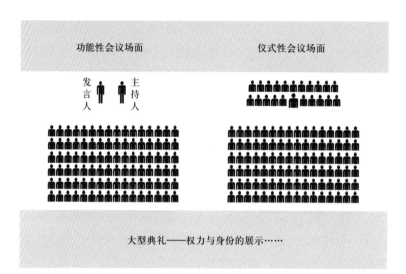

图20　功能性会场和仪式性会场的差别

说,对空间关系中权势的研究,包括坐席布局和行事次序中的可视化权势的研究,对现代社会研究仍有意义。

最后,根据互动阶段大家现场提出的问题,我补充两点。

首先,关于"功"的问题,从战国以降官僚制发展的强劲势头,可以反推西周春秋应有其"青蘋之末"存在,其时的官僚制萌芽为此后的巨大发展奠定了基础。西周春秋一方面实行世卿世禄世官之法,但也有"选贤任能"的观念,也有功绩制(merits system)的因素。周代的身份主要是从前人继承而来的,但自致的、通过自身努力达到的(achieved)的身份,在一定范围之内仍然存在。这种功绩制的因素,让西周王朝不至于在内外政治竞争中丧失活力,否则政权就会衰败萎靡。类似例子还有魏晋南北朝,此时尽管"举贤不出世族",但举贤之事、考课之制、军功之制依然存在着。某个家族建立了殊功,便能大大提高家族的权势地位。大家对功绩制的重视,让我感觉今后还有必要在此加重笔墨。

此外，官方等级与民间等级的异同问题，我想涉及了二者间的对接方式及互动逻辑。黑格尔曾说："在中国，实际上人人是绝对平等的，所有的一切差别，都和行政连带发生。"越深入研究我越感到旁观者清，黑格尔这个论断是不刊之论。中国社会分层和社会流动的研究都表明：干部等级制是中国社会分层的主干，社会管理者阶层在各阶层中居最高地位，这在古代已然。虽然有时民间和政府的行为逻辑不同，比如说宗教群体、工商群体、知识文化群体在局部上有自己的身份尺度，但整个社会结构是被行政级别塑形的。

我在古代政治制度史的课上，曾讲到一个有趣的现象，就是官称向底层渗透。汉代的博士是最高学府太学的首席教授，全国仅有十四个，非常高贵。但到了唐宋，茶馆里的堂倌可以叫茶博士。明清江南风俗，卖茶者称博士，镘工称待诏，医生称郎中、大夫。又磨工称博士，师巫称太保，吏人称相公。

- 宋画师、棋手、书手、说唱、杂耍，称官人、仆射、都官、大夫、郎中、宣教、解元、贡士、进士、秀才。（《武林旧事》）
- 明三吴：至今称呼榨油作面佣夫为博士，剃工为待诏，家人奴仆为郎中，吏人为相公。（《吴风录》）
- 洪武禁军民人等，不得用太孙、太祖、太保、待诏、大官、郎中等字为名称。
- 医人称郎中，镘工称待诏，磨工称博士，师巫称太保，茶酒院使皆然，此元时旧习也，国初有禁。（《菽园杂记》）
- 今江南俗，榨油、卖茶者尚称博士，镘工尚称待诏，医生尚称郎中，而北俗则称医生为大夫。（《陔余丛考》）

不久前有一个大学的学生会招聘干部，公告注明某岗位相当于正部长级的,某岗位相当于副部长级的。这种在日常生活中使用官称的做法,可谓生生不息、绵绵不绝。设想我问美国人,海明威相当于白宫什么级干部,费雯丽相当于白宫什么级的干部,美国人肯定莫名其妙。而在中国,这问题就未必莫名其妙了。作家有一级作家、二级作家,演员有一级演员、二级演员,跟行政级别确实存在着可比性。事实上,早在《周礼》之中就能看到一种把各种等级一元化的努力。《周礼》的"九命"设计,就把公卿大夫士、公侯伯子男两套爵一元化了。总之,一元化的金字塔式的等级结构,影响到了社会的各行各业、各个角落。

延伸阅读

阎步克:《从爵本位到官本位:秦汉官僚品位结构研究》,生活·读书·新知三联书店,2017年

阎步克:《中国古代官阶制度引论》,北京大学出版社,2010年

西嶋定生:《中国古代帝国的形成与结构:二十等爵制研究》,武尚清译,中华书局,2004年

阎步克:《饮酒庆功礼与班位、命数——周代的品位形态及功绩制》,载《北京大学学报·哲学社会科学版》,2018年第2期

从制度的"可视性"谈汉代的印绶和鞶囊

邢义田

台湾"中央研究院"特聘研究员

---

* 本文原为2018年12月10日邢义田老师在北京大学所做的"北大文研讲座"(第107期)。

谈汉印的文章很多，谈印绶的少，一起谈印和印绶的更少，再加上鞶囊的更少之又少。有关汉印的研究太多，这里暂且不管。关于汉代的印绶，孙机和阿部幸信等学者都曾做过研究，写了文章，但孙先生主要是就"金紫"谈到相关问题的一部分，[1] 阿部教授谈得较多较全面，自春秋战国谈到秦汉，曾视"绶色"乃"可视的表象"，具有彰显"朝位"高下的机能，[2] 他注意到颜色问题，可惜没有从"可视"的角度做更多更广泛的讨论，也只据传世文献，完全没用图像材料。

这不能怪学者不用，因为很多图像性的材料一直到最近几年才陆续有较好或较完整的图录出版。例如山东金乡"朱鲔石室"画像和长清孝堂山石祠的画像，虽然早已为人所知，但是较完整清晰的图录一直到2015年和2017年才出版，2018年齐鲁书社才出版了附有出土报告和局部细图的《临沂吴白庄汉画像石墓》，此外朱青生主编的《汉画总录》也是2012年以后陆续出版了陕北、南阳、邹城、萧县等卷，学界才能真正做较细致的研究。其他过去出版的汉代画像石或壁画图录，或者印制质量不够好，或者受开本限制，图版大幅缩小，一般又不附局部图，画像人物身上小的佩饰和其他纹饰几乎没法看清楚。现在是有了较好较多的图录，加上我自己这二三十年奔走各地，亲自拍摄画像原石细节，不然不会注意到画像中原来存在着如此丰富的绶带资料。这里我尝试利用壁画和画像石，结合文献说明：

（1）绶带到底是什么样的东西？如何结构组成？

---

[1] 孙机：《说金紫》，载《中国古舆服论丛》，文物出版社，2001年。此文稍详于其旧作《汉代物质文化资料图说》"绶"条，文物出版社，1991年，第248—250页；《汉代物质文化资料图说（增订本）》，上海古籍出版社，2008年，第286—289页。

[2] 阿部幸信：《汉代における朝位と绶制について》，载《东洋学报》82：3（2000），第315—337页。

（2）为什么有学者强调它是汉代"权贵们最重要的标识"？

（3）图像对认识名物或印绶制度有什么帮助？是不是也有其限制？

同时，我将鞶囊也纳入讨论，是因为从可视性的角度看，腰间鞶囊常彩绣虎头，是种有看头又抢眼的官服配件，过去的研究比较不注意，或一笔带过，或根本不提。

一　一些铺垫

在进入正题之前，先做一些铺垫。我不知道我所谓的"制度"和诸位所认识或熟悉的"制度"是不是一样。我把制度分成"无意中逐步形成"和"有意建构"两种类型。具体而言就是制度既可以是"经历长久，约定俗成，无意中逐步形成的家族、伦理、信仰、仪式、节庆等"，也可以是"为特定需要、目的（如政治、社会、经济、军事、法律等），依特定权力分配关系、标准和程序（如地缘、血缘、财富、才德能力、意识形态、公民大会、议会、乡举里选或科举等）而有意建构出来"的多重秩序网络。不管是活在今天，还是活在历史上的某个时间、空间里，我们其实都生活在多种秩序形成的交叉网络之中，而不是在某种单一秩序里。

抽象的秩序和规范有时不好掌握，为了维持或强化各种秩序和规范以及彼此之间的稳定存在与延续，须要借助各种有形的符号（包括文字和非文字）使之明确化或可视化。政治秩序关乎众人，在本质上是一种众人之间支配与被支配的权力关系，尤其需要借助有形、容易辨识和公开的符号使得行使权力和接受权力支配的人，因符号信息的传播、催眠、认可或无以抗拒，而处于相互接受和稳定的状态。这样的符号在我们生活周遭随处可见，大家或能觉察到或习焉不察，例如哪些人的画像或照片可以公开悬挂,哪些不可以或曾悬挂过而又消失,它们是如此清楚地提示我们哪些人当权,哪些人不再握权或处于被支配的地位。

从封建时代到郡县时代,可视性符号曾发生转变,例如商周封建时代的尊、爵、列簋、列鼎等青铜礼器到了秦汉时期开始边缘化或淡化,而有些则逐渐被强化了。我用"强化"和"淡化"这一对词,是想强调可视性符号通常并不是在某一时间点全然消失或忽然出现,而是其分量在不同时期有了变化。衣冠、车马、田宅、陵墓等在秦汉一统以前老早就是身份和权力的象征或符号,但进入秦汉时期以后,其符号性随青铜礼器的淡化而显得格外突出。例如秦汉一统,秦始皇为自己修筑规模空前的骊山陵,汉初规定商人不得衣丝乘车,吕后时期的律令明确规定随二十等爵的高低可以享有大小不同的居宅。当然也有许多政治符号会随王朝兴衰或特定事件而乍现乍亡,此处暂不去说这方面。

汉代印绶和鞶囊,就是在这种渐变过程中经有意建构而成为彰显政治支配者身份和权力的政治符号。我想特别强调其中"颜色"和权力、身份阶序的关系。

目前为止,"颜色和身份等级阶序"这一问题,在中国古代史领域里,有关的材料并不算多,相关研究也少。[1]我虽然注意到了这个问题,但还没充分研究过。譬如,我们常见文献说匹夫百姓是"布衣",刘邦"以布衣"提三尺剑得天下,或说公孙弘"白衣为天子三公"(《史记·儒林列传》)。汉代老百姓穿白色或青色的麻或葛布衣服,官僚士大夫却穿黑色的丝织衣物,不同的颜

---

[1] 曾比较系统讨论绶色和秩位阶序关系的要属阿部幸信,参氏作《汉代における朝位と绶制について》,载《东洋学报》82:3(2000),第315—337页。其他如:Wang Tao(汪涛),"Shang Ritual Animals: Colour and Meaning(part 1)", *Bulletin of SOAS*, 70:2(2007), pp.305-372; "Shang Ritual Animals: Colour and Meaning(part 2)", *Bulletin of SOAS*, 70:3(2007), pp.539-567;《颜色与祭祀——中国古代文化中颜色涵义探幽》,郅晓娜译,上海古籍出版社,2013年。

色和质料实际上区分出一个人在社会上或在某个权力阶序里所处的位置。汉代官吏之衣一律以黑、赤两色为主，即所谓的"深衣"（一种上身和下身连在一起的衣服形式），头戴文武有别的冠冕。《后汉书·舆服志》里面有进贤冠、武冠等，用不同的冠冕区分文官、武官以及各自身份的高低。其中最能彰显掌权者权力和身份阶序的却是长短不一、色彩缤纷、等级又分明的印绶。

印绶是什么呢？简单地说，它是系官印于官吏腰间的多彩丝带。盛放印绶的囊袋叫鞶囊。因为汉印和封泥传世和出土的都多，大家比较注意，相关讨论也多。印绶能留下来的太少，鞶囊没有实物出土，因此几乎没人关注。以上是进入正题之前，我对所谓的"制度"以及为什么在政治权力符号的概念下谈印绶和鞶囊所做的简单铺垫。

二　汉印为什么那么小？

就政治符号的可视性来说，秦汉官印本身太不及格了，太小，小到不容易看见，非常不具可视性。2018年12月初，我到南昌参观海昏侯刘贺墓，在江西省博物馆看到了墓中出土的刘贺玉印【图1】。不知大家看到这印有什么感觉？或许会想象他既然曾是昌邑王，又曾被立为帝，被废后仍是海昏侯，汉代一位王爷的印应该不小。如果仅看照片，没有参照物，其实无法觉察它的大小，但是另一方拿在手上的玉印"大刘信印"【图2】，边长1.76厘米，有了手指当参照，大家立刻可以发现堂堂"大刘"的玉印原来这么小，而刘贺的玉印也只有2.13厘米，跟男性指甲盖的大小差不多。

一般来说汉印虽有金、银、铜、铁、玉、石、木等不同的质地，但把边长约当汉代的一寸、2.3厘米左右这样小的印佩戴在身上，不论金、银、铜、铁，都应该很难看见吧。下面是一方

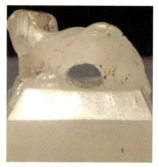

图1　海昏侯墓出土"刘贺"玉印及印钮　2.13厘米×2.13厘米
（2018年12月5日作者摄）

图2　海昏侯墓出土"大刘信印"　1.76厘米×1.76厘米（网络照片）

江苏徐州狮子山楚王陵出土的铜质"楚司马印"【图3】，印面长2.2厘米、宽2.1厘米，大小和刚才提到的刘贺玉印差不多。它们上方都有所谓的钮，钮上有一个可以穿系带子的洞孔，用来系印的带子就是"绶"。

秦汉时期不管是皇帝、诸侯王、官员的印，还是一般人的印，大小都在2厘米左右，广州南越王墓出土的"文帝行玺"金印稍大一些，3.0厘米×3.1厘米【图4】。云南晋宁石寨山出土的金质"滇王之印"，有2.4厘米×2.4厘米的大小【图5】。但山东省博物馆藏"关内侯印"以及陕西汉景帝阳陵出土的"太官之印"都只有2.2厘米左右【图6—7】。

下面要给大家展示的应该是目前唯一和秦汉皇帝有关的"皇

图 3　狮子山楚王陵出土 "楚司马印" 正背面　2.2 厘米 ×2.1 厘米
（《大汉楚王》中国社会科学出版社 2005）

图 4　广州南越王墓出土 "文帝行玺"（《世界美术大全集 2》小学馆 1997）

图 5　云南晋宁石寨山出土的 "滇王之印"
（《国家宝藏：中国国家博物馆典藏精品图录》文物出版社 2008）

图 6 "关内侯印"(《山东省博物馆馆藏精品》山东友谊出版社 2008)

图 7 "太官之印"(《汉阳陵考古陈列　　图 8 "皇帝信玺"(《中国の封泥》
　　　馆》文物出版社 2004)　　　　　　　 二玄社 1998)

帝信玺"封泥【图 8】。这方封泥以前由陈介祺先生收藏,现藏于东京国立博物馆。印面比南越王印稍小,有 2.6 厘米 ×2.6 厘米。东汉光武帝行封禅,据《后汉书·祭祀志》,他使用的玉玺是"一寸二分",约 2.7 厘米,和"皇帝信玺"封泥大小差不多。

　　以上这些印章的绶带都未能保存下来。目前还保存有印绶的印章大概只有以下这两件:一件是长沙马王堆汉墓出土、目前藏在湖南省博物馆的妾辟的印及绶【图 9.1—9.2】;另外一件是连云港海州双龙村凌惠平墓出土的铜印,出土时上面系有皮质的绶带【图 10】,现藏连云港市博物馆。

从制度的"可视性"谈汉代的印绶和鞶囊   51

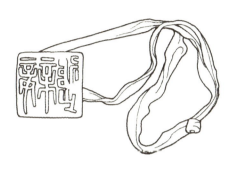

图 9.2　孙机线描图　[《汉代物质文化资料图说（增订本）》2008]

图 9.1　长沙马王堆长沙国丞相利仓妻辛避印及绶

图 10　海州双龙村凌惠平墓出土印绶照片
（2010年7月10日作者摄于连云港市博物馆）

　　汉代官印存世的成百上千，以上随机取样，简单介绍了汉代的官印。如果和后世的印相比，汉印共同的特点是非常非常小，都只有拇指般大小。为什么这么小？原因很简单，因为汉代纸张还不够普及，印章基本上都用在极窄小的长条形竹木简牍上，竹木简一般长23—69厘米，宽只有1厘米多（名为札）至2厘米余（名为两行），木牍和供加封用的"检"较宽，但检上的凹槽一般也只有3厘米左右见方，印大了根本无法使用。

三　如何使用方寸之印？

和今天直接在纸上盖印不同，秦汉的印基本上是阴文印，压盖在竹木简牍、囊袋或其他形式容器须用"检"加封的封泥上。阴文印盖在半干的封泥上，泥上印文就会凸起。湖南长沙马王堆一号汉墓出土的竹笥上面就有一个木质"检"，检上有"轪侯家丞"印文清晰凸起的封泥【图11】。竹笥用绳子绑好以后，只有获得授权的人才能够打开它。如果没授权，随意打开竹笥、囊袋或其他形式容器"检"上的封泥，封泥破损，就知道封存的内容外泄了。

下面再来看一个"中研院"史语所藏居延出土的梯形检【图12】。这种检一般用在囊袋袋口处，一头大一头小，一头宽一头窄，用绳索把检和囊袋绑好以后，在梯形检凹槽里的绳子之上加块半干的泥，再在泥上盖印。

还有另一种方法，即直接将半干半湿的泥块粘在宽2厘米多的简上，然后在"为信"二字之间的泥块上加盖印章【图13】。这个印无疑是当作凭证用的。在简上加盖印章，印章不能比简更宽。秦汉时期因此不可能有像后世那种边长5厘米以上，豆腐干大小的，适合加盖在纸张上的大印。

下面的【图14】是汉代的各种封检。这些检都是先用绳子将要封的东西封好，再把泥放入检的凹槽里，然后用印章盖在泥上。我们可以用今天信封的概念想象古人是如何使用检和封泥来加密的。当然检和封泥可以用在比信封更广泛的须要加封的东西上，例如竹笥或囊袋。通过以上这些实例，大家应可以大致了解秦汉时期如何使用印以及为什么印章那么小了。

印章小，可视性很差，作用却很大。秦汉以后，中国进入官僚统治的时代，而公文书是维持官僚行政运作的一个重要手段，汉代王充曾说"汉所以能制九州者，文书之力也"（《论衡·别

从制度的"可视性"谈汉代的印绶和鞶囊　　53

图11　马王堆一号汉墓出土竹筒上的木检和"轪侯家丞"封泥　(《汉代文物大展》台北艺术家出版社1999)

图12　史语所藏梯形检正侧面和"阳陵令印"封泥使用示意　(《来自碧落与黄泉》"中研院"史语所1998)

图 13　居延汉简 282.9AB
（《居延汉简·图版之部》"中研院"史语所 1957）

图14 汉代各种封检
（自左至右：居延简293.5、敦煌1468、EPT40：7、EPF22：473AB、敦煌悬泉简）

通》)。怎样保持文书的权威性和真实性就显得非常重要,主要手段就是靠印章。我在《汉至三国公文书中的签署》一文中曾说过:

> 在简帛的时代,保证公私文书真实性和权威性的方式主要在于印章。印章是权力和身份的重要象征。两汉官吏有印绶者,须将有绶带的印章佩系在腰间皮带上或腰旁鞶囊内,随时备用。[1]

印绶成为一种权力的象征,佩戴印绶的人有印在手,才有权定策、盖印和发文。两汉文献里常有"解印绶""上印绶""收印绶"这样的话,意即弃官、去官或有罪解职,也就是失去了职位、权力和身份。印章与权力密切相关,担任什么官职,就有与之相应的印章;如果失去印章,身份和权力也就都没了。从可考的封泥和简牍公文记录的印文看,所钤之印皆属单位长官,最低也是丞或尉之类,更低层的小吏则使用所谓的半通印。半通印比一般方寸之印小一半,呈长方形,就更没有可视性可言了。

四　印章因绶带而可视化

下面进入今天真正的主题——绶带。以上的铺垫只是让大家认识到,秦汉时期的印章固然重要,却只有指甲盖那么大,不容易看见。"看不见"这一点实在不合政治符号设计的原则。印章本身受到使用上的限制,既然无法加大,怎么使它容易被看见呢?

古人很聪明,用一条长、宽和颜色都十分夸张的大带子系在小小的印章之上。绶带容易被看见,又可使人联想到所系的印,

---

[1]　邢义田:《汉至三国公文书中的签署》,载《文史》2012年第3期,第163—198页。

权力和身份也就借绶带而展示出来了。孙机先生在《说金紫》一文中说:"在汉代的官服上,用以区别官阶高低的标志,一是文官进贤冠的梁数,二是绶的稀密、长度和彩色。"什么是进贤冠的梁数?绶的稀密?孙先生接着说:

> 但进贤冠装梁的展筒较窄,公侯不过装三梁,中二千石以下至博士两梁,自博士以下至小史都是一梁。每一阶的跨度太大,等级分得不细,因而"以采之粗缛异尊卑"的绶就成为权贵们最重要的标识了。[1]

简单说,绶的稀密就是组织相对粗简稀疏或精细致密,以此区分出编织稀疏和紧密的绶带。孙机先生是一位极严谨的学者,他的措辞用字十分谨慎,竟然用了"最重要"这三个字,这种断语在他的书里很少见。学术论文里大家常用的词是"较重要""较有效""较好"等,但是孙先生居然说"绶就成为权贵们最重要的标识了"。

吃惊之余,小心考察,结果我不得不同意孙先生的观点。为什么"最"重要呢?因为绶带就一个官吏的衣冠而言,的确最为可视。印章那么小,头冠上仅有一至三梁,所包含的身份区间太大,不足以比较完整、细致地表现身份的阶序。绶带却可以。

下面先讲两个故事,证明绶带最具可视性。一个是汉代朱买臣的故事。《汉书·朱买臣传》记载买臣拜为会稽太守后:

> ……衣故衣,怀其印绶,步归郡邸。直上计时,会稽吏方相与群饮,不视买臣。买臣入室中,守邸与共食,食且饱,

---

[1] 孙机:《说金紫》,第188页。孙先生在前引《汉代物质文化资料图说》"绶"条中说"汉代官服上用以区别官阶高下的标志,最显著的是绶"(第248页),意见一贯。

> 少见其绶,守邸怪之,前引其绶,视其印,会稽太守章也。

这个故事告诉我们,如果朱买臣穿着旧衣,把印绶藏在怀中,没人知道他是会稽太守;但是一旦露出绶带和印章,他的身份就曝光了。

再说一个蜀守李冰的故事。《水经注》卷三十三《江水一》引应劭《风俗通》说:秦昭王时李冰任蜀郡太守,修都江堰。当时江神作怪,"岁取童女二人为妇",不然便兴水灾。李冰不信这个邪,想整治一下江神,故意说我献我自己的女儿。在江边祭神的时候,李冰献酒给江神,江神没喝,他借口"江君相轻"而发怒:

> 拔剑,忽然不见。良久,有两苍牛斗于岸旁。有间,冰还,汗流,谓官属曰:"吾斗大极,当相助也。若欲知我,南向腰中正白者,我绶也。"主簿乃刺杀北面者,江神遂死。
> (王利器《风俗通义校注》佚文)

主簿是太守的属官,本该认得谁是他的主子,但李冰和江神变成了两只相斗的苍牛,岸边的属官分辨不出来了。主簿听从提示,辨别出苍牛腰间的白色乃主子腰上的白绶带所变。这当然是个神话,不怎么合理,但是这个神话无意中告诉我们:最容易看见和辨别的标识就是一个官吏的绶带。

李冰的白绶带大约是什么样子呢?大家可以根据陕西靖边杨桥畔新莽墓壁画中系有白绶带的吏去想象【图15】。壁画中的吏穿黑色官服,腰系环状的白色绶带,在黑衣的衬托下白绶带十分突出抢眼。我觉得印绶之所以抢眼,一方面是因为它又宽又大又有多彩的花纹,另一方面是因为汉代官员不论职位高低,多穿单调的黑色官服,在单调黑色的衬托下,不抢眼才奇怪。

图 15　陕西靖边杨桥畔新莽墓壁画局部　(《中国出土壁画全集 6》科学出版社 2009)

孙机先生在前引《说金紫》一文中说："原先在汉代，文官都穿黑色的衣服……《论衡·衡材篇》：'吏衣黑衣。'《独断》：'公卿、尚书衣皂而朝者曰朝臣。'河北望都 1 号汉墓壁画中官员的服色正是如此。"【图 16】衣皂或衣黑衣的官员例子在汉代墓葬壁画中不少【图 17—18】。

不过我怀疑，汉代的武官除了黑色，应也穿红色官服。例如陕西旬邑百子村东汉末曹魏墓壁画中的这位郭姓将军【图 19.1—19.2】。图中穿红衣的这位身旁有榜题，标明身份为将军。很可惜，这幅壁画保存欠佳，线条、颜色和榜题都残脱，将军二字约略可辨，"郭"下一字据字形有"武""氏""成"几种可能。郭将军穿的官服颜色偏红，和他对坐戴进贤冠的官员无疑穿黑衣，颜色明显不同。另一可参考的例子见内蒙古和林格尔小板申东汉墓壁画，该壁画附有很多墨写的榜题，明确说明墓主的经历，他"举孝廉时"、为"繁阳令"时都被画成着黑衣，

图 16　河北望都汉墓壁画
（《望都汉墓壁画》中国古典艺术出版社 1955）

图 17　陕西旬邑百子村东汉末曹魏墓壁画
（《壁上丹青》科学出版社 2009）

图 18　河南洛阳朱村汉墓墓主壁画局部（《洛阳汉墓壁画》文物出版社 1996）

从制度的"可视性"谈汉代的印绶和鞶囊　　　61

图 19.1　陕西旬邑百子村东汉末曹魏墓壁画局部

图 19.2　榜题"郭□将军"
放大及黑白反转
(《壁上丹青》2009)

图 20　内蒙古和林格尔壁画墓任文武官职官服颜色比较
（《和林格尔汉墓壁画孝子传图摹写图辑录》文物出版社 2015）

但担任"使持节护乌桓校尉""行上郡属国都尉事"等武职时，却被画成着红衣。这种区别应有所据【图 20】。无论如何，回到百子村墓。百子村墓的画工没忘记为这两人画出腰间花纹不

同的绶带。不管衣服是黑，是红，只要配上了多彩花纹、长短不等的绶带，在红或黑单色的衬托下，绶带很容易成为视线的焦点。

百石以上官员任一职，有一印，则有一绶；如果身兼多职，情况又如何呢？有同时佩两绶或三绶，甚至六绶的。例如《汉书·金日䃅传》提到金日䃅的儿子金赏在昭帝时为奉车都尉，又因嗣为侯，佩两绶。《汉书·酷吏传》记载杨仆将军"请乘传行塞，因用归家，怀银、黄，垂三组，夸乡里"，颜师古注："仆为主爵都尉，又为楼船将军，并将梁侯，三印，故三组也。组，印绶也。"《东观汉记》提到东汉章帝时马防"带三绶"，《后汉书·朱浮传》引录大司马幽州牧朱浮给渔阳太守彭宠的书信："岂有身带三绶，职典大邦，而不顾恩义，生心外畔者乎！"两、三条绶带该是如何佩法呢？如果想象不出，请看山东嘉祥武氏祠这幅佩三绶的画像，汉人想象中的周公腰上就佩着并排三绶【图21】。腰佩一绶已经够抢眼【图22.1—22.2】，三绶必然更缤纷多彩，炫人眼目，不仅可夸同僚，更足以夸示乡里。汉代佩印最多的，要数汉武帝时的方士五利将军栾大，据《史记·封禅书》说，他数月之间"佩六印"，这该是何等模样？不用说，绶带的可视和夸示性在栾大身上必曾发挥了最大的效益，或许只有传说中佩六国相印的苏秦，可和他相比吧。

图21　山东嘉祥武氏祠画像局部及孙机线描图［《汉代物质文化资料图说（增订本）》2008］

图 22.1　天理参考馆藏汶上孙家村画像局部　　　　　　图 22.2　彩色复原示意图
　　　　（天理参考馆提供照片 1992）　　　　　　　　　　　　　（作者绘）

五　可视兼夸示的鞶囊、绶囊与绶笥

盛绶的"鞶囊"是什么东西呢？以上我们看到的绶带都很长，而且都是展露出来的，但有时候绶带也会收在囊袋里或仅露出带子的一部分，系于腰间。用来盛绶带的袋子就叫"鞶囊"。山东沂南北寨汉墓曾出土过这样的画像，武士腰间系着鞶囊。鞶囊上绣有虎头【图 23—24】。《宋书·礼志五》："鞶，古制也。汉代着鞶囊者，侧在腰间，或谓之傍囊，或谓之绶囊。然则以此囊盛绶也。或盛或散，各有其时乎。"

关于鞶囊，《隋书·礼仪志》和《太平御览》都著录了不少资料。《隋书》修于唐代，因避太祖李虎讳，改称"虎头"为"兽头"[1]。汉代武士腰上佩一个绣有虎头的绶囊，从实用的角度看是将原本散出环绕几圈的绶带收入囊内，以方便武士挥舞刀剑，不

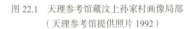

[1]　《隋书·礼仪志》谓鞶囊有兽头和兽爪鞶两大类，又随官品有金、银、铜、采缕之分，无印绶者不佩鞶囊及爪。

66　多面的制度

图 23　山东沂南北寨汉墓画像石以及孙机线描图
　　　　〔《汉代物质文化资料图说（增订本）》2008〕

图 24　山东沂南北寨汉墓画像石以及孙机线描图
　　　　〔《汉代物质文化资料图说（增订本）》2008〕

受牵绊;从可视和夸示的角度看,可视度高的囊袋,彩绣或织上老虎,则无疑更能彰显武士勇猛如虎。《太平御览》卷六百九十一"鞶囊"条引《东观汉记》说:"邓遵破诸羌,诏赐遵金刚鲜卑绲带一具、虎头鞶囊一。"可见虎头鞶囊非一般凡品,它被用来奖赏勇猛有功的战士。金刚鲜卑绲带又是什么?容后交代。

在江苏连云港市尹湾西汉一位功曹史的墓葬中,曾出土木牍遣册,其上有所谓的"板旁橐"【图25】。橐是一种囊袋,板旁橐是一种系在腰间身侧、盛装简牍文书的囊袋。[1]可惜墓中没有出土相应的囊袋,或有而朽烂,不知其装饰为何。否则我们可以想象武吏腰佩虎头囊,像功曹史这样的文官佩着盛装简牍文书的囊袋,恰可彰显文武官员不同的身份、职能和权力。

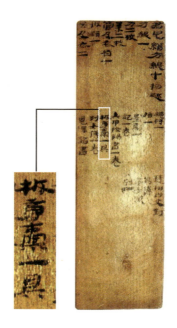

图25　江苏连云港尹湾西汉六号墓
出土遣册及局部
(《尹湾汉墓简牍》中华书局1997)

---

[1]　马怡:《一个汉代郡吏和他的书囊》,载《中国社会科学院历史研究所学刊》第九集,商务印书馆,2015年,第101—132页。

接着要稍提一下同样具夸示性的绶笥。2018 年山东青岛土山屯西汉琅琊郡堂邑令刘赐墓出土了一件木牍"琅琊堂邑令刘赐衣物名",通常也叫"衣物疏"。"衣物疏"记载的陪葬物品中提到了"绶司(笥)一"【图 26.1】。所谓"绶笥",是用来存放绶带的竹箱子。这个陪葬的竹箱当然不会仅是个空箱,原本应放满墓主生前佩戴过的各种绶带。另外还提到了"绶印衣一具"【图 26.2】,[1] 这一物品不见于传世文献。"衣"指什么?是包裹或遮盖绶和印的织物吗?这一点还有待研究。

总而言之,我要说的是,汉代官员离任时必须缴回官印,绶带则视情况,有些须缴回,有些可以自己保留。[2] 曹操有这么一个故事:他为拉拢吕布,曾写信给吕布说"国家无好金,孤自取家好金,更相为作印;国家无紫绶,自取所带紫绶以藉心"。意思是说,汉家天子没有好印好绶给你,我曹操有好印好绶可以给你。他用这种方法拉拢吕布,可见他手头有自己用过的紫绶可供赠送。曹操的遗嘱也可证明他确实藏有不少绶带,他以主张薄葬著名,但据说临终时,他特别嘱咐将他一生佩戴过的印绶纳入墓中陪葬。[3] 这些印绶想必要先装在箱子里。以成箱印绶陪葬的习俗很可能自西汉中期(或至晚自西汉末琅琊令刘赐)一直延续到

---

[1] 青岛市文物保护考古研究所、黄岛区博物馆:《山东青岛土山屯墓群四号封土与墓葬的发掘》,载《考古学报》2019 年第 3 期,第 405—459 页。

[2] 据《晋书·舆服志》"假印不假绶者,不得佩绶也",似乎有时颁印却不给绶带。这是汉制或晋制?不明。又据敦煌悬泉简,则印和绶似乎都须上缴。敦煌悬泉简 VT1311 ③:294:"上印绶,谨牒书印章谓上御史府,请为更刻,移中二千囗相布告属县官,毋听亡印,如律令,敢言之。"又简 IIT0115③:318:"囗令史周生宗上印绶御史府,从者一人,凡二人,人再食,食三升,东。"简文中虽说"上印绶",但后文仅提"印章",又说"毋听亡印",不及绶,则绶是否可自留,仍不十分明确,有待考证。参张俊民:《悬泉汉简所见人名综述(四):以敦煌太守人名为中心的考察》,收入氏著《简牍学论稿:聚沙篇》,甘肃教育出版社,2014 年,第 384 页。

[3] 《太平御览》卷六百八十二引陆机《吊魏武》曰:"今为著作郎,游秘阁,见魏武遗令云:'吾衣裳可为一藏,历官所着诸绶,内藏中。'"

图 26.1　山东青岛土山屯"琅琊堂邑令刘赐衣物名"所列"绶司"（复旦大学出土文献与古文字研究中心网）

图 26.2　山东青岛土山屯"琅琊堂邑令刘赐衣物名"所列"绶印衣一具"（复旦大学出土文献与古文字研究中心网）

东汉末年。无独有偶，和曹操时代相近的河南洛阳西朱村曹氏大墓和曹操墓一样，曾出土大量标示陪葬品的石牌或石碣。[1] 其中有一件石碣上铭刻着"朱绶文绶囊一，八十首朱绶、九采衮带、金鲜卑头自副"【图27】。这里明确提到有朱绶纹的绶囊、八十首朱色的绶带、九采衮带和金鲜卑头，这显然是一套东西。"朱绶文绶

---

[1]　关于石牌的性质可参赵超：《洛阳西朱村曹魏大墓出土石牌定名与墓主身份补证》，载《博物院》2019年第5期，第29—36页。这一期另有李零等人的相关论文，皆可参。

70　多面的制度

图 27　河南洛阳西朱村曹氏大墓出土石牌（网络照片）

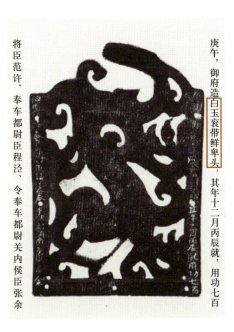

图28 上海博物馆藏西晋白玉衮带鲜卑头拓本及释文 （网络照片）

囊一"一句可有多种断句和理解，不易确定。[1]八十首绶带按文献应是黑绶，不知是制度有变或其他原因，居然也有朱色的。"衮带"即腰带，九采应是绣或织成的，其光鲜夺目可以想见。"鲜卑头"是什么？传世文献里有记载，而且也有实物。上海博物馆藏有西晋鲜卑头，背面有铭文"白玉衮带鲜卑头"【图28】，类似于今天的皮带头。古书中有好几种不同的名称，指的是同一东西。譬如《楚辞·大招》"小腰秀颈，若鲜卑只"，王逸注："鲜卑，衮带头也。"这里特别请大家注意的是绶囊和八十首朱绶。这个绶囊是用来盛装绶带的。前引《太平御览》卷六百九十一"鞶囊"条引《东观汉记》提到诏赐邓遵"金刚鲜卑绲带一具"。"金刚鲜卑"

---

[1] 李零断句作"朱绶、文绶囊，一八／十首朱绶"，他提醒说"含义不太明白"，诚然。《后汉书·舆服志》言绶有"百八十"首者，不作"一八十"，又百八十首者为紫绶，非朱绶，其制有异。参见李零：《洛阳曹魏大墓出土石牌铭文分类考释》，载《博物院》2019年第5期，第11页。

应该就是金鲜卑头，绲、衮通假，绲带即衮带。

从以上这些故事和出土实物可以知道，两汉人对印和绶这样的身份权力符号重视到了什么程度。士大夫儒生只要做官，不免调迁，几次之后就可积下若干绶带；临终将葬，这些绶带长长短短，青黄紫绿地放在一起，就成为墓主一生功业最好的证明、最足夸耀的勋章。这也是为什么陪葬品清单中会有盛绶的绶笥。为了死后虚荣，西汉中期以后更兴起了追赠官爵和印绶的风气，阿部幸信已做过系统研究，这里不再多说。[1]

六 印绶形制

下面简单介绍一下汉代绶带长短、颜色等方面的形制。关于绶的形制，有很多记载，可能因时代不同，制度发生变化，也可能因传抄致误，传世文献的记载出入很大，矛盾很多，至今还没什么出土文献有助于厘清这个泥坑般的问题。[2] 以下仅能大致说说。

秦汉的绶带是用丝织品做成的。据《后汉书·舆服志》，皇帝绶长二丈九尺九寸（6.88 米，另有二丈三尺，二丈九尺不同记载）、诸侯王绶长二丈一尺（4.83 米）、公侯将军绶长一丈七尺（3.91 米），以下各有差等，最低百石吏绶长一丈二尺（2.76 米），宽度都是一尺六寸，也就是 36.8 厘米左右。孙机先生说绶"应

---

[1] 阿部幸信：《汉代における印绶の追赠》，《东方学》101（2000），第 1—15 页；《汉代における印绶の追赠付表订补》，《福冈教育大学纪要》54：2（2005），第 1—5 页。

[2] 曾试图梳理相关文献中时代、颜色、数据和文字描述矛盾的日本学者阿部幸信也深感这件工作的困难，参阿部幸信：《汉代印制·绶制に关する基础的考察》，《史料批判研究》3（1999），第 1—27 页；《汉代における绶制と正统观—绶の规格と理念の背景を中心に》，《福冈教育大学纪要》52：2（2003），第 1—18 页。

为多重组织,即是包含若干层里经的提花织物"。我不懂纺织,不太明白这话的意思。多重组织大概是指绶带不是由单层的经丝而是将若干层的经丝分层组织在一起,并以提花的方法,织出花纹来。依我猜想,绶带的样子有点像今天较宽大、厚实,有不同底色,又以多种有色丝线织成不同花纹的花锦带子。

时代较早的记载除了汉末应劭的《汉官仪》,还有汉末三国董巴的《舆服志》。《初学记》卷二十六《器物部》引董巴《舆服志》说:

> 乘舆黄赤绶,五采:黄、赤、缥、绀,淳黄圭,长二丈九尺,五百首。

"乘舆"即皇帝,皇帝佩戴的绶带是以黄中带红的颜色为底色,其上有五种颜色织成的纹饰,但记载中实际仅列了黄、赤、缥(青中带白)、绀(红中带青)四色。孙星衍校的《汉官仪》也说五采,所列为"白羽、青、绛、绿",差异很大。《后汉书·舆服志》注引《汉旧仪》又说皇帝绶六采,是制度有变化或传抄有误? 到底是四采、五采或六采? 确实一团乱。总之,《后汉书·舆服志》和《太平御览》卷六百八十二抄纂前人记载,注意到数字的出入,都将乘舆绶五采改成了四采。但下皇帝一等的诸侯王也用四采,为何皇帝不高一二等用五采或六采? 很不好解释。西汉武帝、王莽和东汉明帝等都曾改变过制度,传世文献所记时代难分先后,再加上传抄出入,今天恐怕谁也没法说清楚了。

"淳黄圭"的"淳"即"纯",在不同版本中,有时"淳"就写成"纯",指颜色单一。淳黄圭的"圭"应如何理解? 孙机先生没有解释。日本学者原田淑人和林巳奈夫对董巴《舆服志》、《后汉书·舆服志》和《北堂书钞·仪饰部》引《汉官仪》"凡先合单纺为一系(丝),四系(丝)为一扶,五扶为一首,五首成一文，文采纯为一圭"这一段做了疏解。主要认为"五首成一文"的"一文"如同一系（丝）、一扶、一首，是单位词，也是纹样单位。纯为纯粹之纯，"文采纯"指"底色"或"基调色"色彩单一，凡单一色的纹样单位便被称为"一圭"。[1]

可这一段有版本校勘问题。有些版本，如《初学记》《北堂书钞》《太平御览》所引"文采纯为一圭"有"一"字，孙星衍校集《汉官仪》（中华书局四部备要《汉官六种》本）则没有"一"字，作"文采纯为圭"。《北堂书钞》卷一百三十一《仪饰部下》引董巴《舆服志》乘舆绶"纯黄圭"，引应劭《汉官》九卿、二千石绶"纯青圭"，公侯、将军绶"紫圭"，"圭"字前都没有"一"字。我猜想孙星衍大概是注意到既然存在"青圭""黄圭""紫圭"，如此圭就和一丝、一扶、一首或一文不同，不应是单位词，因而删去"一圭"的"一"字。孙星衍的校勘和《汉官六种》本虽然不能排除有误，但我觉得"一圭"的"一"字有可能是随前文一丝、一扶、一首、一文而衍，孙星衍删"一"字，不是没有道理。

这里所说的圭既不是单位词，[2] 也不是纹样单位，应是指绶带两端圭形的部分。绶带通体随官秩高下配有多彩织纹，但绶带两端容易露出来，或许是为了更为醒目、容易辨别身份，改用单一的黄、青、紫、绿、赤等颜色（参图22.2），因此单色圭形的两端特名之为"圭"。

如果看看汉世留下的大量石刻画像和壁画，或许就可以明

---

[1] 阿部幸信引原田淑人和林巳奈夫之说，认为"淳"即"纯"，也认为是指纯粹单一之"底色"或"基调色"。参前引《汉代における绶制と正统观—绶の规格と理念的背景を中心に》，第2页。又参林巳奈夫：《汉代の文物》，京都大学人文科学研究所，1976年，第100—101页。

[2] 古代"圭"可以是单位词，参《汉书·律历志》注引应劭和孟康，但这里并不适用。

从制度的"可视性"谈汉代的印绶和鞶囊　　75

图 29　山东微山出土画像局部
（2010 年 7 月 7 日作者摄）

图 30　或出自安阳曹操墓画像
（马怡提供原石照片局部）

白。汉世画像石和壁画刻画了非常多的官吏，不少也刻画了他们所佩的绶带。绶带末端常呈斜尖形，很像古代礼器玉、石圭首的形状。目前能证明绶带两端呈圭形的，有山东微山出土的画像和河南安阳原本或出自曹操墓的"咸阳令"画像【图 29—30】。这幅"咸阳令"画像，我们后面还要再谈。请大家先注意，微山画像和咸阳令所佩绶带两末端都呈斜圭尖形，而且圭部有两道横向弧形的纹饰。只可惜原彩脱失，现在只见其纹，不见其彩。为什么画像上绶带末端的圭形似乎向一侧倾斜，而不完全像圭形礼器，是两斜面斜向中央尖端？我猜这是视角的关系。丝织的绶带佩在身侧，从某一角度观看，其末端圭形不免仅能看到斜面的一侧。绶带末端呈真正圭形的也有一例，见山东省博物馆藏嘉祥宋山画像石【图 31】，画像中的主人侧身跪坐，身侧腰间露出绶带的两端，其中一端正面朝前，纹饰刻画清晰，呈现两个相对

图 31　山东省博物馆藏嘉祥宋山画像石局部
（2010 年 6 月 30 日作者摄）

图 32.1　秦石圭
（《秦西垂陵区》2004）

图 32.2　海昏侯墓出土玉圭
（《文物》2018 年第 11 期）

单尖，合成一个斜面大致对称、尖在中央的圭形，其圭形可和秦代西垂陵区和南昌宣帝时期海昏侯墓出土的石、玉圭相对照【图 32.1—32.2】。宋山画像绶带在圭形的部分有长条竖纹，还有略呈半圆弧或由两个半圆弧构成的波浪状横纹。这些纹饰和图 28、29、42—44 等绶带末端上的纹饰都相当类似。圭部纹饰如此相近，由此或可推断当时的人相当熟悉绶带末端的样子，刻画出来的样子也就不会相差太远。宋山画像绶带另一末端刻画得较小，也较草率。当然还有更草率，仅略具形式的，对掌握绶带形制帮助就不大了。

　　董巴《舆服志》或《后汉书·舆服志》说的"五百首"又是什么？这是说绶带所用经线丝缕的密度。"首"是单位词，一首二十丝；织造皇帝的绶带需用最细的丝缕，五百首依孙机所说，也就是一万根经丝。丝细又密，织出来的花纹当然较为精美。由于记载歧异太多，这里暂以《后汉书·舆服志》为准，列举一下除皇帝外，大小官员的绶带之制：

> 诸侯王赤绶，四采：赤、黄、缥、绀，淳赤圭，长二丈一尺，三百首。
> 诸国贵人、相国皆绿绶，三采：绿、紫、绀，淳绿圭，长二丈一尺，二百四十首。
> 公、侯、将军紫绶，一［三？］采：紫、白，淳紫圭，长丈七尺，百八十首。
> 九卿、中二千石、二千石青绶，三采：青、白、红，淳青圭，长丈七尺，百二十首。
> 千石、六百石黑绶，三采：青、赤、绀，淳青圭，长丈六尺，八十首。
> 四百石、三百石、二百石黄绶，一采，淳黄圭，长丈五尺，六十首。
> 百石青绀绶，一采，宛转缪织圭，长丈二尺。

大体来说身份越高，绶的长度越长，色彩越多，丝缕和织造也越细密；身份越低的就等而降之。

《续汉书·舆服志》又提到：

> 自青绶以上，䌰皆长三尺二寸，与绶同采而首半之。
> 自黑绶以下，䌰绶皆长三尺，与绶同采而首半之。

如果颜色是为了彰显身份，为什么会用青、黑如此暗淡的颜色？我的理解是，青、黑都是指底色，并不表示绶仅有青或黑色，底色上还有其他色彩的花纹。青绶像前引《舆服志》所说，有青、白、红三彩花纹；黑绶则有青、赤、绀三彩。暗淡的底色反而可以衬托出花纹的色彩，更加夺目。

什么是"綟"？后世注家的说法不一，往往令人一头雾水。唐宋以后，绶制跟前代已颇不相同，注家们对前代之制常常只能猜想。所谓綟，据文献和图像看，是从古代系佩玉的璲（襚）变来的，秦以后应指自腰带垂下的一段织带，用以连接绶带。汉制则綟和绶同色，但是否同宽窄，文献失载。綟的长度自青绶以上长三尺二寸（约73.6厘米），黑绶以下则仅长三尺（约69厘米），而且经丝密度仅为绶的一半。从图像看，綟是自腰际垂下丝带的上段，绶是相连的下段；綟、绶之间有时用一玉环相连，有时又没有，我们后面还会谈到。

关键问题是綟、绶如何和印相连？印又出现在腰间什么位置？如何放置？文献和图像迄今两缺，仍然无法说清楚。我虽力主利用图像说明名物制度，可是印不论金、银、铜都确实太小，汉世的石工画匠在刻或画官员人物时，无疑刻画了他们看得见的绶带，而印太小，不容易看见，就略而不刻不画了。

不过，也曾有学者以徐州北洞山楚王陵出土彩绘有郎中、中郎题铭的陶俑为证，试图说明绶带之制有一发展过程，汉初绶制尚未固定成系统，后来才逐步完善，认为郎中或中郎陶俑身侧佩挂的长方形物是半通印，又认为这个半通印不是系于身前下腹正中的组或绶带，而是系于身侧另一条较细的丝带，这条较细的带子才叫綟【图33】。因此綟、绶原本一度并不像文献所说那样彼此相迎逆或相维系，[1] 二者虽相干，却是粗细和所处位置都不同的两条带子，相系连是后来的发展。[2]

---

[1] 例如《说文解字》："綟，绶维也。"《急就篇》颜师古注："綟者，绶之系也，言其迎逆绶也。"

[2] 最早提出半通印说的是北洞山汉墓报告的写作者，参徐州博物馆、南京大学历史学系考古专业编：《徐州北洞山西汉楚王墓》，文物出版社，2003年，第99页；王方则有进一步讨论，参王方：《徐州北洞山汉墓陶俑佩绶考——兼论秦汉印绶之制》，《中国国家博物馆馆刊》2015年第8期，第32—43页。

从制度的"可视性"谈汉代的印绶和鞶囊　　　79

图 33　北洞山陶俑及局部（《徐州北洞山西汉楚王墓》文物出版社 2003）

我相信绶带制度确实有一个发展过程。[1] 但北洞山楚王陵陶俑身侧所佩虽有郎中或中郎二字,是不是半通印呢?却很成问题。自从湖北江陵张家山出土了一大批西汉初年《二年律令》简,尤其是其中《秩律》简经过专家深入研究后,我们对汉初职官制度的认识有了长足的进步。这里有个关键点:阎步克先生在他那篇大作《〈二年律令〉中的"宦皇帝者"》中明确指出郎中和中郎在汉初根本不是"吏",而是"非吏",为皇帝近侍,没俸、没秩、没印。[2] 他在论"比秩"时,曾总结性地说道:

> "吏"有秩级而"宦皇帝者"无秩级,也如"吏"有印而"宦皇帝者"无印一样。凡吏秩比二千石以上,皆银印青绶;秩比六百石以上,皆铜印黑绶;大夫、博士、谒者、郎官,则无印绶。印章是"吏"行使权力的凭证。治事、有官属,就有印,哪怕那印绶卑微到了"五两之纶,半通之铜"的程度;不治事而无官属,就无印。大夫、博士、谒者、郎官、舍人无印,是因为他们"非吏",不治事。[3]

阎先生说的有理,几无可辩。汉初诸侯王国虽颇独立,唯王国制多同汉制,王国郎官为王之近侍而非吏的身份性质几乎不可能有大不同。果如此,楚王的郎中和中郎很可能根本无印![4]

---

[1] 阿部幸信:《汉代印制·绶制に关する基础的考察》,《史料批判研究》(3)1999,第1—27页。

[2] 阎步克:《〈二年律令〉中的"宦皇帝者"》,《从爵本位到官本位:秦汉官僚品位结构研究》,生活·读书·新知三联书店,2009年,第377—392页。

[3] 阎步克:《"比秩"的性格、功能与意义》,《从爵本位到官本位》,第442页。

[4] 另一旁证是在迄今出土或传世的印或封泥中从不见有郎中或中郎的印,参赵平安:《秦西汉印章研究》(上海古籍出版社,2012年)之附表。王方先生承认汉初郎并不佩印绶,但试图从彩绘仪卫俑呈现的汉初王国制度"毫无规律可言","似乎表明绶带形态与佩绶者的身份等级没有直接关系"去做解释。参王方前引文第37页。

从制度的"可视性"谈汉代的印绶和鞶囊　　81

图 34　秦始皇陪葬坑文官俑及局部　（陕西历史博物馆　2011 年 9 月 2 日作者摄）

那么，北洞山楚王陵陶俑身侧用细带系着的长方形物是什么呢？似乎有两个可能：第一，它有点像秦始皇陵陪葬坑出土文官俑身侧腰间所佩的长方形砥石【图 34】。至少从形状、位置和大小比例看，不无可能。但楚王陵陶俑不少手持武器（按：从俑双手姿势可知朽失的武器或为戟），身前佩长剑，背后有箭箙，并不像文官俑在身侧砥石旁同时佩一把书刀或削刀。又如果是砥石，在其上标写郎中或中郎字样，不能不说有点突兀。因此长方形之物是不是砥石仍有疑问。

另外还有一个可能。既然郎如同卫士，宿卫宫殿，我猜测出入宫门应有表明身份的符牌之类为凭证。楚王陵郎中或中郎陶俑身侧佩挂的会不会是一种出入凭证呢？因此其上有标明身份"郎中"或"中郎"的字样。秦代就有郎中宿卫宫闱，[1] 其宿卫和出入，必有管制，如何管制无可考。唯从后世汉制看，郎中或中郎应和其他某些得出入宫闱者一样有名籍和符。孙星衍辑胡广《汉官解诂》说：

> 卫尉主宫阙之内，卫士于垣下为庐，各有员部。居宫中者皆施籍于门，案其姓名，若有医、巫、僦人当入者，本官长吏为封启（棨）传，审其印信，然后内之。人未定又有籍，皆复有符，符用木长二寸（按：约4.6厘米），以当所属两字（按：郎中或中郎属郎中令，符上唯署"郎中"或"中郎"两字）为铁印，亦太卿炙符，当出入者案籍毕，复齿符乃引内之也。

可见要出入宫门者或有名籍备查，有些用棨传，有些随身携带可供验明身份的符信。郎中和中郎守卫的是未央宫，是比卫尉所掌更为内层的宫殿门户，[2] 门禁必更严，守卫者本身也受管制，其有名籍和符信之类凭证都不难想见。楚王陵陶俑身侧所佩长方形物从大小和形状看，或即烙印有"郎中"或"中郎"二字的二寸木符，而不是仅大半寸的半通印。汉代西北边塞曾出土不少汉世的六寸出入木符，其形长方，底端有可供系绳的孔，二寸木符的形制应与之相似而较短，只有三分之一大小，唯可能两端都有孔，以便上下系带【图35】。又符边缘本应有齿，可惜齿太细小，

---

[1] 秦及汉初郎中和中郎之制，参严耕望：《秦汉郎吏制度考》，载《严耕望史学论文选集》，中华书局，2006年，第283—338页。
[2] 参廖伯源：《西汉皇宫宿卫警备杂考》，载《历史与制度》，香港教育图书公司，1997年，第1—35页。

从制度的"可视性"谈汉代的印绶和鞶囊　83

图 35（左）　居延简 65.7 六寸符及二寸符示意图

图 36（右）　敦煌酥油土出土惊候符
（《玉门关汉简·彩版》中西书局 2019）

俑身所画又仅为示意，因此不见细节。敦煌酥油土汉代烽燧遗址曾出土一件有字的木质"惊候符"【图 36】，长 14.5 厘米，宽 1.2 厘米，符右一端有刻齿，下端有一孔，穿有一黄绢绳，残长 7.5 厘米，原出土报告推测"显系佩带用的……乃燧卒候望报警时所佩用之符"[1]。14.5 厘米约当汉六寸。我想这件保留有原绢绳带、用以佩戴的六寸木符或可帮助我们想象郎中和中郎佩于身侧的符。[2]

---

[1]　敦煌县文化馆：《敦煌酥油土汉代烽燧遗址出土的木简》，收入甘肃省文物工作队、甘肃省博物馆编：《汉简研究文集》，甘肃人民出版社，1994 年，第 5 页。

[2]　符用于佩戴的另外一个旁证是《岳麓书院藏秦简（肆）》（上海辞书出版社，2015 年）有《奔敬（警）律》曰："先粼黔首当奔敬（警）者，为五寸符，人一，右在 [县官]，左在黔首，黔首佩之，节（即）奔敬（警）。诸挟符者皆奔敬（警）故。"（1252 正—177 正）可见秦黔首为奔警者，有身佩五寸符以辨身份之制，此制当为汉所承袭。

图 37 河南邓县画像石
(《河南汉代画像砖》上海人民出版社 1985)

如果汉初郎中、中郎不佩印,楚国与汉朝这方面制度又无大异,楚王陵陶俑身侧所系的细带就不是縌或印绶,而是某种系符的绢丝带子罢了。陶俑身前佩有长剑,剑有剑鞘,背上有箭箙,为系牢剑鞘和箭箙,身上前后露出各种各样的系带,系符的应同属这一类带子。河南画像石有一个旁证。河南邓县曾出土一件头戴鹖尾冠,手持笏,身前佩长剑的武吏画像石【图 37】,其腹前正中用来系佩剑的带子,和北洞山郎中俑腹下中央出现的带子相当类似,但武吏身侧明显另有环绕了两圈并有环的印绶,可见腹下中央的不是印绶,较可能是系佩剑的带子。

卫士身侧系着烙印文字的符信也有个旁证。鲁德福(Richard C. Rudolph)和闻宥所编《益州汉画集》(Han Tomb Art of West China, University of California Press, 1951)著录有一件成都附近出土的墓门画像石,上有一佩剑持戟门卫【图 38】,门卫身侧

从制度的"可视性"谈汉代的印绶和鞶囊　85

图 38　成都墓门画像石及局部（《益州汉画集》图 70）

除有清晰的削刀，还刻画有一形体不小、带题铭的方形物。方形中明确有四字，杨联陞先生曾释作"诏所名捕"，籾山明教授和我不约而同也都这样释读。[1] 2019 年 3 月 1 日我有机会向前来史语所访问的籾山教授讨教。他指出方形物应是荣信，与

---

[1] "诏所名捕"是传世和出土文献中常见的术语，指诏书特别要追捕的要犯。籾山明教授和我不谋而合，也认为是"诏所名捕"四字。但为何荣信上出现的不是如同"张掖都尉"这样的职官名号？墓门上又为何会出现这样的门卫？仍不无疑问。籾山教授回日本后在 2019 年 3 月 5 日的电邮中告知，杨联陞先生六十多年前在《益州汉画集》的书评中早已释出"诏所名捕"四字（*Harvard Journal of Asiatic Studies*, vol.14, 1951, pp.665-667）。籾山说："我还是认为方形物是一张荣信。肩水金关遗址出土的织物'张掖都尉荣信'，长 21 厘米、宽 16 厘米，尺寸恰合墓门人物（我没有定见他是什么人）佩戴的。他带荣信用来开关墓门，严加门禁，准备逮捕犯禁者。"我觉得墓门上刻画这样一位人物，其作用似和汉世墓门或墓门旁常刻画的守卫武士或龙虎等神兽一样，扮演着守护墓主和死者、抵御入侵者的角色。凡入侵者即加逮捕，其不同在于或诉诸神灵，或诉诸人世间的力量。

图39 张掖都尉棨信 16厘米×21厘米
（《甘肃文物精华》文物出版社 2006）

1973—1974年居延出土的长21厘米、宽16厘米方形红色织物"张掖都尉棨信"同类【图39】。我因而想到《汉官解诂》说的棨传。但《汉官解诂》明确说棨传供"医、巫、僦人当入者"使用，又楚王陵郎中和中郎俑身侧佩系的为长方形而非方形，长方形的也是棨信吗？是汉初的棨信到西汉中期变成了方形？或棨信本来可有方和长方等不同的形制？我说的长方二寸木符或惊候六寸符也是一种凭证，和棨信功用相似，也佩在身侧。然而实际情况究竟如何，仍需进一步研究。

言归正传，下面看一些汉代画像中的印绶，以便大家明白印绶如何在画像中被"再现"出来。四十多年前，林巳奈夫先生在《汉代の文物》（1976）这本书里，曾据画像作了一些绶带的线描图。他描绘的绶带特征大致可分两类，呈多重环形的和绶末呈尖形的，并举出若干例子【图40】。

从制度的"可视性"谈汉代的印绶和鞶囊

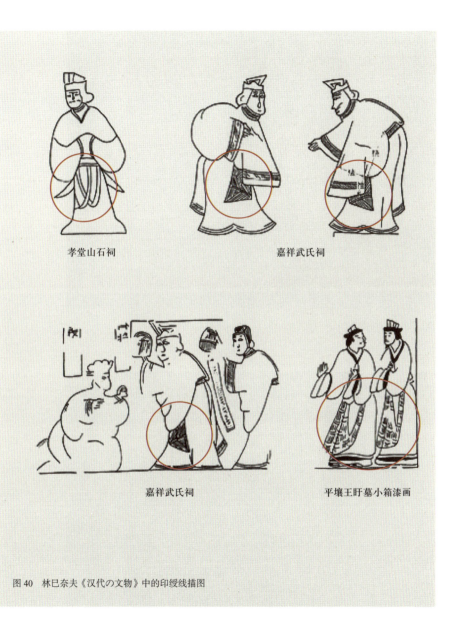

图40 林巳奈夫《汉代の文物》中的印绶线描图

　　林先生几十年前能看到的较有限,现在的资料要丰富多了。下面依外形特征,再举些例子【图41—49】。

图 41　山东长清孝堂山石祠周公辅成王图　(《孝堂山石祠》文物出版社 2017)

图 42　北京故宫藏山东嘉祥蔡氏园画像石局部　[2018 年 12 月 5 日作者摄　拓片见傅惜华《汉代画像全集》(初编) 图 171]

从制度的"可视性"谈汉代的印绶和鞶囊　89

图 43　山东省博物馆藏石局部

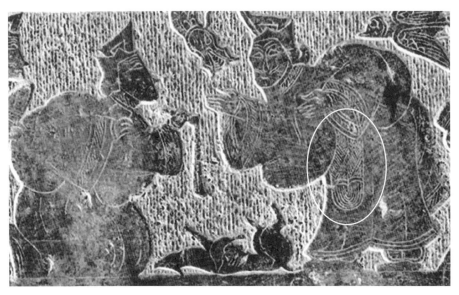

图 44　山东省石刻艺术博物馆藏石局部　（1998 年 7 月 29 日作者摄　拓片见《中国画像石全集 2》图 135，山东美术出版社 2000）

图 45　孙机线描图
（《汉代物质文化资料图说》1991）

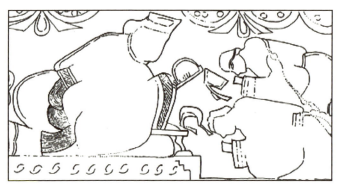

图 46　山东省石刻艺术博物馆藏画像石局部　（作者线描图）

首先，我必须指出汉代绶带原本有不同的花纹织法（例如有一种可考的织纹为"丙丁文［纹］"），画像石、壁画或彩绘陶俑都并不那么写实，很多只是示意性的，所以从制度研究的要求上讲，这些图像中绶带的外形不够准确，也不一定完整，我们须多方综合判断，才能见其大概。例如前举绶带的刻法，【图41】的绶带仅刻画了外形，一无花纹细节；【图42—49】的却刻出格子般或有纵有横有斜纹的纹饰，这些纹饰虽不无根据，但也受当时雕刻技法和习惯的制约，以示意为主，并不一定完全准确。还要指出，汉代的画像石原本上彩，可惜现在绝大部分彩色

图 47　山东省博物馆藏山东嘉祥画像石局部　（1998 年 7 月 29 日作者摄）

图 48　武氏祠完璧归赵画像
（陈志农线描图 《山东汉画像石汇编》山东画报出版社 2012）

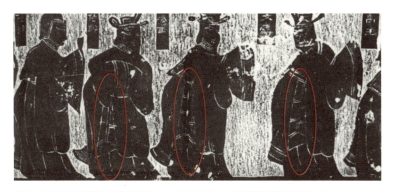

图 49　河南安阳曹操墓画像石局部　（2012 年 8 月 9 日作者摄自潘伟斌提供拓本）

都脱落了，只有壁画和彩绘陶俑还留下或多或少未脱尽的色彩。

上面展示的图像和线描图，佩戴绶带的人形态各异，有站、有跪，但所佩的绶带环绕多重，基本上呈弯转的圆弧形并（或）露出绶带的一端【图41—46】。再来看几件末端呈圭尖形的绶带【图47—49】。

这几件画像所呈现的绶带形制特点不在绶带环绕多重而在其末端呈现一端倾斜的尖形，其上有横竖相间或斜向的花纹。我认为呈现上虽不同，但它们应是同类的绶带。综合来看，绶带很长，动辄两三米以上，因此佩戴时需要盘绕几圈；绶越长，越需要多绕几圈，越具展示性。绕了几圈的绶或许用钩挂在腰带上。[1] 绶末端两头则呈圭尖形，其上大致有纵横和斜向花纹。画像中有些花纹表现了出来，有些却没有，绶末端的样子也不一定准确呈现。前面提到的日本天理参考馆所藏山东画像就是一例，其绶末端并不尖，几乎像平的（参图22.1、46）。

以上画像中绶带的形状和结构或不准确、不完整，这是利用汉代图像材料很大的限制。利用时不但要参考文献，还要运用想象，多方推敲拼凑，才能得出一个较合理全面的图像。不过就绶带而言，也有少数较完整呈现的例子。例如可能出自安阳曹操墓的"咸阳令"画像就较为完整地刻画出了绶带的绶、綟结构【图50】。"咸阳令"画像清晰完整地表现出腰带右侧之下綟、绶直接相连的状态和圭形的两末端。需要注意的是，綟、绶之间并没有文献中提到的玉环或玉玦。

玉环或玉玦呢？原来环、玦可有可无。《后汉书·舆服志》说得很明白，"綟、绶之间得施玉环、镳云"。既云"得施"，可见玉

---

[1] 《太平御览》卷六百九十一"鞶囊"条引班固与弟超书曰："遗仲叔虎头旁囊金银钩。"旁囊用钩挂于腰带，我推想绶带与腰带相连可能也用钩。本文附图23、24人物腰带上有成排的孔，可吊挂不同佩件。

从制度的"可视性"谈汉代的印绶和鞶囊 93

图 50　曹操墓出土的"咸阳令"画像石（马怡提供原石照片局部）

图 51.1　睢宁出土汉画像石局部（《睢宁汉画像石》山东美术出版社 1998）

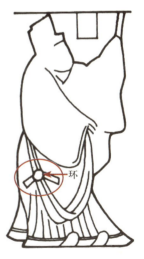

图 51.2　孙机线描图〔《汉代物质文化资料图说（增订本）》2008〕

环或玉镯可有可无；镯是有缺口之环，即玦。幸好画像中确实有不少施环的例子。例如前引河南邓县画像石（参图 37），或者江苏睢宁这幅画像也可以清晰看见縌和绶之间有环【图 51.1—51.2】。

图 52　徐州白集汉墓画像局部
（马怡提供拓本照片）

图 53　陕北子洲淮宁湾画像石局部
（作者藏拓局部）

图 54　山东省博物馆藏山东嘉祥宋山画像石局部（2016 年 8 月 17 日作者摄）

图 55　武氏祠西阙子阙北面底层局部　[《鲁迅藏汉画象（二）》图 39，上海人民美术出版社 1991]

图 56.1　北京故宫雕刻馆藏山东画像石局部　（2018 年 12 月 5 日作者摄）

图 56.2　局部放大　[拓片见傅惜华《汉代画像全集》（初编）图 166]

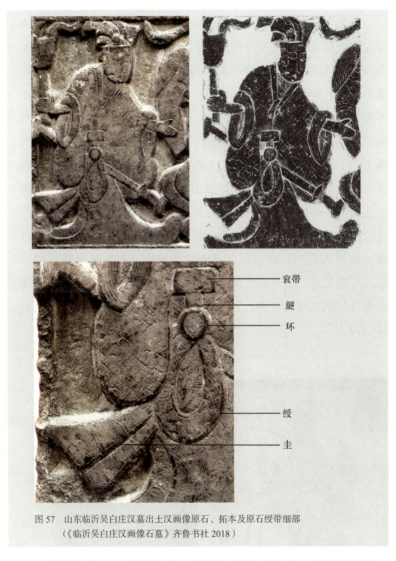

图 57　山东临沂吴白庄汉墓出土汉画像原石、拓本及原石绶带细部
　　　　（《临沂吴白庄画像石墓》齐鲁书社 2018）

　　除了林巳奈夫和孙机先生举证过的睢宁这幅，我还搜集到一些縌、绶间有环的绶带画像【图 52—56】。

　　说到这里，我们利用图像终于拼凑出传世文献所载绶带的构件，但构件是分别出现的，仍不够完整。有没有绶带构件更完整呈现的例子呢？请看【图 57】这幅画像。

从山东临沂吴白庄汉墓的画像石上可以看出，緺似乎垂自领口左右衣衽之间，穿过腰带而下，下系一环；环之上为緺，之下为绶，绶环绕成圈，绶的两头末端呈圭尖形。緺、绶长短比例明显不准确，緺的部分未免刻画得太短；又由于緺自左右衽之间而不是自腰间垂下，于文献无征——文献明明说"怀黄金之印，结紫绶于要（腰）"（《史记·蔡泽列传》）。绶自衣衽或上衣领口间垂下，十分奇异。可是我在山东沂南北寨和苏北邳州市车夫山画像石上偏偏找到了绶带自领口垂下而非自腰间垂挂的另外两个例子【图58—59】。这些画中人物的造型有一共同特点，即都像武士，或大袖旁张，或手握佩剑。緺绶自领口而下是武士或武吏特殊的佩绶方式吗？或是制度有变化？或因三例都见于鲁南和苏北，可能是这一地区石匠独特的刻法？或是刻画不够准确？因为没有其他例证可以参照，暂时只能这样草草去拼凑汉代印绶的整体结构。

图58　山东沂南北寨画像石及局部黑白反转（《中国画像石全集1》图214 ）

从制度的"可视性"谈汉代的印绶和鞶囊　97

縌

环

绶

图59.1（上）　邳州市车夫山东汉墓画像拓本　（《孔子汉画像集》西泠出版社 2014）
图59.2（下）　原石局部　（2010年7月8日作者摄于徐州汉画像石艺术馆）

七　绶带的织造

由于绶带是彰显汉代天子以至百官身份和权力最显眼、可视的符号，其织造就不能随随便便。二千石以上官员的绶带必须由官方专业部门织造。织造者是中央考工令属下的"主织绶诸杂工"。考工令是专门给皇帝和官府织造各种生活及军工器物的单位。可惜的是，我们对于绶带的织造方法及绶带上的花纹几乎一无所知。在这一点上，汉代画像石和壁画都不能提供足够明确的数据。据张华《博物志》说，东汉光武帝喜欢西汉武帝时期一种二千石官所佩的、色彩和花纹很美的绶带，名为"丙丁文"。但其织法东汉初时已失传，光武帝曾特别画了丙丁文的图样，悬赏缣五十匹，征求会织的人。结果一位王莽时曾任六安都尉的人应募，"狂痴三十日"，将此图样织造了出来。

民间织工可以织造二千石以下官吏的绶带。但政府对用什么丝、长宽如何等都有严格的规定。《后汉书·舆服志》注引《汉仪》云："民织绶，不如式，没入官，犯者为不敬。二千石绶以上，禁民无得织以粉组。"所谓"不如式"，就是不合规格，官府不但要没收掉，织者还犯了"不敬"之罪。不敬罪重者，足以弃市。

八　结论：从可视性看制度——一个仍待开发的领域

也许我比较幸运，有机会在这么多较好的汉画像图录出版后才向大家报告，例如我用了刚出版的《临沂吴白庄汉画像石墓》；或许也因为我长久留心于图像材料、关注制度史，才会注意到图中印绶这样的课题。

过去制度史的研究几乎都以文字性的文献为依据，许多问题谈不清楚，不好解决。[1]如前面所说，印绶制的文献歧异错乱到像个泥坑，令我一直不敢去碰；即使去碰，单靠文献或版本比对，也难有善果。这时图像或可带来曙光，例如我利用图像来解释文献记载绶制中的"圭"，指出圭不是单位或纹样单位，而是绶带末端圭尖形的部分，证明继和绶确实有文献所说二者迎逆相连的关系，二者之间可以有环，也可以无环。再比如，我推测北洞山楚王陵郎中陶俑所佩可能是烙印有职名的木符而不是印绶。

但图像也有它的局限，尤其汉世图像不那么写实，常仅示意，不合比例和透视，甚至有错误，令今人不能真正掌握人物或器物等的"真形"。不论石刻或壁画，彩色或全脱或残，没有办法较好地重建绶带的颜色或对照文献的记载，也不见印和继、绶到底如何相连相系。在我们最想知道和最好奇的问题上，图像数据都相当令人失望。

尽管如此，我仍要强调利用图像，从符号可视性角度去思考所谓的"制度"，尤其是"政治制度"，可谈的问题还有很多很多，这仍然是一个有待开发的领域。今天所说的印绶和鞶囊只是举例。我开头讲过，秦汉以后，衣服、田宅、车马、陵墓等所展示的权力和身份等级阶序都具有可视性，我们可以全面去看，也可以换个角度去看，结果可能就不太一样。

例如换个角度看，印绶、鞶囊和阎先生说的礼器尊、爵都是器或物，但有什么不同吗？尊、爵等礼器本身不会移动，出现在固定的仪式性场合和一定的位置上，以彰显一定的尊卑秩序。人们不进

---

[1] 邓小南教授一篇谈图画作品的文章结尾曾说："在以往的研究实践中，我们所习惯利用的史料，常局限于文献典籍，真正能够有效调度多种资料的研究并不多见；我们所习惯的发问和讨论方式，也迫切需要新鲜的滋养与刺激。在这一意义上，对于传世的书画作品，对于美术史卓有成效的研究，值得历史研究者予以足够重视。"见邓小南：《图画作品与宋代政治史研究》，载《宋代历史探求：邓小南自选集》，首都师范大学出版社，2015年，第381页。

入这个仪式空间,就无法见到尊和爵发生的作用和意义;能进入这个仪式空间的,通常又仅限于能参加仪式的群体而不是所有的人。

印章、印绶和鞶囊也是物品,但佩挂在官吏身上。秦汉以后,大小官员或议政于朝堂,或在大小衙门办事,或在大队人马的簇拥之下出巡,穿街走巷,出入被支配的人群,他们的车马、穿着装扮和前导后从,不但展示着官员自己的身份和权力,更体现或代表着一个统治集团的存在和力量。简单说,他们和尊、爵礼器的一大不同,在于官员自己会移动,不囿于固定的场所,是统治集团无处不在的活招牌。西汉末,从丞相到最低的佐史,大大小小官吏有十二万多人,他们不就是十二万多块活招牌吗?

由此或可进一步想象,随着官员移动,和官服搭配的印绶可说是官服佩饰中最显眼可视的标识,其可视性也必须和其他作为可视性符号的"整体"——伴随移动的车马、乘车或骑马的属吏、徒步的走卒等——合而观之。汉代墓葬壁画和画像砖石上有极多出行或出巡图,场面壮观,也有不少出土的车马实物或陶、木、铜明器,都是讨论"可视性"的好材料。

如果不限于官服本身,合车马等而观之,出行官员乘坐在马车中,腰间的鞶囊和腰下的绶带很容易被车厢遮蔽,那什么才"最可视",最引人注目呢?

想想东汉光武帝年轻时有一回到长安,"见执金吾车骑甚盛,因叹曰:仕宦当作执金吾,娶妻当得阴丽华"。执金吾不过是一名长安城防司令,出巡时除了乘车的大小属吏,另有两百名穿着赤黄色甲衣的骑士(缇骑)前呼后拥,其车骑威风的程度使小小的刘秀为之心动。刘秀很容易就看见了执金吾车骑的壮盛,但官员们的绶带、鞶囊或印章呢?因为他们坐在车中,印绶之类被车厢挡住,刘秀想看都看不到。大家不妨查查汉墓出土的车马明器、画像石和壁画中乘车的官员,凡坐在车里的,不论职位高低,没有一位的印绶不是被车厢遮蔽而不可见的【图60】。

从制度的"可视性"谈汉代的印绶和鞶囊　　101

图 60.1　"君车"画像局部　[《汉代画像全集》(初编)图 225，史语所藏拓片]

图 60.2　内蒙古伊金霍洛旗汉墓画像石局部（2018 年 10 月 26 日作者摄于鄂尔多斯青铜器博物馆）

图 60.3　甘肃武威雷台汉墓出土的铜轺车

同样的，再想想曾亲见秦始皇出巡车队的刘邦和项羽，为什么会动了"大丈夫当如此"或"彼可取而代之"的念头？秦汉皇帝出巡的阵仗比执金吾要大太多了。蔡邕《独断》说："古者诸侯贰车九乘。秦灭九国，兼其车服，故大驾属车八十一乘也。"《后汉书·舆服志》说："大驾属车八十一乘，法驾半之。属车皆皂盖赤里，朱轓，戈矛弩箙，尚书、御史所载。最后一车悬豹尾，豹尾以前比省中。"秦汉皇帝出巡，阵仗大小因出巡目的和场合而有大驾、法驾、小驾等区别，随驾的属官和护卫成千上万，车马装饰和旗帜之光鲜盛大，可以说无与伦比。曾随汉成帝赴甘泉行郊祀的扬雄在《甘泉赋》中这样描写皇帝车驾的气势："乘舆乃登夫凤皇兮翳华芝，驷苍螭兮六素虬……流星旄以电烛兮，咸翠盖而鸾旗。敦万骑于中营兮，方玉车之千乘……"鸾旗玉车、万骑千乘一般的阵仗怎能不激起刘邦、项羽这些豪杰的野心？就整个车驾队伍来说，"最重要的标识"或"最可视"的符号明显不会是印绶和鞶囊。天子的车驾难得见到，但大小地方官员无处不在，他们出巡时前呼后拥的车马队伍，无疑是小老百姓日常最容易看到的，也是最耀眼、最能彰显统治权威的符号【图61】。

这个有趣的问题，讨论空间还很大。我们如果不是从可视性的角度谈制度，不是换角度看问题，转而注意可视性符号的"静"与"动"、"个别"和"整体"在不同情境下的"可视性"，就不会提出以上的观察。

最后再说一下我开头强调的颜色和身份阶序。如前面所说，除了印绶和衣冠，车马无疑是权力和身份阶序的重要符号。西汉景帝曾在诏书中特别将大小官员的车马、衣冠上升到所谓"吏体"的高度。吏体是指官吏要有当官吏的样子或威仪。摆出来给众人看的车马、衣冠都要合乎规矩，不但官员自己，跟随他出入的人员也要合乎规矩，不合规矩的要处罚。请注意，景帝不但关注衣服，还特别强调不同等级官员所乘马车的车轓（车轮上的挡泥板）

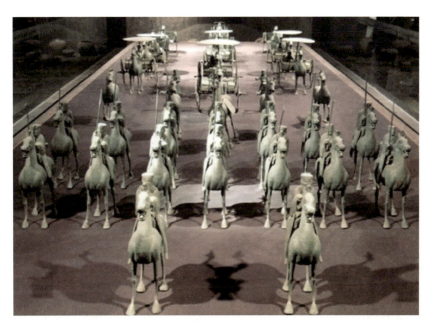

图 61　甘肃武威雷台汉墓出土成套铜车马　（甘肃省博物馆藏）

应用不同颜色。汉代壁画虽有很多绘制得不够准确写实，但景帝所说的千石至六百石车"朱左轓"，二千石车"朱两轓"，在河南荥阳市王村乡苌村东汉墓壁画上，墓主任县令和二千石郡守乘坐的轺车的确就清楚有别：县令车轓左红右黑，郡守车两轓都涂成朱红【图62—63】。河北逯家庄汉墓壁画虽没有榜题，车骑出行场面十分浩大，占满中室东西南北四壁，成百车骑中唯有南壁约略中央处，有一车的两侧车轓都呈朱红色，乘坐其上的应该是地位最高、二千石的墓主【图64】。陕西靖边杨桥畔渠树壕汉墓壁画也有车骑，其中有"夫子车"朱右轓，这位夫子位秩当在二千石，甚至六百石以下【图65】。[1] 可见官员不论生前死后都得依规合度，

---

[1]　阎步克引《汉旧仪》等，认为丞相车黑两轓应是景帝时规定的。参前引阎著《从爵本位到官本位》第449页及注4。靖边壁画夫子车朱右轓不见于（转106页）

104　多面的制度

图 62　河南荥阳市王村乡苌村东汉墓壁画中皂盖朱左幡辎车，榜题"[供北]陵令时车"
（《中国出土壁画全集 5》）

图 63　河南荥阳市王村乡苌村东汉墓　壁画中皂盖朱两幡的辎车，榜题"巴郡太守时车"
（《中国出土壁画全集 5》）

从制度的"可视性"谈汉代的印绶和鞶囊　　105

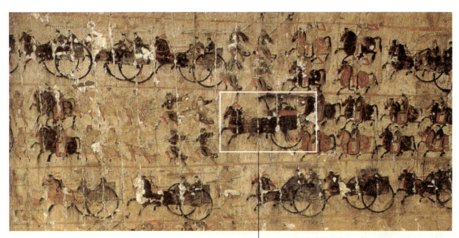

图 64.1　河北逯家庄汉墓中室南壁壁画局部
（《河北古代墓葬壁画》文物出版社 2000）
图 64.2　上图局部放大　皂盖朱两幡的轺车

图 65　陕西靖边杨桥畔渠树壕汉墓壁画中白盖朱右幡的轺车，有"夫子车"榜题　（《中国出土壁画全集 7》）

讲究所谓的"吏体",而吏体有很大一部分即体现在衣冠、印绶和车马等的颜色上。不合规矩的显然也不少,否则不会惹得景帝想要特别下诏。现在抄录景帝六年五月诏中的几句话作为结语:

> 夫吏者,民之师也,车驾、衣服宜称。吏六百石以上,皆长吏也,亡度者或不吏服,出入闾里,与民亡异。令长吏二千石车朱两轓,千石至六百石朱左轓。车骑从者不称其官衣服,下吏出入闾巷亡吏体者,二千石上其官属,三辅举不如法令者,皆上丞相御史请之。(《汉书·景帝纪》)

补记

本文原为 2018 年 12 月 10 日在北京大学人文社会科学研究院的一场演讲,承文研院王瑞先生整理出逐字稿,我增补改写了不少,但保留演说的口气。感谢文研院邀约,也感谢在增补过程中,籾山明和耿朔先生的协助。

2020 年 4 月 5 日

延伸阅读

孙机:《汉代物质文化资料图说(增订本)》,上海古籍出版社,2008 年
孙机:《中国古舆服论丛》,文物出版社,2001 年
邢义田:《立体的历史:从图像看古代中国与域外文化》,生活·读书·新知三联书店,2014 年
邢义田:《画为心声:画像石、画像砖与壁画》,中华书局,2011 年

(接 103 页)景帝六年五月诏书,看来也有可能是景帝时规定的。可惜《汉书》征引诏书常删节,景帝诏仅及六百石至二千石,不及六百石以下,也不见关于车盖颜色的规定,应是删节的结果。从汉墓壁画看,大部分出行的属车根本没有车轓,可见有无车轓、车轓的颜色都应有等级分明的规定。车轓制又参孙机:《汉代物质文化资料图说(增订本)》,第 114 页。

走向"活"的制度史

——以宋朝信息渠道研究为例

邓小南

北京大学历史学系教授

* 本文原为 2019 年 3 月 14 日邓小南老师在北京大学所做的"北大文研讲座"(第 113 期)。

一 走向"活"的制度史

"走向'活'的制度史"是研究者心中的一个目标。这样一种尝试、一种追求,是我20世纪90年代末、2000年初在本科生教学中提出来的。当时我跟学生讨论"如何做制度史研究",那时候观察到学界一些情况,产生了一些想法,希望能够对学生,也对我自己有个提醒。后来形成一篇小文,在2001年提交给"近百年宋史研究的回顾与展望"研讨会,之后刊登在《浙江学刊》上,没想到在青年学人那里产生了不少反响。

为什么要"走向'活'的制度史"呢?因为制度本身是活动的、动态的,那么相应地我们对于制度史的研究也就不能只注重那些对典章制度、静态规定的梳理,而应该尽力追索,关注当时具体的活动方式。2017年我围绕这一问题做过一个讲座,后来"澎湃"报道时把那场讲座的题目概括为"下死功夫,做活历史",我觉得概括得不错。

研究者对于"制度"的界定,并不完全一样。在我的想法中,制度基本上是在一定历史条件之下形成的法令、礼俗等规范。2018年底邢义田老师做过一次演讲,讨论制度的可视性。在那场演讲的开篇部分,首先说到他对于制度的界定,我在这里引到的,是他当时演讲里边的两点——这两点我都是赞同的:制度是有不同类型的,既有无意中逐步产生、经历了长久时间形成的约定俗成的规矩;也有为了特定目的,依照权力分配关系而制定的标准、规范程序,有意建构出来的多重秩序网络。[1]

大体上说,制度基本是一些规则,这些规则体现着各种标准,而标准相对来说是比较恒常,或者说是比较稳定的。但是,

---

[1] 邢义田老师讲座的内容,见本书第二篇《从制度的"可视性"谈汉代的印绶和鞶囊》。——编者

我们知道制度面对的现实总是多变的、流动的，在这样一种流动的过程里，要应付多变的环境，制度就需要有很多灵活的处置方式。有学者提出，会有一些非正式的制度，或者是正式制度会采取一些非正式的运作形式。这些非正式的运作，一方面是对当时多变环境的应对，它会给制度带来扭曲；另一方面，它也可能是对正式制度的一种补充，是一种润滑剂。所以在某些情况下，我们会看到正式制度有赖于非正式的制度、非正式的运作方式才得以推行。制度与非正式制度之间可能有一种张力，形成一种"空间"，这可能恰恰带来某种相互矛盾又相互支撑的稳定性。但是这些非正式的制度和运作方式通常是不见于正式文本、正式规定的，也就是说它并不是明显可视的，不是那么公开的，需要从另外的角度来观察，要去追踪表象背后的一些内容。

制度既有文本的规定，也有应对现实的操作方式。有运作，有过程，才有制度，不处于运作过程之中也就无所谓制度。如果一个制度只是停留在文本的阶段，我们可以说这个制度事实上是不存在的。我在《政绩考察与信息渠道》一书的序言中讲过：

> 制度所试图提供、试图规约的基本上是利益关系与行为模式。而特定的官方行为模式在历史上究竟存在与否、如何存在，取决于它是否曾经通过运行过程体现出来。

一个制度设计的初衷和它最终实现的终端之间，往往会有明显的参差。这种参差究竟是什么原因造成的呢？我们首先需要观察制度的运行方式。制度都是有特定目标的，这些目标是在出发点的"彼岸"，因此需要观察通向彼岸的路径。路径上有若干节点，就像我们看到的桥梁，它有若干桥墩，若干节点组成一个单元，若干单元实际上就构成了这一路径。

在这个过程里边，我们要观察不同的节点，观察不同的单元，还要观察整个路径如何"组合"起来。不仅要注意衔接的点（桥墩），还要注意动态的延展嵌套方式。现在很多著作的标题中，我们会看到 Making、Building、Structuring 这类的词，实际上都是在强调一种进行时，而不是一个静止的状态或完成时。我们正是要在这种状态里，去把握制度究竟如何展开，曾经出现过什么样的拉动方式——所谓"拉动"，可能是不同方向的。进一步说，要在制度执行的"过程"中关注当时起作用的"关系"，比方说节点和节点之间的关系，桥梁材质和组合方式的关系；另外还要关注造成这种进展方式的种种"行为"。影响制度的路径选择以及延展方式的，是当时综合性的"生态环境"，政治生态影响着各种关系的卯合方式、参与者的意识和行为选择。"制度"正是在这样的背景下存活发展的。

这些年我一直关注信息渠道方面的研究，在这里或可以此为例来谈制度史。

二 内外层级中的宋朝信息渠道

对于"信息"，有很多不同的定义方式。中国古代说到信息的时候，主要是指音讯、消息，指人与人之间传播的知识和各类内容。信息都是具有时效性、流动性的，信息的流有路径、有方向、有载体，这就是我们所说的信息渠道。

信息渠道本来是多途多向的，我们这里主要讲一些官方的信息渠道，举例说明一下朝廷内外之间、机构层级之间的信息渠道。下面分三个方面来谈。

（一）君主与臣僚

一说到中国古代的信息通进问题，讲"兼听则明"，首先会

举出唐太宗的例子。当时最有名的诤臣是魏征,他跟唐太宗讲皇帝需要兼听广纳的道理:

> 人君兼听广纳,则贵臣不得拥蔽,而下情得以上通也。(《资治通鉴》卷一九二)

可见,当时所谓的君主"开明",其实是一种防范贵臣壅蔽、使得下情上通的帝王统治术。

南宋后期有一位名臣魏了翁,他曾经给皇帝上呈过一份奏章,列举了"本朝"(指宋代从祖宗朝以来)形成的多层多途的信息通进方式,实际上就是当时人心目中所理解的朝廷的信息渠道。他说:

> 所谓宰辅宣召、侍从论思、经筵留身、翰苑夜对、二史直前、群臣召归、百官转对轮对、监司帅守见辞、三馆封章、小臣特引、臣民扣匦、太学生伏阙、外臣附驿、京局发马递铺,盖无一日而不可对,无一人而不可言。(魏了翁《应诏封事》)

魏了翁说到方方面面的情况,比方说宰相、辅佐被皇帝宣召去议事,皇帝的侍从官、皇帝在经筵里的老师、皇帝的秘书、当时的史官、外地回来述职的群臣以及在朝廷任职的官员等,都有向皇帝、向朝廷递进信息的特定渠道,他概括说"盖无一日而不可对,无一人而不可言"。魏了翁列举的具体情况,在宋代确实都能找出例证,都不是随意说的,但如果说臣僚没有一天不能面对皇帝,没有一天不能进言,这显然是夸张的说法。

我们先从宰辅——也就是宰相和执政官员——与皇帝的信息沟通说起。杜范是南宋的一位宰相,他在给皇帝的章奏《相位五

事奏札》中说:

> 凡废置予夺,(君主)一切与宰相熟议其可否,而后见之施行。如有未当,给舍得以缴驳,台谏得以论奏。是以天下为天下,不以一己为天下,虽万世不易可也。

所有重要的事情君主都要跟宰相仔细商议,然后才能"见之施行"。在这个过程里,如果内容不得当,给事中、中书舍人等负责文件起草审核的官员可以提出意见,监察机构的御史和谏官也可以出来论奏。杜范说,这才是"以天下为天下,不以一己为天下"的做法,皇帝就是要广听兼纳。

皇帝和宰相之间有很多的沟通机会和沟通方式。绍圣四年(1097),宋哲宗亲政不久,跟枢密院的长官曾布谈话。曾布对皇帝说,以前神宗皇帝非常相信王安石,但当时也有一些跟王安石持不同意见的人,神宗始终没有把这些人斥逐到外地去。为什么呢?因为神宗担心,如果上上下下的人都跟王安石是一个论调,朝廷里只听到一种声音,那么就会造成"人主于民事有所不得闻"的情形,君主就得不到有关社情民意的全面消息。曾布建议"愿陛下以先帝御安石之术为意"。宋代君主在某种程度上鼓励朝廷内部存在不同的意见,允许这些不同意见"异论相搅",也是保留不同信息通进的可能。

宋代的"言路"官员,包括给事中、中书舍人与台官、谏官,他们与宋廷的信息渠道有直接密切的关系。中书舍人负责草拟诏旨,给事中担当审核封驳职责;他们在中枢行政机构任职,可以"先其未行而救正其失"。谏官和台官是谏诤监察官员,原则上讲,谏官应该针对问题事先提出谏议,而台官是事情发生之后出面弹劾纠正。事实上也不尽然,欧阳修曾经说"凡有论列,贵在事初"。宋代的台谏官员都允许"风闻言事"——台谏官员可以不报告他的信息来源。这样在某种程度上对台谏官及其信息来源构成一种保护,当然也可能带来一些相应的问题。

宋代的台谏官原则上不是宰相的属官,而是直属于皇帝的。所以我们会看到,在宋代有不少台谏官弹劾宰相的事例(中国很早就有谏官、御史,但是如果他们是宰相的属官,由宰相任免,就很少会去弹劾宰相)。在某种程度上,当时形成了一个权力的三角形:顶端的当然是皇帝,下面的一端是以宰相为首的行政体制,另外一端是台谏所代表的监察体制。台谏直言,被认为是朝廷的"元气"所在。对于这样一种体制,当时人有很多相关的议论,苏轼在哲宗朝的《上皇帝书》中就说道:

> 自建隆以来,未尝罪一言者。纵有薄责,旋即超升。许以风闻,而无官长;风采所系,不问尊卑。言及乘舆,则天子改容;事关廊庙,则宰相待罪。

建隆是宋太祖的第一个年号。说建隆以来未尝治"言者"之罪,并不符合事实,"言者"受到贬黜的情形一直都有。但是在宋代,如苏轼所说,"言者"的权利确实得到了一定程度的保护和鼓励。正因为如此,台谏官们才敢于在弹劾、谏议的过程中"不问尊卑"。讲到皇帝的时候,天子都会动容;如果事情关系到朝廷,宰相也会待罪。这是在制度运行比较正常的情况下,当时人的一种感觉。

欧阳修做过谏官,他也曾经说:"立殿陛之前,与天子争是非者,谏官也。"在殿堂之前可以和天子辩争是非。当年究竟会不会有这种争论,或者说敢不敢有这种争论呢?下面是一个小故事,记载的是跟包拯有关的事情。

宋仁宗宠爱后宫的张贵妃[1]。张贵妃有个叔父叫张尧佐，皇帝准备把张尧佐提到宣徽使的位置上去，这天上朝的时候就要宣布这件事。贵妃把皇帝送到殿门口，抚着皇帝的后背，跟他说："官家[2]今日不要忘了宣徽使。"皇帝允诺说"得得"，然后就去了。殿堂之上，皇帝降旨要把张尧佐提为宣徽使，结果包拯"乞对"。包拯当时是御史中丞，就是御史台的首长。他面对皇帝"大陈其不可""反复数百言"，以致"音吐愤激，唾溅帝面"。皇帝只得放弃，这个事情就没办成。贵妃派了小宦官在那边打听，知道皇帝回来，赶紧就去迎接。皇帝举起袖子来擦脸，说："中丞向前说话，直唾我面。汝只管要宣徽使、宣徽使，汝岂不知包拯是御史中丞乎！"[3]

当年确实有一些台谏官员敢于如此坚持。哲宗朝刘安世被任命为谏官，当时他表态说，他在言路上一定会"明目张胆，以身任责"。现在我们说"明目张胆"，基本是表达负面意义；但在当时这是正面的表述，有很多台谏官都表示要"明目张胆"、直言进谏。

除了台谏官之外，当时朝廷百官也有一些向皇帝进言的机会。首先是章奏，即书面的进言。在一些特别的情况下，也会号召中外臣僚，甚至所有的臣民都"实封言事"，要提的意见、进谏的内容可以密封起来送到朝廷。当然，更多章奏并非"实封"。程颐是二程先生之一，他在仁宗朝曾经向皇帝进呈《上仁宗皇帝书》，他跟皇帝说：

> 行王之道，非可一二而言，愿得一面天颜，罄陈所学。

也就是说，先王的道理我不是一下子就能跟您说得明白的，我得

---

[1] 后来被追册为温成皇后。
[2] 朝廷官员称皇帝为"陛下"，后宫则是叫"官家"。
[3] 事见朱弁：《曲洧旧闻》卷一，中华书局，2002年，第92页。

见了您当面谈。这份章奏是什么时候上的呢？1050 年。我们知道，程颐是 1033 年出生的，他进呈这一章奏时比我们大部分同学还更年轻。

我们现在看到的宋人奏议连篇累牍，不光有《国朝诸臣奏议》，另外还有明代中期编的《历代名臣奏议》。有学者统计，《历代名臣奏议》里收录了从商代一直到明代中期的近 9000 份奏议，其中大约 7000 份是宋人的奏议。元代史家批评说，宋代是"成于议论，毁于议论"。但臣僚积极进言，至少使朝廷的信息来源相对开广。

除了这些章奏，即书面的文本以外，当时在京的官员会有轮对、转对的机会。《宋会要辑稿·礼》里面就说到当时"旁开求言之路，日引轮对之班"，官员有机会轮流面见皇帝。在南宋孝宗朝，朱熹得到机会面见皇帝，他事先做了非常充分的准备，写了一份又一份的奏议，到殿堂之上面奏。事后他给一位朋友写信，说到当时的情况：读第一奏"论格物致知"时，皇帝脸色温润，彼此有问有答，谈话很热络；第二奏，是"论复仇之义"；第三奏，他批评皇帝说，目前言路壅塞，周围佞幸张狂，结果"不复闻圣语矣"，皇帝再也没有声音了，显然十分不快。[1]

朱熹与陆九渊学术观点不同，但他们的很多政治见解是接近的。朱熹曾经说，我们这些人里，陆九渊最会说话，所以也寄希望于陆九渊等人的轮对。孝宗淳熙十一年（1184），陆九渊轮对，他准备了五份札子去见皇帝，内容谈得很尖锐。他批评孝宗说：

> 临御二十余年，未有（唐）太宗数年之效。版图未归，仇耻未复，生聚教训之实可为寒心。(《删定官轮对札子》)

---

[1] 见朱熹：《晦庵先生朱文公文集》卷二四《与魏元履书》，《朱子全书》，上海古籍出版社、安徽教育出版社，2002 年，第 21 册，第 1082—1083 页。

意思是说，您当皇帝二十多年了，还不如人家唐太宗几年的成效；说起训练教育民众的效果，我们实在为您寒心。此后，陆九渊写了一封信给朋友，说当天谈得不错，皇帝态度也很好。过了一年多，又快轮到陆九渊了，当时的宰相就把他调换了地方，不再有轮对的机会。南宋史学家李心传在《朝野杂记·百官转对》中说：

> 然士大夫不为大臣所喜者，往往俟其轮对班将至，预徙他官。至有立朝逾年而不得见上者。盖轮其官而不轮其人，此立法之弊。

当时官员轮对是按照机构依序排列的。有的官员老提意见，让皇帝反感，或者惹大臣烦恼，如果又快到他轮对，那么大臣就会算计着先给他提个官、调个单位，或者派他出一趟差（例如出使金国），回来的时候这个机构的官员就轮过去了。所以李心传说，有"立朝逾年而不得见上者"，有的人到朝廷供职一年多了还没机会见到皇帝。这当然是"立法之弊"，但是我们反过来也可以看到，如果"立朝逾年而不得见上"是个问题，那么证明当时大部分官员是有面见皇帝进言的机会的。

相对重要的外任官员在被派出去的时候，或者回朝廷述职的时候，都有见皇帝"面对"的机会，在"面对"的时候皇帝也会问他们一些在外任期间观察到的朝廷政策等方面的问题。

另外还有一些进言者是皇帝的老师，在经筵里边给皇帝讲经讲史的人，比方说司马光。在熙宁变法的时候，司马光和王安石两个人完全分道扬镳了，但是神宗曾一度把司马光留在京都，让他在经筵中讲读《资治通鉴》。前些年在日本发现了《司马温公全集》，包括《司马光日记》，日记详细记载了他跟皇帝的每一次谈话。上完课以后宋神宗经常征询司马光对于新法的意见，任命高级官员的时候，神宗也会探问司马光的看法。研究者感觉"他们之间的谈话十分坦率诚恳,简直像朋友一样"。我们从司马光的《手录》里边也会看到,有一些话似乎就是在教训皇帝。这是北宋中期的情况。

到了南宋中后期,我们也会看到不少士大夫的文集里边记载着经筵之后和皇帝谈话的情形。像宋理宗在经筵就有不少君臣对话,内容非常广泛。当时因为受到蒙古人的压力,所以对话既谈内政,又谈对外交涉,包括前线战事、敌使礼仪、地方安危、官员选任、财用窘困、军籍虚额、福建盐法、楮币得失等,都在议题之中。这些对话明显地体现出深居九重的帝王深切的忧虑,包括对于外界信息不通达的焦虑。我们会感到,很多时候经筵讲读好像不是皇帝最关心的,反而是读完之后的"赐茶对谈",跟经筵的老师一起谈话,更能反映出皇帝关注的重心,这也是讲读臣僚们一直盼望的机会。

南宋的第二个皇帝孝宗,应该说是南宋所有皇帝之中最为勤政有为的一个,他不光是白天召对臣僚,晚上有时候也会把一些臣僚召到内殿去谈话。这些人包括像尚书、中书这些来自行政部门的,像直学士之类相当于皇帝秘书的人物,像侍讲这些皇帝的老师,还有侍御史等监察官员或者说是言路上的官员。这些人本来就有白天面见皇帝的机会,晚上又把他们召来,为什么呢?皇帝晚上把他们召到内殿,"从容造膝过于南衙面陈"。在殿廷之上,官员和皇帝离得是很远的,官员站在底下,皇帝高高在上。到了内宫里边,是"造膝而谈",君臣面对面地坐在一起,膝盖抵着膝盖,显得亲近温馨。在这种情况之下,不管孝宗问的是什么,"或问经史,或谈时事,或访人才,或及宰执所奏,凡所蕴蓄靡不倾尽",官员们掏心掏肺地都想跟皇帝倾诉。[1] 这些让我

---

[1] 见吴泳:《鹤林集》卷一九《论今日未及于孝宗者六事札子》,文渊阁《四库全书》,第1176册,第181页。

们注意到当时各方面臣僚在不同场合提供的信息及其来源。

除此之外，还有很多属于君主个人的信息渠道，像亲随、军校、宦官、皇城司、阁门司、走马承受，还有一些来历不明不白的"伺察者"，这些都是可能直通皇帝个人的信息渠道。

在特别时期，比方说新皇帝登基，或者碰到日食、地震及某些重大事项，皇帝也会下诏"诏求直言"。宋徽宗刚刚即位不久，出现了日食，徽宗就下了《求言诏》，他表示有什么问题尽管说，"咸听直言，毋有忌讳"；而且要求"布告迩遐，咸知朕意"。提意见的结果怎么样呢？当时上书和参加科举廷试的人，凡是敢于直言者，后来在政治风气转变时通通都被治罪。于是京师就流传开这样的顺口溜，说："当初亲下求言诏，引得都来胡道。人人招是骆宾王[1]，并洛阳年少[2]。自讼监宫并岳庙，都一时闲了。误人多是误人多，误了人多少。"这么多人本来是为了响应《求言诏》，但当时这样一种政治环境反而把他们害了。

下面我们来讲一下禁中和外朝的信息沟通。

（二）禁中与外朝

日本学者平田茂树专门绘制过一幅"宋代行政文书流程图"【图1】。

为什么要关注行政文书的流程呢？因为行政文书在中国古代是官方信息的重要载体。我们在图上看到的上下箭头，都是政务信息流通所经过的渠道以及流通的方向，有上行的也有下行的。正常情况下，当时上行下行的文书，大宗部分在宰相机构"二府"就处理了。神宗元丰之前，中书门下和枢密院是二府，相当

---

[1] 武则天当政，骆宾王在扬州起事，写了《讨武曌檄》。
[2] 指不谙世事，唯恐天下不乱的年轻人。

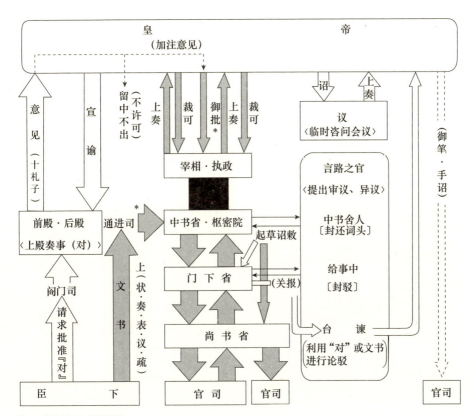

图1 宋代行政文书流程图

于最高的中枢行政部门和军政部门,他们的首长就是宰相和执政。元丰以后的三省(中书省、门下省、尚书省)和枢密院相当于前期的"二府"。一些重要的信息经由二府报送到禁中(皇帝内廷),我们看到皇帝那里的上下箭头已经比较窄了。

以前我们觉得皇帝的意旨,出口就是圣旨,但如果去看中国古代的史料,实际上历朝历代都没有那么简单,包括我们现在看到的宋代的情形。宋仁宗曾经表示"凡事必与大臣佥议,方为诏敕",并不是他说出口的话就是诏旨了。从臣僚这方面讲,监察官员蔡承禧也曾经说,"事无巨细,非经二府者不得施行",如果事情没有经过二府,可能不被外朝承认,也就不能施行。

我们看到,很多消息是报到禁中去的,那么禁中是谁在处理这些信息呢?过去有个学生写硕士论文,讨论元丰期间的行政体制。他说来自四面八方的章奏递到禁中以后,皇帝会看这些章奏属于什么性质,然后分门别类地派到各个部门去处理。于是我问他:你以为皇帝是收发室啊?皇帝天天数这些章奏可能都数不过来,就不用干别的事了。但这个问题我当时也回答不了,究竟是谁在初步处理这些章奏信息呢?

我们都会有个经验:有些材料原本是看过的,但是当时脑子里没这个问题,因而印象不深;当有了问题之后,读过的材料才能"激活",好像"跳"入我们的思路中来。《朱子语类》中记录着朱熹的一段说法,以前看过,现在再读,有了"感觉"。他说,宫中有一批人是"内尚书",这些人"不系嫔御",嫔御是指后妃底下的那些内廷女性。他特别说明"不系嫔御",说明这些女性不属于后妃嫔御系列,不是皇帝的性伴侣,她们的功能是"主文字""掌印玺""代御批"。李心传也说:

> 本朝御笔、御制,皆非必人主亲御翰墨也。祖宗时,禁中处分事付外者谓之内批,崇观后谓之御笔,其后或以内夫人代之。(《建炎以来朝野杂记》乙集《故事》)

"内夫人"指的就是内廷里边的女性宫官。"人主"批复外朝的"手诏""御笔",往往不是皇帝亲笔写的,而是"内夫人代之"。这些内夫人着男装,替皇帝办理一些内廷的文书事务。

内廷批下来的皇帝意见,大宗的当然是到了宰相、二府。但是我们看到示意图的右侧有虚线标注的箭头,写着"御笔、手诏",就是皇帝亲手批出的一些条子,不想经过宰相的办事机构,因为一层一层讨论起来很麻烦,为了绕开正式程序,他会派人直接送到某个部门去执行。这种情况历朝历代都不少见。北宋有几个皇帝爱批条子，比方说宋仁宗、宋神宗、宋徽宗等。仁宗的时候有官员给他提意见，于是他就表了个态，康定元年（1040）发布了一道诏书：

> 诏："自今内降指挥与臣僚迁官及差遣者，并令中书、枢密院具条执奏以闻。"上性宽仁，宗戚近幸有求内降者，或不能违故也。（《续资治通鉴长编》卷一二九）

也就是说，皇帝批出的条子（"内降指挥"），如果中书、枢密院觉得不合适，可以"具条执奏以闻"。所谓"具条"，是说要把官方条款、正式规定拿来，"执奏"是拿着批示的条子来报告，说明哪里不合适。皇帝为什么会表这个态呢？南宋史家李焘说，因为皇帝周围成天有好多人求他批条子，他自己顶不住，于是允许臣僚执奏再议。

那么，外朝的臣僚是否能够抵制皇帝的"内降"批示呢？这里有庆历年间（紧接康定之后）的一个事例：

> （杜衍）拜吏部侍郎、枢密使。每内降恩，率寝格不行，积诏旨至十数，辄纳帝前。谏官欧阳修入对，帝曰："外人知杜衍封还内降邪？凡有求于朕，每以'衍不可'告之，而止者多于所封还也。"（《宋史·杜衍传》）

杜衍是吏部侍郎、枢密使，皇帝私自批出来赐予某人恩典的条子经常送到他这里，杜衍一律搁置，攒到十几份，一并退给皇帝，说这些都不行。当时谏官欧阳修入对，皇帝就问他："外边的人是否知道杜衍把内降的条子都封在口袋里给我退回来了？"皇帝解释说："好多人都来邀求特恩，每次我都跟他们说杜衍那儿过不去，批了也没用，在我这里止住的已经不少了。"从这里我们看到内廷与外朝的关系，看到外朝官员对于"内降"的抵制；同时也看到，君主对于信息的外传是相当关切的，感觉非常敏感。

对于信息外传，朝廷始终有所戒惕。这种现象在南宋时更加突出。宋高宗绍兴八年（1138）时，宋金议和，胡铨等人都出面抗议。朝廷很严厉地下诏指责他们，说他们"导倡陵犯之风"，蛊惑民众。到了宋孝宗的时候，周必大、金安节等人批评皇帝身边有一些佞幸近臣。宰相就把他们召来训斥，说他们是被人蛊惑了，在朝廷之上议论群起，不识规矩。

以上我们说的是禁中和外朝之间有关信息传递与处理的关系。

（三）朝廷与地方

朝廷和地方之间的信息沟通有很多途径，每个方面都能写出一篇博士论文，我们不可能非常详细地逐项解释，只能拣一些重要内容提一下。

当时设在朝中的通讯枢纽，是通进银台司与都进奏院。朝廷政令、四方章奏经由它们上传下达。宋廷向地方发布信息，其中一个重要的文书载体，就是邸报。邸报就是政府公报，其中会刊布跟朝廷政治、军事、财政、人事等事务有关的一些重大事项。当时许多官员任职四方或戍守边疆，他们怎么知道朝廷内外发生了什么事情呢？主要是通过邸报。邸报是官方发布的政府公报，受到朝野广泛关注。这是自上而下的一种信息传播途径。当时有些商人看准了这种商机，通过各种各样的途径把邸报的内容拿去刻印，出来贩卖，这往往被称为"小报"。

宋代基本上实行中央集权制，地方州、县官员的任免、考核都出自朝廷。当时官员分布的范围很广，而且层级很多，朝廷如何掌握地方官员的政绩或者他们任内的实际表现呢？这在当时是非常突出的问题。我们可以来看一下当时考察地方官员的途径、主要的信息来源。

宋代在朝廷之下，大体上形成了三个层级，或者说是"两级半"的结构，因为"路"这一级，基本上是监察区而不完全是实体的行政层级。我们现在姑且说地方上是三级的层级结构。州郡的官员要负责州、县下属官员的考核，每年都要进行考核统计，要填写朝廷颁发的"印纸"。路一级在当时有职责不同的四个部门：安抚使司、转运使司、提点刑狱司、提举常平司，这四个部门基本上是平列关系，彼此互查互申，并没有一个统辖全路的最高主管部门或主管官员。其中后三个部门并称"监司"，负责按察官员，包括评鉴、举荐和弹劾。中央也有监察部门，就是我们前面说到的台谏官，特别是御史台。御史台负责对官员进行考察，包括巡视、访闻、体量（体量，主要是指针对个别事件、个别人的核查）以及弹劾。这样一些材料最终汇总到中央人事部门，即当时的吏部。吏部会把各方面送来的消息进行核验比对，核验的结果作为将来黜陟和任免的依据。

2005 年，浙江金华武义县有一座南宋墓葬被盗。墓葬出土的东西中最珍贵的，是两扎南宋抄录的文书。墓葬的主人是一个中级官员——徐谓礼，他从监管仓库开始，最后干到知泉州，就是被任命为泉州市的市长（没有赴任就去世了）。他的仕宦生涯经历过十三次委任和升迁，历次委任状和考核记录都抄录在了文书中。盗墓在 2011 年被破获，此文书次年由包伟民、郑嘉励老师领衔整理出版。

这里我们看到的就是"徐谓礼文书"中的一份印纸，是对他在南京溧阳任职知县时的考核记录【图 2—3】。

这份文书并不完整，但还是能够看到一些重要的内容。比方里边说"点对到下项"，"点对"就是每件事都逐一核对过了，

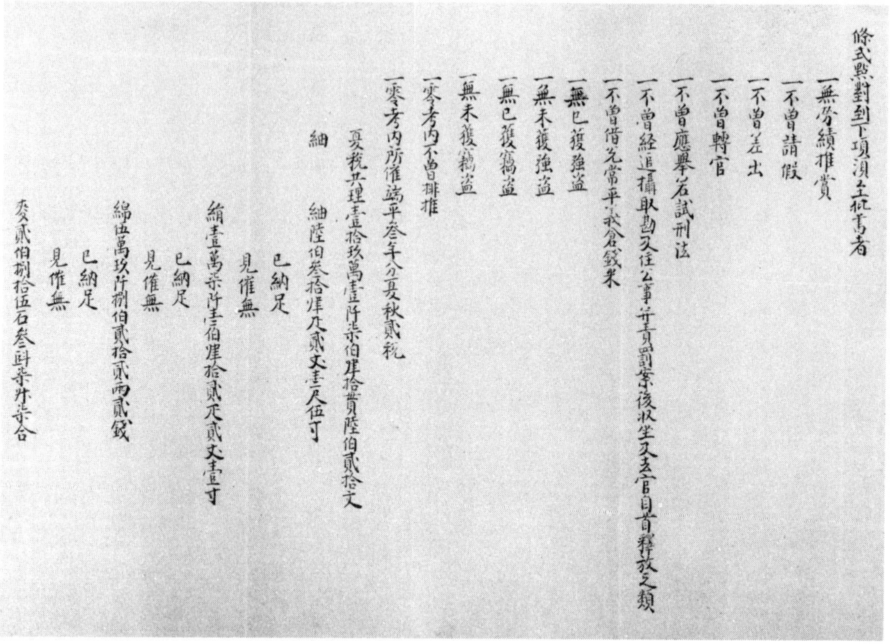

图 2　武义出土南宋徐谓礼溧阳知县考核记录（印纸残片）

76 條式，點對到下項，須至批書者：
77 一無勞績推賞；
78 一不曾請假；
79 一不曾差出；
80 一不曾轉官；
81 一不曾應舉若試刑法；
82 一不曾經追攝取勘，及住公事并責罰案後收坐，及去官自首釋放之類；
83 一不曾借兑常平義倉錢米；
84 一無已獲强盜；
85 一無未獲强盜；
86 一無已獲竊盜；
87 一無未獲竊盜；
88 一零考内不曾排推，
89 一零考内所催端平叁年分夏秋貳稅：
90 夏稅共理壹拾玖萬壹阡柒伯肆拾貫陸伯肆貳拾文
91 紬　紬陸伯叁拾肆疋貳丈壹尺伍寸
92 已納足
93 見催無
94 絹壹萬柒阡壹伯肆拾貳疋貳丈壹寸
95 已納足
96 見催無
97 綿伍萬玖阡捌伯貳拾貳兩貳錢
98 已納足
99 見催無
100 麥貳伯捌拾伍石叁㪷柒升柒合

图 3　徐谓礼文书中含“已纳足”等字样的释文

"下项"就是一项一项地把考核条目列举出来。文书中第77行到82行,是所谓"命官通用"的六条,这是南宋对于官员的普遍要求,不管在哪里做官,这六条都是要考核的。这六条包括什么呢?有出勤率、请假销假的日期、得过什么奖、受过什么处罚等。后续的几条考核内容更有针对性。针对做知县的人,当然包括地方的治安问题,所以从第84条到第87条,都在讲地方上的治安情况。这四条是:"无已获强盗""无未获强盗""无已获窃盗""无未获窃盗"。也就是说他治辖的这个地方,没有已经抓获的强盗,也没有没抓到的强盗;没有抓获的小偷,也没有没抓着的小偷。我们可能会觉得,填这么多的"无"有什么意义呢?2015年我在台大讲徐谓礼文书,有一天偶然看到电视里报道一条新闻:有一个商店丢了两瓶酒,工作人员就到派出所去报案了。派出所所长当时不在,值班人员就把案件记录下来。第二天所长来上班,看到记录,就拿了六千块钱到这个商店,跟老板说,我给你六千块钱,肯定比你丢的那两瓶酒价钱高,你现在到派出所去,把这个记录销掉。所以这个"无"有没有意义呢?"无"是很有意义的。如果考核文书上面留下一条"有未获窃盗"的案底,那就麻烦了,到年终评鉴、考核的时候,就会发生问题。除去治安,地方官员还有催纳赋税的责任,所以我们在印纸上也看到"已纳足""见催无"的字样。

我们知道溧阳并非桃花源,地方上总会有大小矛盾事端。该如何理解印纸上的记录呢?有同学说,制度规定在当时就是"具文"。我觉得说它是"具文"也有道理,但是如果我们的讨论只停留在这里,到此为止,那我们的研究也就变成"具文"了。

我们会看到一些制度在运转的过程中是有"空转"现象的。但是空转意味着什么?我现在不能回答这个问题,只是提出来请大家思考。要知道,宋代朝廷考核部门的首长不少来自基层,设计制度的行家里手对这种情况也并非陌生,但始终任由它持续。

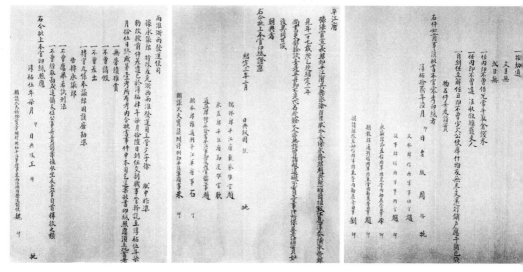

图4 徐谓礼文书中的"照验"

这种"空转"的意义何在?我想是值得认真思考的。

徐谓礼文书中值得特别注意的还有一点,就是官方文书非常强调"照验"【图4】。所谓"照验",就是说这个材料是要和其他材料验证核对的。文书中的诣实、证应、勘验、核验、照验、会问、点检、驱磨、钩稽、磨勘等字样,都是这个意思。

不仅是徐谓礼文书,我们从其他文本里也能够看到大量类似的表述。这些说法表示的是什么?其实就是一种连带的责任保证关系——官员上下彼此之间互保,以后出了问题就来找这些人,这在当时被称为"保明"。

宋代官方的很多信息源自地方搜集汇总,如果要逐一去基层核对,当时的政府没有能力负担其成本。那么该怎么办呢?就是建立一种"保明"制度。范纯仁[1]说过,"保明"的用处在于"将来成败各肯任责"。出了问题怎么办?要追责,找人对这件事情负责,所以要有"保明"制度。

宋代的"保明"制度相当复杂。哲宗元祐二年(1087),朝廷对西夏作战,曾经颁布诏旨说:如果有将士在作战过程中立了功,

---

[1] 范仲淹的儿子,元祐时做过宰相。

必须有人保明。首先他的统领官，带领他打仗的人得要保明，路分帅司也要保明，各路的转运司、提刑司都得参与觉察，而且这些人要"结罪保明供申"。万一事情最后落定是"妄冒"的，参与保明的这些人要共同承担责任，所以叫"结罪保明"。最后还要报到御史台，御史台再去查访，如果有问题还要"弹奏"。

我在上研究生的时候，曾经读过芝加哥大学柯睿格（Edward Kracke）教授的 *Civil Service in Early Sung China，960-1067*（《中国宋初的政务，960—1067》），讲宋代早期的文官制度。那本书是1953年出版的，初读让我感觉非常惊讶的是，它将近一半的篇幅都在讲"荐举""保明"这种上下责任制。当时我想，宋代的文官选任有那么多内容可讲，为什么如此关注荐举与互保关系呢？逐渐地，我也意识到荐举、保明确实是宋代文官制度里非常重要的内容。我们是以人事作为例子，其实"保明"并不仅限于人事制度。

"保明"制度在徐谓礼文书中有明显体现。印纸中有三十多份保状，其中之一，被保的人就是南宋末年的权相贾似道，贾似道当时初出茅庐，还没有成名。徐谓礼保的是什么呢？他保证这个人"委是正身"，"委"是确实的意思，这就是贾似道本人，并非冒名顶替。这是"委保"文书，委保不同于举荐，不涉及被保人有什么能力或是政绩。

保明有不同的类型：一种是纵向的"次第保明"，上级保下级；一种是横向的"同共保明"，就是周边的同级官员之间，比如刚才说到路一级有四个机构，这些机构之间要互查互申，相互保明。另外，保明都是要承担责任的，事后可能会追责，这就叫"结罪保明"。包拯当年举荐过一个叫卢士安的人，结果这人后来出了事，包拯就因此而被贬了一官，被发派到一个小郡去任职。

这让我们看到宋代不同类型的关系网络：比如有士人主动结成的关系网络，这方面近些年来讨论得很多；也有在官方体制里，由上下层级或者同级官僚彼此之间形成的互联互保的责任关系网络。

就掌握地方信息而言，另有一类情形值得注意。北宋中期有两次改革运动，一次是范仲淹主持的庆历新政，一次是王安石推动的熙宁变法。在这两次改革期间，朝廷都往地方上派过"巡视组"。范仲淹在给仁宗皇帝的《答手诏条陈十事》里边列举了十个要改革的方面，其中第四条就是"择长官"。怎么"择长官"？怎么考核地方官员？新政的措置就是派人到地方上去按察巡视。王安石变法的时候也设置过"中书检正官"，这些中书检正官也要去"察访诸路"。庆历年间派出去很多按察使，他们并没有当场提拔或处分官员的权力，只是把收集到的信息汇报到中央，由朝廷裁决。所以按察使实际上是一个信息集散的枢纽，由中央派到地方巡视监察，收集相关信息。但即便是这样一个信息集散的机制，也使得官员非常紧张。当时包拯就说，按察使一派出去，"天下官吏各怀危惧"，心里都不安定。南宋史家李焘也说，"按察使多所举劾，人心不自安"。特别是当时州郡一级的中层官员，人人惶恐不安。这也让我们看到不同方式的信息收集在当时的深刻影响。

三 "制度文化"：制度运行的生态环境

第三个方面是由上述内容引发的一些思考，即所谓"制度文化"的问题。

尽管中央政府有各种各样的制度设计，但是我们也知道，这些制度的运作实态和它的设计初衷并不总是吻合的。这种状况是怎么造成的呢？当然与制度设计是否合理有关，我想也和制度运行时的政治文化生态有关。有很多制度规定中看不到的因素、内容，比如说关系网络、利益纠葛、不同角度的人对制度的理解以及他们所持的态度甚至谋虑，都与制度运行的方式和结果直接相关。这样一种错综的环境，笼罩于制度周边，渗透在制度执行过程中,说到底,是无所不在的、弥漫性的内外文化氛围,或许可以称之为"制度文化"。下面分两个方面来讲。

王安石曾经说:"制而用之存乎法,推而行之存乎人。"[1] 这种认识在中国古代很早就有了。实际情形确实如此,我们虽然讲的是制度法规,但制度是由人来操作,跟人的作为是分不开的。真正有意义的问题不在于当时是不是制定过这些制度,而是被称作制度的这些规则和程序在现实里是怎么实践并且发挥作用的,当时的官僚体系怎么理解这套制度,以及当时的社会人群怎么感知这套制度。

南宋有个官员叫程珌,他给执政长官写了一份报告,说:

> 今天下利害所当施置罢行者,人皆能言之;所患者在于其言未必上闻,闻之未必下行耳。(《上执政书》)

现在天下该做什么,利弊何在,这些谁都知道,都能说得出来;但是问题在于这些内容未必会向皇帝禀报,即便皇帝和朝廷知道,也不见得会调整制度,贯彻实施。

由此我们看到,言—闻—行,这之间构成一个链条,链条上的各个环节都有可能出现背离设计初衷的现象。所谓的"未必上闻",主要是指在言路关节上的次第筛选:一个消息报到某处,可能筛去了一些,再往上报又被筛掉一些;而所谓"未必下行",指的是朝廷的态度与抉择,不一定会听取这些意见。在言和行之间,中间环节"闻",正是信息上下的端点。链条的每一环节,都有处理有选择,有出于某种考虑的角度调整。这直接关系到信息的呈现方式。

2018年5月22日这天我碰巧看到两份报纸,都是北京的。

---

[1] 语出王安石:《周礼义序》,《临川先生文集》卷八四,上海中华书局,1959年,第878页。

《北京青年报》的一则报道说,"前四个月 PM2.5 平均浓度同比降两成",而《新京报》则报道说,"4 月北京 PM2.5 同比上升两成"。初看这两则报道,我愣了一下,后来我想这两个说法都没错,只不过材料呈现的角度不一样。这样不同方式的描述,显然出自不同的考虑,给读者带来的第一印象当然会是很不同的。

人们的行为方式,会影响信息渠道的运行,但问题是否仅仅在于这些行为者?我们知道各种制度都需要实施条件,包括充分的技术手段、可供比对的信息采集路径、适宜合理的抉择评判标准等。有些技术条件宋代确实受限制,不具备。更重要的是,信息的收集传布,并非纯粹的技术问题,从来都联系着判断决策及其背后的风险,包括体制性的风险,比如信息的闸门要开多大、管控的方式是什么;另外信息提供者、收集汇报者也会面临风险:体制内的官员对于行为方式的选择,首先会考虑个人仕宦所面临的前景和政治风险,所以跟信息呈递有关的官员都会进行"预评估",尽量有所把控。

在当时的官僚体制之下,个人或群体的行为者各有各的考虑,也都会根据这些考虑决定行为方式。既然如此,信息流通过程中就会有"窥测",有"共谋"。

卢多逊是宋太祖时期的官员。我们知道太祖赵匡胤是军将出身,文化水平不太高,但是他知道需要读书,每天晚上会找人拿书来读。卢多逊就专门去打听伺察皇帝读什么书,自己赶紧也找来读。到了第二天,太祖有读不懂的地方或有疑问之处就会问周围官员,别的官员一片茫然,而卢多逊"应答无滞"。于是太祖就很赏识他,觉得他真正博览群书。这是官员基于个人谋虑对君主活动信息的窥测。

另外也有一些做法,某种程度上可以说是一种上下合谋或者同僚共谋。监司是路级的长官,每年要向中央汇报本路情况和地方官员的政绩表现,按照规定要到州县去按察,了解下级情况,向朝廷汇报。但在一种上下勾连的关系网络中，监司为了能够交上去一份看起来比较顺眼的成绩单，经常在巡行检视之前，把需要检查的内容形成文字，事先下达到州县，州县官员就赶紧跟着这个来"刷牒"。什么叫"刷牒"？上级的官方文书就是牒，刷牒就是下层官员按照官方文书的要求，一项一项根据指示拼凑修改材料，准备汇报，这就是所谓的"官吏承报，必预为备"。这类情况，是历代常有的，制度执行过程中这种屡禁不止的地方各级合作共谋，某种程度上也可以说是与朝廷"博弈"的方式。

官场文化和官员的价值观也会影响制度的设定以及运作实效。信息的需求方、供给方、传输方、筛选方，这些人的利益表面上是一致的，都是要贯彻当时中央朝廷的精神，但是他们的深层关切是非常不同的。像上司，他是真想知道地方上真实可靠的消息，还是希望地方报上来的讯息能够支持他的意见或者政治主张呢？下级也面临这种问题，是要如实申报，还是要看准上峰的意向如何，然后再选择性地上报呢？在中国古代的官僚体制下，所有下层官员的升迁黜陟都有赖于上级对他们的印象和评鉴，所以很多人不敢冒这种仕宦生涯的风险。参与保明的人也是如此，保明既是一种权力，也是一种责任，在权力和责任之中也蕴含着政治风险。负责核验照证者，也会根据朝廷意旨考虑决定抽查选择的标准和取向。

上层，或者说朝廷，包括皇帝，都为信息而焦虑，但是焦虑是不是就等于重视？重视是不是就等于求实？我想这三个概念彼此之间还是非常不同的。北宋时欧阳修就曾经说，朝廷号令再三颁布，却不注重实效，时间长了以后，大家知道这不过是表面文章，也就导致了"空文虽多而下不畏听"。到了南宋时，杜范批评皇帝"外有好谏之名，内有拒谏之实"，表面上谁的意见都欢迎，实际上却阻抑直言。因此他警告皇帝说："天下岂有虚可以盖实哉！"朱熹也曾经提到，"今日言事官欲论一事一人，皆先探上意如何，方进文字"。

上峰的趋向或意图有时候是非常强烈的,这直接影响着信息渠道"关口"的筛选与开闭。台谏是宋廷的"言路",同时也是"耳目之职,鹰犬之任",他需要你说什么,你就应该说什么。宋英宗是北宋的第五个皇帝,他是仁宗过继的儿子。曾经有人传说,当初仁宗在决定过继哪一个宗室子的时候,蔡襄是反对过继英宗的。英宗上台后,谏官傅尧俞到皇帝那里去进奏,皇帝说,现在有一些事情该弹劾你们都没理会。傅尧俞就问什么事,皇帝说,怎么不弹劾蔡襄呢?傅尧俞回答,要是蔡襄有罪,陛下为什么不自己处置呢?皇帝说:"欲使台谏言其罪,以公议出之。"这样似乎就不是皇帝的一己之见。傅尧俞听后回答说,作为谏官,"使臣受旨言事,臣不敢",拒绝了皇帝的要求。当然在很多情况下,不少台谏官还是会附和高层、迎合皇帝意旨。蔡京、秦桧之类当政的时候,就更是这样。

宋朝一直面临着来自北方的沉重压力,朝廷也经常派官员出使辽、金,他们肩负的重要任务之一就是带回对方的动向、信息,以便宋廷据此决定回应方式。北宋徽宗后期,童贯建议北伐。这个时候正好国信使陶悦从辽朝回来,童贯就希望使者能应和他的说法,说北方政局不稳,到处都是流寇,民众流移;但陶悦跟他说,我沿途到处采访,没听说辽朝境内混乱动荡。童贯就很不高兴。[1] 到了南宋中期,韩侂胄准备大举北伐,派了使者到金朝出使,探听虚实。当时女真方面已经感觉到宋朝可能要挑起战端,所以很强硬地告诫使者"不宜败好"。但是使者回来之后,韩侂胄的副手陈自强窥探上峰意志,"戒使勿言"。[2] 所以了解敌国情势,不仅受制于技术手段,有些已经明确掌握的信息也可能无法通畅上传。

---

[1] 事见徐梦莘:《三朝北盟会编》卷六引《使北录》,《中华再造善本》影印明抄本,国家图书馆出版社,2013年,第2册,第3—4页。
[2] 《宋史》卷三九四《陈自强传》,中华书局,1985年,第12035页。

虽然有像童贯、陈自强这样的人阻止信息上闻，但这只是问题的一面。根本问题所在，并不仅仅限于这些人，而在于当时的君主官僚体制，在于官员在笼罩性的官场生态下被"驯化"。他们对于皇帝脸色（"玉色"）的窥测，对于朝政趋向的揣摩，对于上情的"体恤"，成为信息阻滞的重要原因。

有一年江西发了大水，孝宗完全不知道，到了第二年才听说。孝宗当即就质问宰相，这件事当时怎么不上报呢？副宰相蒋芾解释说："州县所以不敢申，恐朝廷或不乐闻。"[1]这就是说，在众多消息之中，地方官员上报的内容，取决于他们对朝廷态度的揣摩。

北宋中期也有一件类似的事情。哲宗朝地方各路转运司都说财政经费不够用，于是朝廷就派了户部郎官到京西去核算，看看到底是什么问题。身为谏官的范祖禹进奏说，朝廷派人核算的结果，必定会发现地方确实财政短缺，要是缺得少，朝廷可以应付补足；要是缺口"其数浩大"，不知朝廷能应付得了吗？[2]范祖禹的意思是，这些事就别去查了，让地方上自己核计。范祖禹在当时被认为是刚正臣僚的典型，却并不主张彻查会让朝廷难堪的信息，这可以说是站在朝廷立场上相当"现实"的考虑。所以就信息渠道而言，其通塞背后，确实存在复杂的原因。

我们说到信息，首先会问真实不真实；我们还需要追问的是，到底谁真正关心信息是不是准确真实？是信息的申报者？汇集者？筛选者？朝廷的决策者？究竟谁真正关心？君主宰执期待获知天下信息，但"玉色"、朝旨恰恰可能是信息阻滞扭曲的原因。当时虽然有各种各样的呈报、核查制度，但是也有各类官

---

[1] 徐松辑：《宋会要辑稿·食货六八之一二七》"乾道四年六月四日"条，中华书局，1957年，第6317页。
[2] 范祖禹：《论封桩札子》，《太史范公文集》卷十五，《宋集珍本丛刊》，线装书局，2004年，第24册，第237页。

场生态的影响。官员们有的窥伺动静,隐瞒、虚报;有的无所作为,怠惰、漠视;有的体察上情,搁置、淡化……所以我们看到,信息渠道并不是通畅的道路,不是说有渠道,信息自然就会流通。不同的核心关切和利益诉求往往是信息保真或失真的原动力,我们不能简单地以"非真即伪"的观念去认识流通中的信息;关注信息流通过程中发生作用的"关系"与"行为",才能更切实理解制度在现实环境中的运转逻辑。

2003年我写过一篇文章,《关于宋代政绩考察中的"实迹":要求与现实》[1],其中说到这样一个意思:从道理上讲,朝廷是要追求"实迹"的,这当然要靠信息制度的建设。而制度建设都是有导向、有目标的,是政治权衡的结果。

> 在帝制社会中,朝廷关注的焦点在于国家的政治秩序。对官员治事"实迹"的追求,是从属于维系整个官僚体制的需要、从属于政治安定之"大局"的。这就决定了所谓"追求实迹"的努力,并不是没有条件的。

有些看似被制度"防范"的做法,事实上可能是体制习用而不可或缺的运行方式。对于某些制度的"空转",观察者批评其"空",体制内注重其"转";今天的研究者批评其渠道不畅,当年的操控者在意这系统格套俱在,可供驱使。

官方言路的节点其实都是有阀门的,掌握其开关者,既有不肯尽职甚至刻意壅蔽者,也有在体制内正常有序地小心作为者。后者对于节门或开或关的抉择,与制度生态相关,深层的考虑往往在于预期的政治秩序和政治前景。这一情形或许更值得我们深思。

现在我们常说"把权力关进制度的笼子里",不能让权力对制

---

[1] 文载《李埏教授九十华诞纪念文集》,云南大学出版社,2003年。

度形成过多的干扰。与此相关的问题是，靠"谁"把权力关进笼子里？通过什么方式去"开／关"？另外，用什么制度去激励哪些可能性？用什么制度去限制哪些权力？这不是单纯的制度问题，而是与影响制度的多重内外因素，或者说与"制度文化"密切相关。

我所理解的"制度文化"，既包括刚性的制度条款和规范，也包括延伸笼罩于条规之外、浸润渗透于制度之中，无固定形式踪迹又无处不在、影响制度生成及其活动方式的"软"环境。这些软环境包括多种因素、多重关系，包括时人对于制度的认知与态度、制度运行过程中发生作用的社会关系，以及与制度实施"互动"的政治文化效应。

我们大家都熟悉交通法规和交通安全的标志。若干年以后，如果有人想去研究2018、2019年北京的交通状况，肯定不能只根据交通规则来研究；要看当时为了解决什么问题而设计了这样的制度，这个制度怎样更新、合理化，以及产生了什么效能，总之我们是要观察它实际的运转情况。越是强调要"严格执行"，可能越暗示着这方面的规定执行得不太好，有问题。实施中出现的问题，很可能与制度内在的某些因素以及当时环绕着这个制度的文化状态——我姑且称之为"制度文化"——相关。

"制度文化"是多种因素互动积淀产生的一种综合状态。其中包括制度规定本身，也包括制度的设计者、执行者、干预者、漠视者、扭曲者、抵制者等人的意识、态度，以及由此导致的行为和周旋互动。制度设计者对于相关信息的把握、在此基础上的判断与决策，执行者对于制度实质精神的理解和实施中的变通，都是研究者关注的内容；实际上，被制度卷入的人物、制度鼓励或限制的对象，其行为倾向都对制度的运行起着不容忽视的作用。

"制度文化"可以说是一种弥漫性的政治生态环境，影响着制度的生成和它的活动方式。历史上几乎没有任何制度是原汁原味地按设计之初的模样实行的，调整修正甚至于变异走形大体上是一种常态，或许可以说这种包裹式、蔓延式的制度文化决定着制度实施的基本前景。

最后我想说的是，历史学就其本质而言，是一门注重反思的学问。历史上的制度、人和事值得反思，我们自己叩问历史的方式、研究历史的方式也同样值得反思。历史的现实复杂曲折，制度运行的方式复杂曲折，我们要在复杂曲折之中观察、追溯，注定是持续追索的过程。要真正认识历史上原本鲜活变化的各类制度，需要走向"活"的制度史研究。

延伸阅读

孔飞力（Philip A. Kuhn）：《叫魂：1768 年中国妖术大恐慌》，陈兼、刘昶译，上海三联书店，2012 年

周雪光：《中国国家治理的制度逻辑：一个组织学研究》，生活·读书·新知三联书店，2017 年

邓小南、曹家齐、平田茂树主编：《政令·文书·信息沟通：以唐宋时期为主》，北京大学出版社，2012 年

平田茂树：《宋代政治结构研究》，林松涛、朱刚等译，上海古籍出版社，2010 年

邓小南：《信息渠道的通塞：从宋代"言路"看制度文化》，载《中国社会科学》，2019 年第 1 期

自下而上的制度史研究

——以"一条鞭法"和"图甲制"为例

刘志伟

中山大学历史学系教授

* 本文原为 2019 年 4 月 9 日刘志伟老师在北京大学所做的"北大文研讲座"(第 118 期)。

明清时期的制度史研究，有两个比较典型的例子，即"一条鞭法"和"图甲制"，要在一个讲座把这两种明清时期基本的制度讲清楚，其实是不太可能的事。因此，在此想着重通过学界关于这两种制度的一般性理解与我的理解的差别，来展示制度史研究的"自下而上"视角有什么不同，以此说明为什么制度史研究需要采取"自下而上"的路径。

"一条鞭法"是大家很熟悉的明代赋役制度改革，也称"一条编"；"图甲制"也许大家不太熟悉，"图甲制"本来就是"里甲制"的别称，明清时两种叫法其实是混用的，但为了表达简略方便，我用"图甲制"来专门指称一条鞭法以后的里甲制度。

我用这两个制度作为例子，一方面是想讨论对这种大家熟悉的国家制度的变革，用"自下而上"的研究视角，会对认识它在中国社会发展和国家转型中的影响，带出怎样的不一样的解释；另一方面，通过对"图甲制"的阐述，看看"自下而上"的视角如何能够把经典制度史研究中常被忽略或误解的制度内容和社会意义揭示出来。这里也要说明一下，我们要讨论的是一个渐进的改革过程，不只是指最后定型的制度。

一 "一条鞭法"的内容

我们不妨先从两个关于这两种制度的"常识"说起。

中国史学传统中的制度史，历来都是以王朝典章制度为中心展开研究的。制度史研究所依据的史料，也都是以正史、政书和王朝国家制定的则例一类文献为主体，通过释读皇帝的诏令谕旨和主管官员的奏议题本等官方文件，来认识和阐释制度的订立、修改，解读制度的内容及其实施情况。因此，我在这里所说的"常识"，是指在这种研究路径下形成的"事实"。通行的明清历史著述,大都是以这种"自上而下"的方式解读历史。

关于一条鞭法,大家熟知的事实是,万历九年,张居正在全国推行一条鞭法,各项赋役折征银两,按地亩征收;关于明代的里甲制度,以往的说法是,明代里甲制度在一条鞭法以后解体或废除了,保甲制取代里甲制成为清代的户籍制度。

有关一条鞭法的这个"常识",不能简单地说是错的,只能说它有偏差,但这个偏差,引出了对一条鞭法改革内容和社会意义的种种误解;进而认为明清时期户籍制度经历了由里甲制到保甲制的转变这个"常识",则是大错特错的。

我先从一条鞭法开始说起。为什么说"万历九年,张居正在全国推行一条鞭法"这个"常识"有偏差呢?我们先回顾一下中国王朝历史上赋税制度的演变,大概经历过如下几次大的结构性的变革:

夏后氏五十而贡,殷人七十而助,周人百亩而彻。其实皆什一也。(《孟子·滕文公上》)

(鲁宣公十五年)初税亩。(《左传·宣公十五年》)

秦孝公十二年初为赋,纳商鞅说,开阡陌,制贡赋之法。(杜佑《通典·食货四》)

(秦)田租口赋……汉兴,循而未改。(《汉书·食货志》)

唐之始时,授人以口分世业田,而取之以租庸调之法。(《新唐书·食货志》)

(唐)德宗时,杨炎为相,遂作两税法。夏输无过六月,秋输无过十一月。(马端临《文献通考·田赋考》)

明代万历九年,张居正在全国推行一条鞭法。

这里列举了历次重要的制度变革,在"两税法"以前的诸多制度,或都是在国家层面上,由朝中官员制定,最高统治者认可,作为一种国家制度推行下去。那些时代的赋役制度,如何自下而上地深入考察,我自己没有做过研究,不能妄评臆想。但是明朝以后的历史,我做过一点研究,可以肯定地说,"万历九年,张居正在全国推行一条鞭法"这个常识,肯定是不准确的。张居正和一条鞭法的关系,《明神宗实录》卷五十八"万历五年正月辛亥"条云:

> 户部都给事中光懋言:国初赋税之法,以赋租属之田产,以差役属之身家。凡夏税秋粮,因其地宜,列为等则,以应输之数,分定仓口,仓口自重而轻,人户自上而下,有三壤咸则之宜,寓用一缓二之意。至差有银差,有力差。银差则雇役之遣也,力差则力役之道也。论门户高下,定丁力壮弱而籍之,谓之均徭。稽籍定役,无与于田,所以少宽民力,驱游惰而归本力也。至嘉靖末年,创立条鞭,不分人户贫富,一例摊派,不论仓口轻重,一并伙收,甚将银力二差与户口盐钞并之于地,而丁力反不与焉。商贾享逐末之利,农民丧乐生之心。然其法在江南犹有称其便者,而最不便于江北。如近日东阿知县白栋行之,山东人心惊惶,欲弃地产以避之。请敕有司,赋仍三等,差徭户丁,并将白栋纪过劣处。部覆:条鞭之法,革收头粮长而用经催,革里甲均徭而用铺户,革身家殷实之库子而用吏农,皆公私之大不便者。请今后江北赋役各照旧例,在江南者听抚按酌议。得旨:法贵宜民,何分南北,各抚按悉心计议,因地所宜,听从民便,不许一例强行,白栋照旧策励供职。

这里记录的"谕旨",是张居正所拟,表达的是张居正的意见。据张居正写给当时吏部侍郎杨巍(号二山)的信云:

> 条编之法，有极言其便者，有极言其不便者，有言利害半者。仆思政以人举，法贵宜民，执此例彼，俱非通论，故近拟旨云：果宜于此。任从其便。如有不便。不必强行。朝廷之意，但欲爱养元元，使之省便耳。未尝为一切之政，以困民也。(《张太岳先生文集》卷二九)

这些记录显示出的事实，首先是一条鞭法本来是各地自行实行的办法，并不是朝廷制定的制度，所以朝中对一条鞭法的看法是有很大分歧的，许多官员强烈反对"条编之法"，也有说"利害半者"。而张居正的态度虽然显然倾向于支持，但也不是要一意推行。他认为"政以人举，法贵宜民"，不能以自认为好的办法为准则去衡量、否定别的办法，尽管有官员对"条编之法"持见不一，但都不是"通论"。张居正"拟旨"的几句话很重要，他说如果一条鞭法真的好，就"任从其便"；而如果有不便之处，也不必强行。他说"未尝为一切之政"，可见要将一条鞭法"推行全国"，他还是有所顾虑的。当然，很明显，他的态度还是偏向于支持一条鞭法的，所以他没有接受处分山东实行一条鞭法的东阿知县的建议，反而要让"白栋照旧策励供职"。从张居正自己写的这些话，我们可以明确了解到几点：第一，一条鞭法不是在中央政府层面设计出来的制度；第二，张居正虽然认识到一条鞭法的好处，甚至有鼓励的意思，但他并没有以中央政府的权力向下"推行"；第三，张居正认为一条鞭法可行的理由，在于"法贵宜民"。这里"宜民"二字特别重要，由这二字启发，我们相信要理解一条鞭法，就需要到地方上，到民间去，到乡村社会中，了解一条鞭法是怎样出现的，它的施行对老百姓有什么影响。

在张居正当国的时候，一条鞭法不是国家正式确立的制度，很明显的证据是，在张居正当政期间，户部编撰了一部很重要

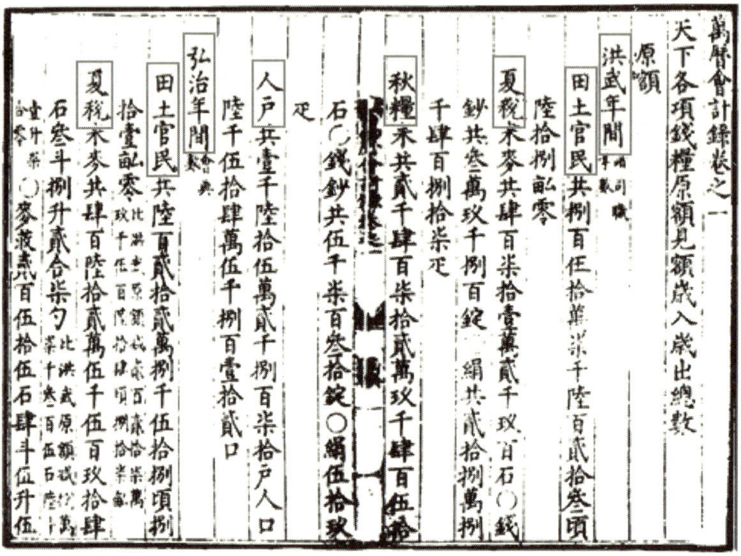

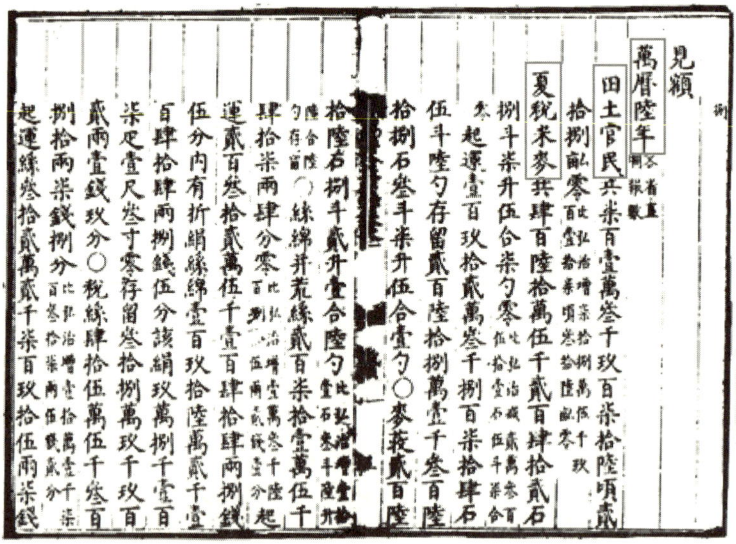

图 1 《万历会计录》中呈现的当时基本之税收结构

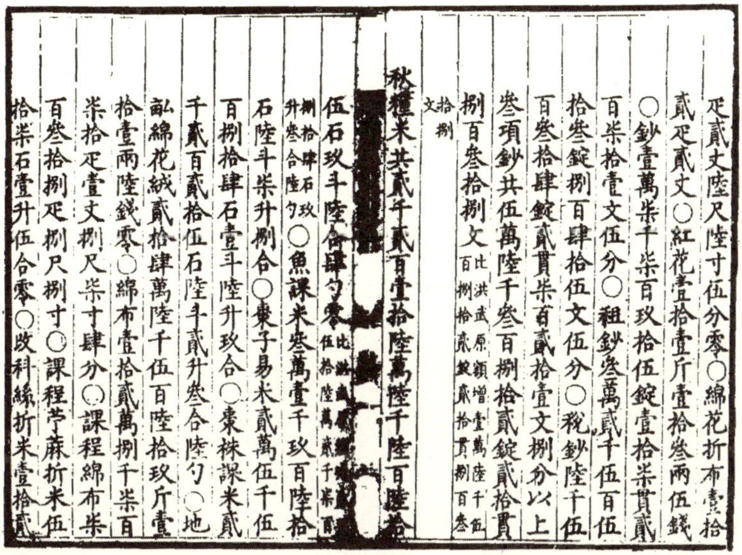

疋貳丈陸尺陸寸伍分零○綿花折布壹拾
貳疋貳丈○紅花壹拾壹斤壹拾叁兩伍錢
○鈔壹萬柒千柒百玖拾伍錠壹拾柒貫貳
百柒拾壹文伍分○租鈔叁萬貳千伍百伍
拾叁錠捌百肆拾伍文伍分○税鈔陸千伍
百叁拾肆錠貳貫柒百貳拾壹文捌分以上
叁項鈔共伍萬陸千叁百捌拾貳錠貳拾貫
捌百叁拾捌文比洪武原額增壹萬陸千伍百捌拾貳錠貳拾貫捌百叁
拾捌文
秋糧米共貳千貳百壹拾陸萬陸千陸百陸拾
伍石玖斗陸合肆勺零比洪武[illegible]伍拾陸萬貳千柒百[illegible]
捌拾肆石玖升叁合陸勺○魚課米叁萬壹千玖百陸拾
石陸斗柒升捌合○棗子易米貳萬伍千伍
百捌拾肆石壹斗陸升玖合○棗株課米貳
千貳百貳拾伍石陸斗貳升叁合陸勺○地
畝綿花絨貳拾肆萬陸千伍百陸拾玖斤壹
拾壹兩陸錢零○綿布壹拾貳萬捌千柒百
柒拾疋壹丈捌尺柒寸肆分○課程綿布柒
百叁拾捌疋捌尺捌寸○課程苧麻折米伍
拾柒石壹升伍合零○改科絲折米壹拾貳

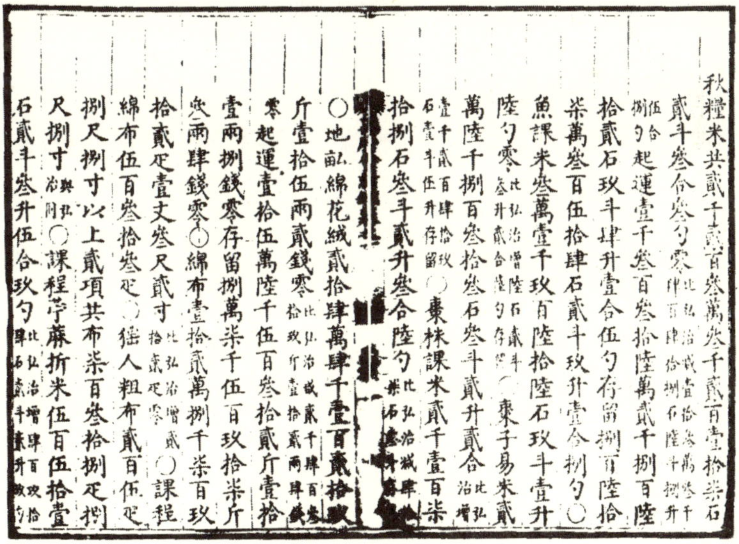

秋糧米共貳千貳百叁萬叁千貳百壹拾柒石
貳斗叁合叁勺零比弘治減壹拾叁萬叁千肆百肆拾捌石陸斗捌升
伍合捌勺起運壹千叁百叁拾陸萬貳千捌百陸
拾貳石玖斗肆升壹合伍勺存留捌百陸拾
柒萬叁百伍拾肆石貳斗玖升壹合捌勺○
魚課米叁萬壹千玖百陸拾陸石玖斗壹升
陸勺零比弘治增陸石貳斗叁升貳合陸勺存留○棗子易米貳
萬陸千捌百叁拾叁石叁斗貳升貳合比弘治增
壹千貳百肆拾玖石壹斗伍升存留○棗株課米貳千壹百柒
拾捌石叁斗貳升叁合陸勺比弘治減[illegible]
○地畝綿花絨貳拾肆萬肆千壹百貳拾玖
斤壹拾伍兩貳錢零比弘治減貳千肆百叁拾玖斤壹拾貳兩肆錢
零起運壹拾伍萬陸千伍百叁拾貳斤壹拾
壹兩捌錢零存留捌萬柒千伍百玖拾柒斤
叁兩肆錢零○綿布壹拾貳萬捌千柒百玖
拾貳疋壹丈叁尺貳寸比弘治增貳拾壹疋零○課程
綿布伍百叁拾叁疋○猺人粗布貳百伍疋
捌尺捌寸以上貳項共布柒百叁拾捌疋捌
尺捌寸與弘治同○課程苧麻折米伍百伍拾壹
石貳斗叁升伍合玖勺比弘治增肆百玖拾肆石貳斗壹升玖勺

的文献，叫《万历会计录》，是万历六年到九年间，由户部编纂，作为中央财政赋税管理依据，带有法规性质的会计总册。前引《明神宗实录》的记载发生在万历五年，而《万历会计录》是万历六年开始编纂，万历九年进呈的，里面记载的内容看不出有把一条鞭法纳入赋税规制的痕迹。其内容结构，呈现了洪武年间开列"田土官民""夏税""秋粮""人户"这样一个基本的税收结构。到了弘治年间也没有改变，虽然多了很多税收项目，但基本结构还同明代初年一样。万历六年开始编《万历会计录》的时候，一条鞭法已经在很多地方施行，也获得了合法性。但在国家规制的层面上，税收结构仍没有根本改变。可见【图1】。

由此可见，所谓一条鞭法并不是由张居正在中央政府层面订立的一套新的税制。《万历会计录》体现的赋税结构并未改变既有的两税法体制，而一条鞭法只是各地在既定的国家赋役制度的基础上实行的编派征收办法。因此，理解一条鞭法，需要通过自下而上的考察途径，认识其编派征收办法是怎样发生，又怎样在后来逐渐改变了国家赋税体制，成为一种新的赋税制度。在讨论之前，也许需要先解释一下一条鞭法的基本内容。《明史·食货志》关于一条鞭法的内容，是这样概括的：

> 一条鞭法者，总括一州县之赋役，量地计丁，丁粮毕输于官。一岁之役，官为佥募。力差则计其工食之费，量为增减；银差则计其交纳之费，加以增耗。凡额办、派办、京库岁需，与存留、供亿诸费，以及土贡方物，悉并为一条，皆计亩征银，折办于官，故谓之一条鞭。立法颇为简便，嘉靖间数行数止，至万历九年乃尽行之。

以上这段话是关于一条鞭法最经典的表述，一般教科书多直接从字面意思去理解，例如所谓一条鞭法是"赋役折征银两，按地亩征收"的说法,就是从这段话中来的。但这种只从字面上引出的理解,是不准确的,我们不可望文生义。在这里不可能系统阐述一条鞭法的内容,但对几处关键文字的含义稍做一点解释还是必要的。

第一,"总括一州县之赋役,量地计丁"。这是"一条鞭法"最核心的内容。所谓"一州县之赋役",原由田赋、差役、物料等项构成,明代赋役征派的原则是"有田则有赋,有丁则有役",但这只是一个赋役征派的合法化依据和征派合理化的原则,实际上的赋役征派并不是直接以土地税和人头税的形式实现的。对于这一点,可能与大家的常识有比较大的错位,后边我会展开讨论。大致上,明代的赋役在性质上是"验民丁粮多寡,产业厚薄"佥派的户役,赋役负担的轻重基本上是按丁粮多寡核定的户等分担。这种"等级户税"的课税客体是田地与人丁结合起来的"户"。人丁事产多的户等高,摊派的负担重;人丁事产少的户等低,摊派的负担轻。需特别强调,这种轻重的差别,不是通过按比例分摊来实现的,而是一种大致上的估定。所谓"量地计丁",则是把土地与人丁从"户"中独立析分出来,直接作为课税单位,纳税人的税负由原来的无定额非比例摊派,转换成为"比例赋税"的基本条件。量地计丁的做法,形成了按比例征税的单位,在很多地方是原来田赋科则构成的单位"粮"和按户籍册中登记的"成年男子"计算的"丁",然后以白银为单位计算赋役项目摊派的数额,按一定税率派征。从赋税差役"按户征派"到"量地计丁"征税,经历了从宣德到嘉靖一百多年的时间。这样一个过程绝不是由朝廷发布的一个法令、由皇帝的一个谕旨所能改变的。我把这句话的内容用图示大致概括了一下【图2】。

第二,"丁粮毕输于官","悉并为一条,皆计亩征银"。在课税客体统一为丁、粮,计征手段统一用白银计算的基础上,原来

一州县之赋役		量地计丁
夏税——按户下登记的粮额征派	宣德—嘉靖 1426—1566	夏税——按粮额派银
秋粮——按户下登记的粮额征派		秋粮——按粮额派银
上供物料——由里甲办纳		上供物料——按丁粮派银
里甲（均平）——按里甲轮年应当		里甲（均平）——按丁粮派银
均徭——由里甲佥点		均徭——银差按丁粮派银，力差按丁粮派差（以银额为轻重标准）
民壮——在里甲在丁粮相应之家点取		民壮——按丁粮派银
驿传——照田粮编派		驿传——照田粮派银

图 2 从"按户征派"到"量地计丁"

不同的赋役项目就有可能合并起来。这就是"一条鞭（编）"的意思。我也把这个过程用图示表达【图3】，从这个示意图来看，这个转变其实并不复杂。税收已经"量地计丁"，进而再把"丁"（虚线）和"粮"（实线）并在一起形成"丁银"和"地银"。这里的"计亩"二字可引出一条鞭法以后赋役项目都转变为土地税的理解。但另一方面，我也想提醒一下，其实在一条鞭法以前，明代并没有"丁税"，"丁税"的出现是一条鞭法的结果。这个"丁税"，在大多数地方，实际上是以田地或税粮的额度折算出来的。这是一个需要另外讨论的复杂问题。这个过程，经历了嘉靖、隆庆到万历初的六十多年时间（图中标示的年份是年号的对应年份，实际上可剔除万历中期以后的几十年）。六十多年时间也不短，两代人啊。所以，这个转变也可以说是经历了漫长的演变过程。

这样一种理解，同把这段关于一条鞭法的概括性文字简单解读为一切赋役折银向土地征派，更多出不少复杂的内容。要形成这样的认识，需要考察一条鞭法改革自下而上发生的过程。不妨先看看宣德到万历年间，这个过程中的几个关键时间节点。

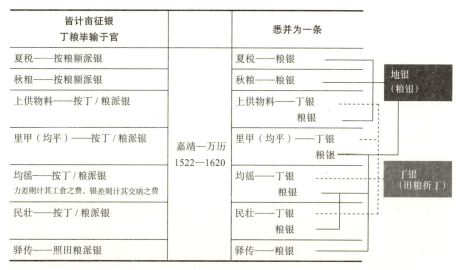

图3 从"赋—役"到"地—丁"

首先是明代宣德年间周忱在江南实行的"平米法",这个改革有好几方面的内容,其中特别值得注意的,是以田赋加耗抵补里甲负担。这一点实际上开启了后来一条鞭法其中的一个基本原则,就是将按户丁派的差役负担以田赋附加税的方式抵补。其次,是从正统到成化年间,各地陆续实行"均徭法"。均徭法的核心内容,先是根据人户丁粮派定轻重不等的差役,然后是审订各项差役的"银价",以"银价"表示差役的轻重,作为派役依据,继而再将"银价"计算的役银摊征于以"丁"与"粮"计算的纳税单位上。大约从成化年间到嘉靖年间,各地又陆续实行"均平法"。均平法的主要内容,是将本来由里甲的差役负担的衙门行政开支(一些地方包括物料)以白银货币计价的方式编定预算,向里甲人户的"丁""粮"摊征。后来,还有嘉靖以后民壮、驿传渐次折银摊派。各地的主要赋役项目的征派原则逐渐趋于一致,即按丁、粮派征以白银货币计算的赋税。在此基础上,地方官觉得既然原来不同编派原则和不同征派方式的税项都以按"量地计丁"的方式计征了,自然而然就走向合并,避免繁琐。这种由地方衙门把赋役合并编派征收的做法,不需要改变中央财政架构和赋税体制,因为地方政府向中央解送经费项目,仍然是分别解送的。这些经费项目,大部分都交给户部,但也有给工部、兵部,或者直接交给内廷、寺监、形形色色的仓或库的。这就是所谓的"总收分解",地方官府向编户征收是"总收",地方向中央解送是"分解"。由于这样一种机制,一条鞭法巧妙实现了不需要改变"祖制",就能形成一个地方可以各自为政的空间,一条鞭法自下而上的改革就是在这个空间里发生的。

二 "配户当差"机制的衍变

那么,这种由基层地方政府与承担赋役编户之间发生的赋役编派方式的改变,动力何在?发生的机制是什么?为什么地方上会开始各自为政,而各地分别实行的办法,又会朝着同一方向发展,以致最终改变国家体制呢?要理解这一点,要先明白构成明代国家运作资源的获取机制的赋役制度,以及作为这套机制的基础户籍制度的一些基本原理,这个原理学界以往认识大多比较表面化,我们需要多花点时间来做一点说明。

户籍制度是中国王朝时代一套独特的国家制度和社会制度,是王朝国家得以存在的基础。研究中国王朝国家的赋税财政体制,首先需要认识王朝的户籍制度。明王朝建立之时,承袭了元朝的"诸色户计"制度和里社制度,建立以黄册里甲制为基础的"配户当差"体制,作为王朝统治的基础,形成"洪武型"的社会秩序。在这套体制下,王朝国家的财政资源都是通过作为户籍制度的里甲体制的运作来获取。在里甲体制下,

王朝统治的基础是"编户齐民"及其所承担的户役。"编户齐民"与现代国家的国民有着根本的差别,其身份和义务如朱元璋所说:

> 为吾民者当知其分,田赋力役出以供上者,乃其分也。能安其分,则保父母妻子家昌身裕,斯为忠孝仁义之民,刑罚何由而及哉。(《明太祖实录》卷一五〇"洪武十五年十一月")

从字面上看,这似乎与现代国家的公民有纳税义务差不多。但实质上,这种编户与现代国家的国民有根本不同。所谓"吾民",是君主的臣属,这种臣民的"分",是要"田赋力役出以供上"。这样的一种"国—民"关系,本质上是"君—臣"关系,因此,"编户齐民"对王朝国家的责任在逻辑上是强制的、无条件的,以赋税和差役的方式承担的户役,理论上也就没有定额,只要国家有需要,编户就有义务提供。明代著名学者邱濬把这个道理讲得很清楚:

> 民之所以为生产者,田宅而已,有田有宅,斯有生生之具。所谓生生之具,稼穑、树艺、牧畜三者而已。三者既具,则有衣食之资,用度之费,仰事俯育之不缺,礼节患难之有备,由是而给公家之征求,应公家之徭役,皆有其恒矣。(邱濬《大学衍义补》卷一四)

邱濬的《大学衍义补》是一部论述明代政治统治原理和问题及对策建议的重要著作,这段话的前几句,讲的是一般的常识——人民要有不动产,要有生产工具,能种田、树艺、畜牧,这样就有衣食之费,有收入。但这段话隐含着一层意思,就是人民的这些生存条件，其实是由王朝国家赋予的，王朝国家给予编户齐民的生存条件，是为了后半段话所说的责任。这里很明确地表达了编户齐民与君主国家之间的关系，就是要满足公家（君主国家）的征求，这是亘古不变的原理。这是"配户当差"体制的根本道理所在。我们认识明王朝的国家体制时必须了解，在这种关系下，不能将赋税差役简单地理解为国民承担的土地税或人头税。

那么这种责任是什么？就是配户当差，即户役。这种户籍的基本原理包括：

第一，以户为课征对象。如果要用税收的概念来分析，这个"户"，既是纳税主体，又是纳税客体。主体是户主，客体则是户下登记的人丁事产。也就是说，户是一个在承担户役能力上有大小差别的单位。

第二，以人力和物资供应为基本的贡献形式。中国历史自秦汉至明清，历朝都讲国家向老百姓征税的基本原则是"有田则有赋，有身则有役"，所以我们都以为中国历史上的赋税征收就是土地税和人头税。其实那只是征收原则，不是实际的赋税结构。实际的税收以户为征收对象，征收的是人力和物资。田赋包括人力的差遣，差役也包括物资供应。以"赋"为例，明代的田赋不只是一种按土地征收的税，本质上是一种提供土地生产品的差役。不仅田赋负担的轻重同作为田主的户的身份相关，田赋负担还包括运送实物的差役。我们这代人经历过人民公社时期，知道交公粮（土地税）的负担并不只是上缴的粮食本身，农民还要将公粮运送到指定的地方，那可是不轻的人力负担。人民公社时期一般只是交到县里，成本有限，而明清时期，这个运送成本更大，是要交到京城或国家指定的地点（仓口）。所以明代田赋的负担轻重，不只是看田赋的科则，同时还要看"仓口"的远近。最能够体现这种关系的是里甲差役，朱元璋规定里甲差役的任务是"催征田粮，勾摄公事"，后来大小衙门的所有需求，都向里甲伸手。明代官员及其衙门的开销，都是没有预算经费的，都由里甲编户供办。这种供办不仅要出力，更要出料出钱，也是没有定额的。

第三，以负担均平为原则，上户应重差，下户应轻差。我们要理解王朝赋役制度，这点尤其重要。前面说，在理论上，编户对王朝国家承担的义务是无条件无定额的。但是有一点是王朝国家必须处理好的，就是《礼记·大学》中讲的"财聚则民散，财散则民聚"。王朝国家统治基础是"民数"，民散了，统治的基础就丧失了。所以，国家对编户的需索，必须取得一种平衡。这个平衡固然首要的是让"民"能活下去，再生产能够持续，这一点历代王朝都通过在横征暴敛的欲望和"轻徭薄赋"的道德目标之间取得平衡来实现。另一方面还需要让民能够接受，这个能够接受的公平合理原则，就是孔子所谓的"不患寡而患不均"。因此，"均平"是历代王朝制定赋役制度的基本目标。在以户为基本征收对象的制度下，要实现均平，办法是根据每个户的丁粮（即成年人口和田地多少）核定户的等级，然后按照户等佥派轻重不等的差役。这就是朱元璋说的"凡赋役必验民之丁粮多寡，产业厚薄，以均其力"。终明一代，这都是赋役征派的基本原则。

但是，这个原则怎么实现，是一个不易处理的问题。我们现代人可能会觉得不是很简单吗？把要征派的总额按一定的比率向人丁和田地派征就可以了。但在那个时代是不可能的，为什么？因为从朝廷到地方各级衙门，需要的花费多少，并没有固定预算；尤其是大多人力物力的需求，也不是通过市场购买，而是要编户直接提供，没有办法用货币计算。例如某日有上级官员到州县，州县官要迎接，需要一桌酒席，就会把任务派到里甲，由里甲措办。当值的里甲要承担所有的原材料供应，因为并不是天天都要请上面下来视察的官员吃饭，所以地方上实行轮役的办法。

十年一轮，每十年换一个里派人到衙门旁边设个房子。县官说，明天有朝廷官员来，要办酒席，民役就得去办。这就是邱濬在《大学衍义补》说的"其大小杂泛差徭，各照所分之等，不拘于一定之制，遇事而用，事已即休"。编户随时听候官府差遣，需要的话就给，不需要的话就不用负担。所以差役负担之轻重，只能按照"民之丁粮多寡，产业厚薄，以均其力"的原则，估其轻重之大概临时佥派。

这种"上户应重差、下户应轻差"的制度运作的矛盾在于，每户实际的赋役负担虽然按丁粮多寡分担，但并不可能以丁粮为计税单位按比例均摊。这样就导致了一户若应重役，往往倾家荡产，在里甲赋役体制下编户的应对往往是脱籍逃役或"诡寄飞洒"。所谓"诡寄飞洒"就是将自己的财产诡寄到别人的户里面，以降低自己的户等。还有一种常见的途径，就是"花分子户"。唐顺之在《答王北崖郡守论均徭》中说："夫役法，上下其户以差其甲之钱，聚则稍重，而散则稍轻。花分者只可花分子户，以移稍重而就稍轻。""花分子户"指的是，若家里有一千亩田，一百个丁，肯定属于大户重役，但户主可以跑到县衙去买通胥吏，把一家之户分成五十户，这样一分，原来的大户就成了中户，甚至下户，户主因此就可以逃过重役。因为在明代的赋役体制下，下户的负担很轻。下面这条材料，可见当时"花分子户"是一种避免重差的倾向：

> 户部奏重造黄册以册式一本并合行事宜条例颁行……本县通计其数，比照十四年原造黄册，如丁口有增减者，即为收除，田地有买卖者，即令过割，务在不亏原额。其排年里甲，仍依原定次第应役……其上中下三等人户，亦依原定编类，不许更改，因而分丁析户，以避差徭。(《明太祖实录》卷二三〇"洪武二十三年七月")

从这个条例可以看出，由于分丁析户可以逃避差徭，朱元璋的倾向是要限制的。明代的户籍分军户、民户、匠户等，对于像军户这类承担特定差役的"户"，一直明确规定不能分户。对于民户，在明初第二次编黄册的时候，因为很多家庭实际的变化不大，政府也是要限制分户的，目的正是避免对赋役征派的既有秩序和机制产生影响。不过，随着时间的推移，随着代际繁衍，分家自然不可避免，相应地，不可分户的政策也要相应调整。《大明会典》记载后来确定的制度是这样的：

> 景泰二年奏准：凡各图人户，有父母俱亡，而兄弟多年各爨者；有父母存，而兄弟近年各爨者；有先因子幼而招婿，今子长成而婿归宗另爨者；有先无子而乞养异姓子承继，今有亲子而乞养子归宗另爨者，俱准另籍当差。其兄弟各爨者，查照各人户内，如果别无军匠等项役占，规避室碍，自愿分户者，听。如人丁数少，及有军匠等项役占室碍，仍照旧不许分居。（万历《大明会典》卷二十"户部七"）

虽然分户有条件合法化了，但在实践中，编户要到衙门里办理分户其实是很难的，普通乡民到衙门去，如果没有什么身份、地位、人际关系的话，要买通胥吏帮助自己"分户"，并非易事。这种为了逃避重役的分户倾向和国家户籍管理上倾向于"限制"的态度之间，越来越成为明代户籍体制运作的一个根本矛盾。所以，以"花分子户"方式逃避重役的一般是有权势的大户，对于大多数中小编户来说，逃避赋役负担更常见的方式是逃亡。所谓逃亡，不一定真的要在空间上移动，而是用种种手段脱离户籍。

从朱元璋建立明朝开始，明代在经历过两三代人之后，国家便失去了大量的户口。我们现在看明代的文献，发现那时逃役的人确实很多。嘉靖年间奉命修《大明会典》的霍韬曾为此感到困惑，他说：

> 天下户口，洪武初年户一千六百五万有奇，口六千五十四万有奇。时甫脱战争，户口凋残，其寡宜也。弘治四年，承平久矣，户口蕃且息矣，乃户仅九百一十一万，视初年减一百五十四万矣，口仅五千三百三十八万，视初年减七百一十六万矣。国初户口宜少而多，承平时户口宜多而少，何也？（霍韬《修书陈言疏》，《明经世文编》卷一八七）

一个存续几百年的王朝，户口数没有增长，反而减少，这的确是不合常理的。但如果了解明代的户籍赋役制度，就不难知道这是逃户的结果。明代的地方文献中，户口逃亡的情况很严重，很多地方明初时设立有数十个"里"，过了一百年左右，只剩下十几个"里"。与此同时，从朝廷到各级衙门越来越向里甲伸手，索取财政资源，里甲编户的赋役负担越来越不堪应付，而编户数逐渐减少，成为一种恶性循环，赋役负担不均的状态因此越来越严重。在这种情况下，一方面有些户脱籍逃亡了，另一方面，很多仍在籍的人户，虽然随着世代繁衍分析出多个家庭，但常常没有分户。这就是所谓的"析产不分户"，当时也非常普遍。

这个时期，明代的社会持续发生了一系列的变动，这里不能具体讨论，只举其大要，这些变动包括：随着世代繁衍、家庭分爨以及贫富分化，里甲编户的构成渐渐发生了根本性的改变，户籍中的"户"渐渐与作为核心家庭的"家户"分离，而明初编制的黄册虽然十年重编一次，但大多是因袭旧册，黄册登记的内容不能随着实际状况的变动而改变；随着家庭人口的频繁流动，加上财产的流动，以及聚落社区的分化重组、新的社会组织形式的出现和成长，造成实际的社会秩序与建立在"画地为牢"秩序上的黄册里甲编制越来越不相适应。里甲编户的变动，与逃户问题越来越严重、里甲残破不整、户籍登记的人丁财产状况失实等交织在一起，令按户等（人丁事产）佥派赋役的做法陷入越来越深的困境中，直接威胁着各级衙门的资源获取，甚至危及统治秩序的维持。

其实，在既有的赋役体制下，如何分摊负担，不仅是官府要解决的问题，也是民间社会要面对的问题。在大小衙门向里甲伸手索取的资源不断增加，而里甲编户的数量趋于减少，里甲编户的社会群体的实际规模越来越膨胀扩大的现实下，如何在里甲内部乃至编户内部按均平的原则根据实际的负担能力应付赋役负担，成为老百姓和官府都要面对的问题。里甲如何实现以户为单位按户等佥派，登记在同一户籍下的个体家庭和个人之间如何均平分摊赋役，在民间产生了种种应对方法。

明代赋役征派以里甲为基础，实行连带责任的制度，这种制度设计，本来就已经把实现赋役负担均平合理的责任和空间放在了民间，官府定了原则，实际上并不直接干预赋役的佥派。这种制度架构，在原理上本来就将赋役佥派的权力委之民间。基于同样的逻辑，随着里甲编户下家庭的分化，一个户内的不同家庭甚至个人如何分摊赋役责任，也自然是民间要自行处理的事务。在一个户下面人口增加并析出多个家庭的情况下，佥派到大户的赋役负担如何在不同的家庭乃至个人之间分摊，就成了一个问题。中国社会一直是以核心家庭为基本单位和财产主体的，不管我们如何相信中国人有浓厚的家族观念和孝悌伦理，在现实生活中，家庭内的分化和利益冲突还是基本的矛盾。兄弟成家之后一定会分家，分家以后，同一户籍下面的赋役负担如何分摊？有的材料会特别提到兄弟之间关系和谐，相友相助。比如下面这两段材料：

每谈及家庭故事，曰：汝祖清泉居士者，吾伯父也。吾父谦斋先逝，吾方六岁，未有知识。清泉自宅柄，恒日一至，耕耘失候，辄欲杖其僦业，垣墙牲畜，无不省阅，视吾兄弟无异所生。清泉殁，汝父松庵，与吾出入相随，饮食相呼，户役差遣不相及，视吾父无异同胞。（郑纪《东园文集》卷六《屏山家庙记》）

这种记载，讲的是一个分家已历三代的兄弟家庭之间兄恭弟睦的故事，其中特别提到"户役差遣不相及"，也就是本来应该两家承担的差役，兄长一家独力承担了，不累及弟侄一家。这一方面反映，当时已经有一些分家未分户的家庭，是要共同承担户下的赋役负担的，要面对如何分摊户役差遣的责任的问题；另一方面我们也看到，这种基于孝悌的道德伦理而由一家吃亏的方式，肯定不是一种常态，更多的情况其实如下面这条材料所描述：

今体得所属，父子有得失之望，兄弟有绠臂之叹；服劳之道不闻，议让之礼未见。甚至父子当差，则一日不让，兄弟应役，则移时不甘。（朱鉴《朱简斋公奏议》下卷《出巡条约》）

我们也许可以认为，在"家长制"的社会里，如果家中老爷子还在，儿子之间分摊赋役可以由家长决定；我们也知道，有些家庭应当分摊某些差役，例如军役，可以收养（买）义子，实即奴仆，出应差役。但这些办法，可能都只是权宜之法，兄弟之间相友相助，也不可能成为制度化的做法。事实上，最可能的做法，是在家户之内，兄弟家庭之间订立契约，按比例来分摊赋役，比例的依据，大致也会以官方的赋役金派原则，即"丁粮多寡，产业厚薄"为标准。可以想象，民间按这个原则去分摊赋役负担，相对于官府的制度，可以有更灵活变通的空间。这种方法，可能在一户内的不同家庭之间采用，也可以在同一里甲内的不同家户之间采用。虽然现在还没有足够多的第一手资料去呈现民间的种种做法，但我们通过很多零星的资料，可以知道，以下几种办法可能是常常会被采用的。一种方法是轮流承值，有些地方叫"分派日生"，就是根据各户各家的丁粮数，分摊应当差役的日子。这种方式在赋役负担还不能用货币计算、用货币支付的情况下，可能是相对能够计算的方式。但由于差役的负担每天并不是一样的，也无从预算，因此负担的均平只能是一个相对的状态。后来越来越多采用的方法，是在负担可以用粮食或货币来核算和预算的情况下，把应该承担的负担折算成粮食单位或货币单位分摊数额。以下几份徽州地区的"分家书"显示出民间应对官府的差役时，在家族内分摊的种种办法【图4】。

这几份民间文书，是栾成显先生在《明清庶民地主经济形态剖析》[1]一文中引用的徽州文书，里面用线框标记出来的文字分别为"课赋三房均派""门户赋税徭役及家庭庶务神头社会俱是三分轮流均管""其钱粮四房均派完纳，门户四房轮流承值""该门户差徭一应钱粮俱照丁粮均派办纳"。在很多地方的文献（例如家谱）里，还可以看到更具体的记录，例如郑振满三十年前一篇论文里就提供了这样一段资料：

> 在家族内部，为了共同管理里甲户籍及分摊有关义务，必须采取各种不同的组织形式，把全体族人纳入同一赋役共同体。在此试依据永春县《官林李氏七修宗谱》的有关记载，分析这种以家族为本位的赋役共同体。官林李氏定居于明初，至第二代始"立户输粮"，占籍永春县九十都四甲。

---

[1] 此文载《中国社会科学》1996年第4期。

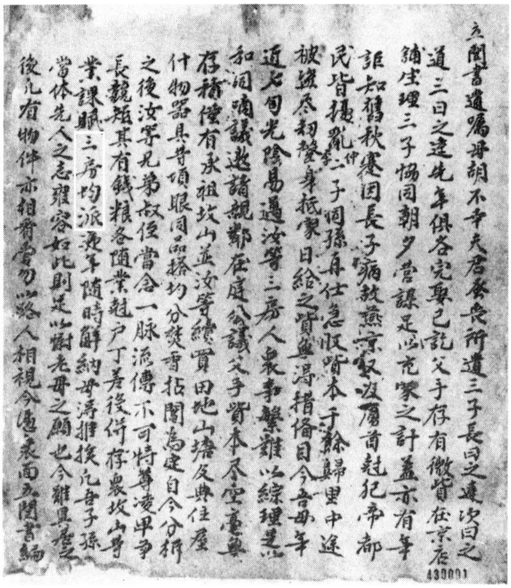

A “三房均派”

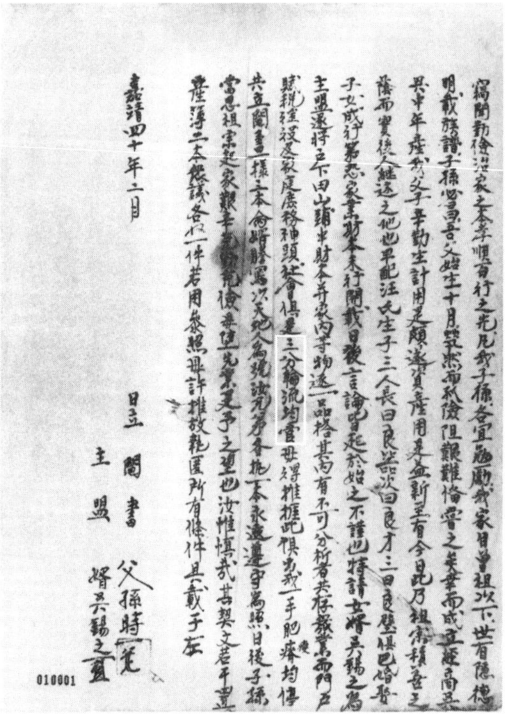

B “三分轮流均管”

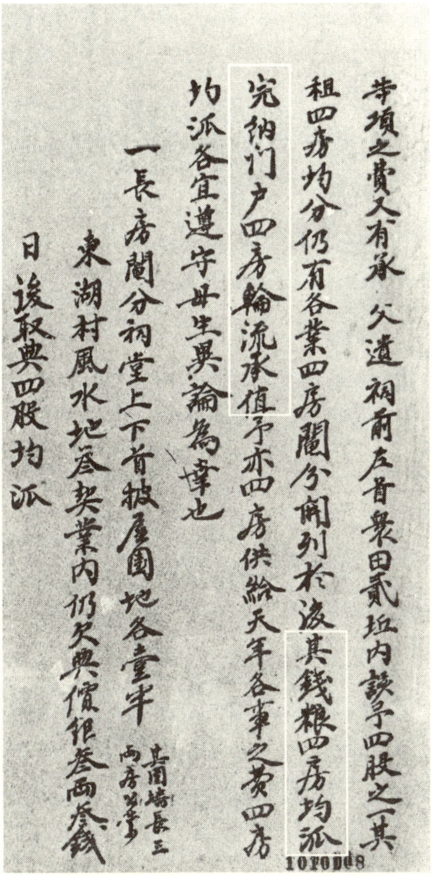
華項之費又有承 父遺 祠前左首衆田貳坵內該予四股之一其
租四房均分仍有各業四房鬮分開列於後其錢粮四房均派
完納门户四房輪流承值予亦四房供給天年各事之費四房
均派各宜遵守毋生異論爲幸也
一長房鬮分祠堂上下首披屋園地各壹半
東湖村風水地各契業內仍欠典價銀叁兩叁錢
日後取典四股均派

C “其钱粮四房均派……”

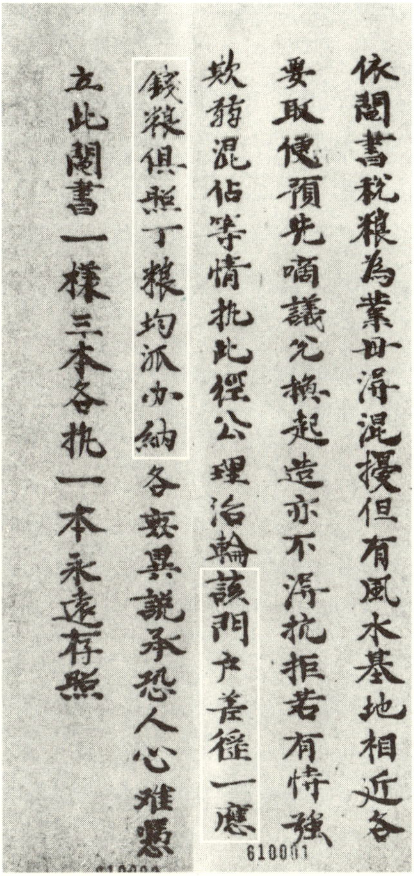
依鬮書執粮爲業毋得混擾但有風水基地相近各
要取便預先商議允換起造亦不得抗拒若有恃强
欺弱混佔等情執此經公理治輪該門户差徭一應
錢粮俱照丁粮均派办納 各無異說承恐人心難憑
立此鬮書一樣三本各執一本永遠存照

D “该门户差徭一应钱粮俱照丁粮均派办纳”

图4 徽州地区的“分家书”
（选自栾成显《明清庶民地主经济形态剖析》）

第三代分家时,里甲户籍由派下三房共同继承,"即抽田租一百五十石,以俾子孙轮流听年及十年一次策应大当"。此后至嘉靖年间,"历来长、二、三房轮流听年及策应大当无异",其有关役田也由各房轮收轮管。嘉靖时,第五世汉杰"以贫不肖,遂将一百五十石之田献卖郡乡宦王福"。后经呈控,"断令族人敛银赎回"。为此,"长房汉元于嘉靖三十四年集众会议,仍将赎回前田以三分均分,每房得租五十石。里役照原三房拈阄,分月日策应",原来的赋役共同体并未因此而解体。至万历年间,由于各房之间的贫富分化日益加深,"分月日策应"的平均分摊办法开始改为"照丁米轮流"。如万历十七年的《合同》规定:"照丁米六年轮流:长房应听一年,二房应听三年,三房应听二年。"至万历四十六年,"因三房米少,会众再立《合同》,以五年轮流:长房照原一年,二房照原三年,三房只听一年"。[1]

这个资料的内容,引出的问题和理解所涉相当复杂,这里不可能展开讨论。我们可以粗略地看到,明初定居第二代编入里甲户籍时,这个家庭是一个核心家庭,到第三代分家时,没有分户,而是通过设立一份共有的产业应付赋役,三房轮流管理承役。但这种方式,随着家族内部的分化,不可能维持下去,后来按分别承当应役的日子来分担,继而按丁粮计算应役的份额,但仍然以应役时日的长短来均当。在这里,我们看到民间在面对不同群体之间要共同承担的赋役时,为实现分摊责任的合理化,采用的是按丁米(人丁和田赋额)核算。不过,这条材料只涉及"里役",而在这个时期,很多从里役分拆出来的赋役责任如何分

---

[1] 郑振满:《明代福建的里甲户籍与家族组织》,《中国社会经济史研究》1989年第2期。

摊,并没有讲到。虽然如此,我们也能看到民间为均当差役,会开发出种种方式,这类记载虽然零星,但综合不同的记载,我们可以总结出官府和民间为实现负担均平采取的具体方式,大致有如下一些:

官府的制度设计	民间的应对方式
根据里甲编户之间丁粮多寡排定应役先后次序	家户内兄弟之间相友相助,或由家长指派。设立专项的共有土地,以土地收益承担赋役
按丁粮多寡编排里甲,以里甲轮役方式使大致负担趋于均平	按家庭成员或不同房派之间分派"日生",即应役的日子
由官府核定里甲编户丁粮编定各户应当的差役	在个人或家庭之间按比例分摊赋役负担
官府将应派赋役编定银价,按丁粮摊征	将负担换算成为货币分摊

地方官府采用的办法,是以民间创造出来的种种做法为基础,或者直接吸收民间的办法设定,作为制度变革的资源。官府和民间的赋役征派方式趋于一致的方向,这个方向引向共同的方式,就是以白银货币作为赋役负担轻重的计量核算单位,将白银货币计算的负担按丁粮分派。我们有理由相信,州县与地方社会在以白银货币核算作为实现均平的有效手段上,有共同的动力,从以下这条明代中期福建仙游县的纪事中可见一斑,成化、弘治间著名官员郑纪在乡居期间所撰《新里甲日录》云:

> 国朝赋法,民田不过五升,官田不与征役,视什一之法则又轻矣。何氓百家之中,衣食于称贷者,什凡七八。农家铚艾在手,釜甑已空,颠覆逋亡,版图日削,莫知其由。近偶得《里甲日录》而观之,县令黄时,每甲直一月,用银二十余两,十六图一岁计之,用银三千余两,悉皆庖厨之共,妻妾之奉,与夫过客来使,权门馈赠之需而已。至于祭祀科贡物料之类,国典所载者,率以一科十,岁又千两有

畸。夫以百六十户之民，而共三四千金之费，欲免称贷，逋亡之患，不亦难乎？是虽黄流祸之惨，然当时里正雄长，射时吞噬，亦不能谢其咎也。今县令彭君下车之初，一念仁慈，正吾民息肩之日。第民风土俗，未能周悉，予弟今年备名里正，因会集同事，澡神涤虑，议定供应事目，萃为一录。自圣寿祀饮而下至于役夫什廪之征，量轻酌重，分条类目，上可以给公家，下可以舒民困。岁计用银不满五百，每甲一岁出银不过三四两，视诸往年则七八分之一也。录成，呈白县堂，随与里甲百四十户合盟以坚之，以为一岁共需之则，而田野之民欲永其传，请予题其篇端。予尝考吾邑盛衰之迹，唐宋之盛，谱志所载，不必言矣。国初富庶不减于前，寻值虎寇为灾，民耗大半，宣德间，县令王公以救焚拯溺之心，为改弦易辙之政，起涂炭之民于枕席之上，吾民立碑建祠，报颂不衰。（郑纪《东园文集》卷九）

这段材料显示，明代中期地方人士和官府推动采用的以白银为单位预算赋税负担分摊，是地方官与民间社会为达至赋役均平目标实行的有效方式。之所以能够采用这种办法，一个基本的条件，就是白银货币的使用在地方社会越来越普遍。以前之所以要用轮役或直接分派轻重不等差役的方式，是因为官府所需的资源是以人力和物料分派办纳的方式征调。白银货币不但提供了核算轻重的标准单位，而且可以定额化按比例分摊。

这样一种方式，常见于明代中期的东南地区，是因为这些地区的乡村生活对市场的依赖日趋紧密，使用货币作为交换和支付手段也日趋普遍。在明朝铸钱数量不足、法定通货宝钞壅滞的情况下，来自日本和美洲的白银恰好适逢其时地经东南沿海地区贸易大量流入，在东南地区成为民间社会广泛使用的通货。在这种情势下，地方官员自然很容易接受用白银作为资源获取和追求均平的手段,这个转变成为了后来一条鞭法的基础。

概而言之,所谓"一条鞭法",就是在"配户当差"体制矛盾日深的情况下,为了稳定洪武型国家秩序,各地采取的种种应对措施,这些措施后来逐渐朝着同一方向发展,即将各级政府向编户索取的各项负担,折算为用白银计算的数额,由原来的按户佥派,改为按丁粮(田)征银。原来所谓的"等级赋税",后来变成了丁税、地税。这个过程,各地实行的先后、范围、深浅、方式不一,先后延续了一百多年,逐渐形成原则基本相同的规制,并走向普遍化;在此基础上,将征派原则基本相同的项目归并为一条,大致在嘉靖到万历年间遍行于全国。这种新制度,是在保留原来国家财政赋税体制的基础上,在府州县政府向编户征派输纳的环节上实行。但我想在这里指出的是,地方官府在实行这一办法的时候,其实借鉴了民间的村社和家庭在里甲人户内分摊赋役负担采用的种种方式,换句话说,即是把老百姓正在使用的办法变成州县政府的规制。

三 "图甲制"下的社会结构

从明初的"配户当差"制到一条鞭法的施行,引出了里甲制的转变,黄册里甲制的"户"渐渐由家户变质为纳税账户。这两个概念在中文里都叫"户",含义常常被混淆,我们不妨转换为英文,就是 household 与 tex account。两者意义的区别是很清楚的,一个是家户,一个是纳税户口。

关于这个问题,我在 20 世纪 80 年代研究广东地区图甲制时提出过,在我之前,日本学者片山刚首先论证了广东地区的图甲制下,"户"的构成超出了一个家庭的规模,他是从家族或宗族的发展来论证,以家庭组织扩大的角度来解释"户"的变化。我受片山刚揭示的事实启发，但提出了与片山刚不同的解释。我认为家族组织的发展与户的规模扩大的确是紧密联系的，但这只是一个现象，这种现象需要从户籍制度与赋役制度的关系去认识，正是我们前面讨论的赋役征派一条鞭法，为户的变质提供了制度空间，而户的内涵变质，不只是血缘群体的规模从家庭到家族，还有由家户变成了纳税账户；共同支配和使用同一个户口的群体，不只是血缘群体，还有形形色色的社会群体。近些年来，很多学者在其他地区的研究让我们了解到，这个变化，不只是广东一个地方发生的，它在明代后期成为了一种非常普遍的变化。像徽州地区，徽州研究的学者利用徽州文书，具体细致地揭示了徽州的图甲户籍实态，例如栾成显先生的《明清庶民地主经济形态剖析》、王绍欣的《宗族组织与户役分担——以明代祁门桃源洪氏为个案》、黄忠鑫的《明代前期里甲赋役制度下的徽州社会——祁门县文书〈百户三代总图〉考析》等，很具体地呈现出徽州图甲户籍的变动与赋税征派的关系，在这里便不再详细展开说明。从我们要谈的主题的角度，我只想指出，无论是片山刚和我，还是徽州等其他地区的研究者对这个制度变质的揭示，都不是从王朝国家的典章制度，尤其不是从王朝政府发布的各种法例中得出的。这个制度转变的事实及其背后所隐含的社会转型的事实，通过传统的制度史研究路径，依靠典章文献，如《会典》《实录》和各种则例，是很难获得了解的。仅凭这一点，已经显示出自下而上的制度史研究的旨趣。

也许大家会有疑问，这样一种制度转变，如果国家层面的典章文献不能直接呈现出来，是否意味着在国家体制上它没有多大意义呢？提出这种疑问是很自然的，因为我们都习惯了从法律规定的文本去认识制度，也正是这种惯性，造成了我一开始说的：在既有的认识中，有关明清户籍制度的转变，一般都认为"里甲制在一条鞭法之后瓦解，清代用保甲制取代里甲制作为国家户籍制度"。而我却认为，正是要通过自下而上的制度史研究，才能够明白，这种认识是一个误解。不是以前研究者学问做得不好，读不懂文献，而是大家所用的文献反映不出这种变化。

首先，明代的里甲制，在"一条鞭法"以后，尤其在清代，并没有被取消或废弃，后来在很多地方常被称为"图甲制"，一直到清末它都是最基本的国家户籍制度，甚至一直延续到民国时期。为什么说是最基本的制度，一个简单的事实是：清代科举考试、田产买卖过割登记、移民的家乡记忆与认同，其实都是以图甲户籍而不是保甲户籍为依据的。例如科举考试，我们今天都知道户籍在高考中是很重要的，清代科举考试也一样，不仅像今天那样要在自己的户籍地参加科举（当然有借籍冒籍的情况，但那也是以原籍考试制度为前提的），试卷上还需要写明自己的户籍。下面是实物的例证【图5】。

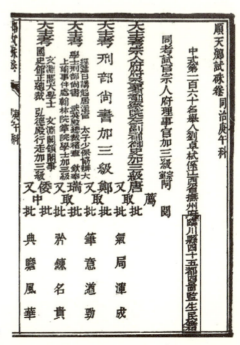

图5　同治年间顺天乡试试卷

上图是同治年间顺天乡试的试卷，上面写着“临川县四十五都四图监生民籍”，很清楚是图甲体系下的户籍，而不是保甲的户籍。土地财产的登记和纳税责任，也是以里甲户籍作为依据的，例如这个财产记录【图6】。框中的文字是“淳邑二十九都四图三甲卢溪姜大福”，使用的就是图甲户籍。

【图7】是买卖土地的官方契约，图上框中的字是“买受都图甲户丁”。特别值得一提的是，这一行字并不是立契时书写上去的，而是在官方印制的契纸上印好的格式，立契时再填写具体的内容，清楚表明图甲户籍一直是官府使用的户籍系统。

【图8】这个例子则显示人们常常用图甲户籍作为确认自己身份的标识。

以上这几个方面，科举、置产和身份，都是中国王朝时期社会最重要方面，都使用图甲户籍作为确认和标识的体制。由此

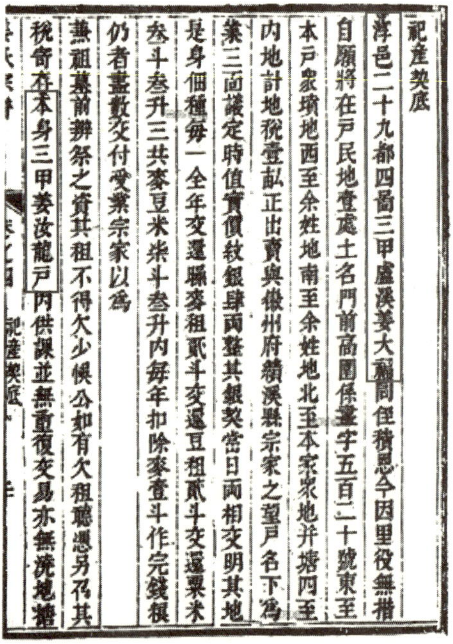
祀產契底
淳邑二十九都四啚三甲盧溪姜大福同侄積恩今因里役無措
自願將在戶民地壹處土名門前高園係靈字五百二十號東至
本戶冢墳地西至余姓地南至余姓地北至本家冢地并塘四至
內地計地稅壹畝正出賣與徽州府績溪縣宗家之望戶名下為
業三面議定時值實價紋銀肆兩整其銀契當日兩相交明其地
是身佃種每一全年交還驟麥租貳斗交還豆租貳斗交還粟米
叁斗叁升三共麥豆米柒斗叁升內每年扣除麥壹斗作完錢粮
仍者盡數交付受業宗家以為
蒸祖墓前辦祭之資其租不得欠少倸公如有欠租聽憑另召其
稅寄在本身三甲姜汝龍戶內供課並無重復交易亦無洗地糟

图6　浙江淳安县《姜氏宗谱》选页

自下而上的制度史研究——以"一条鞭法"和"图甲制"为例

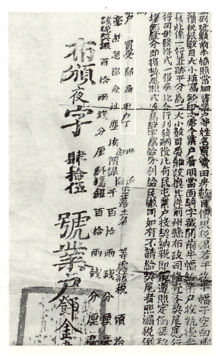

图 7 买卖土地的官契

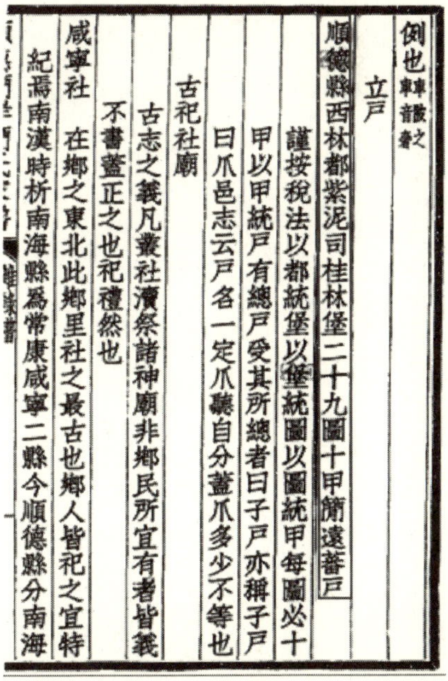

图 8 广东顺德《简氏家谱》选页

可见，虽然图甲制度的实态在国家层面的典章法规条文上不能得到更多的呈现，但它确实一直是一项非常基础性的国家和社会制度。一直到民国初年，这套制度都还在地方社会运作着。因此，对这种制度的研究，可以非常典型地体现"自下而上"的制度史研究路径及其旨趣。最近一些年来，很多研究者揭示出，在许多地方如广东、福建、江西、山西、河北、四川、两湖、徽州，里甲制一直延续到清末，虽然各地呈现出种种变态，但它仍然是清朝户籍体制的基本制度。在很多地方的文献中，清代的里甲常使用明代里甲的别称——"图甲"。

既然这种研究路径，很难从国家法例中获得资讯，就一定需要仰赖近年来被重视的大量地方文献和民间文书，研究者从这些地方的、民间的、实际运用着的史料中，真正了解到制度运作的情况。地方文献、民间文书是了解里甲制度很重要的材料，江西萍乡学院政法学院的年轻老师凌焰博士多年来锲而不舍地在江西地区收集图甲资料，经过他的努力，目前我们已能了解到图甲制运作的很多细节。例如，【图9】是他收集到的《名教三堡二图

图9　江西萍乡《名教三堡二图四甲总册》

四甲总册》。

我们可以期待，年轻一代的学者未来运用这些新发现的地方文献、民间文书所做的研究，将会大大推进我们对这套制度的认识。【图 10】是凌焰博士收集到的家谱，很清楚地列出了每一个图甲的情况，有的户需纳米四石多，有的户五石多。可以相信这些承担如此大额赋税责任的户，不会都是大地主，而是多个家庭之间通过合约的关系共同使用一个户头，在同一纳税户下承担赋税责任。

这种情况，在广东省南海县的一份册籍中也有很清楚的体现。例如【图 11】显示了“庞沙村”的情况，共有 87 个户名，男丁 1023 名。

但是大家不要以为，只有这么多个户头户，才能有 1000 多个丁。【图 12】显示的情况就完全不一样：“三十四图十甲廷相户”，朱献谋祖合族男丁共 2300 名，但只有一个户。这样的户肯定不是“家户”。

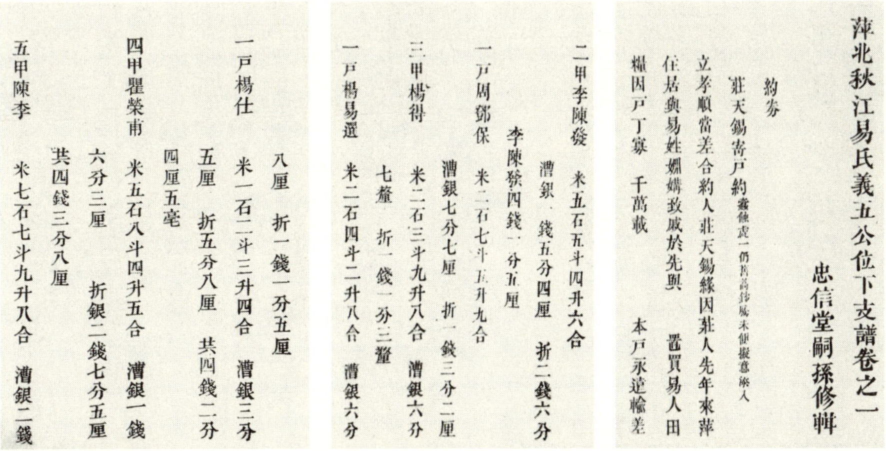
萍北秋江易氏義五公位下支譜卷之一
忠信堂嗣孫修輯
約券
莊天錫寄戶約 蠹蝕處一仍舊鈔原未便擬意添入
立孝順當差合約人莊天錫緣因莊人先年來萍
住居與易姓姻婣致戚於先與　置買易人田
糧因戶丁寡　千萬載　本戶永遠輪差

二甲李陳發　米五石五斗四升六合
漕銀一錢五分四厘　折二錢六分
李陳發四錢一分五厘
一戶周鄧保　米二石七斗五升九合
漕銀七分七厘　折一錢三分二厘
三甲楊得　米二石三斗九升八合　漕銀六分
七釐　折一錢一分三釐
一戶楊易選　米二石四斗二升八合　漕銀六分

八厘　折一錢一分五厘
一戶楊仕　米一石二斗三升四合　漕銀三分
五厘　折五分八厘　共四錢二分
四厘五毫
四甲瞿榮甫　米五石八斗四升五合　漕銀一錢
六分三厘　折銀二錢七分五厘
共四錢三分八厘
五甲陳李　米七石七斗九升八合　漕銀二錢

图 10　萍乡的家谱

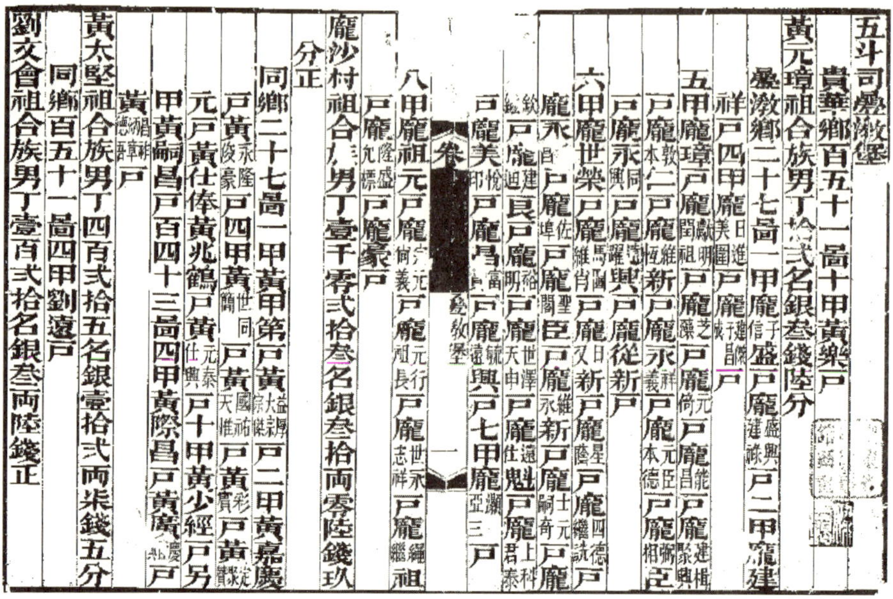
五斗司疊滘堡
貴華鄉百五十一啚十甲黃樂戶
黃元璋祖合族男丁拾弍名銀叁錢陸分
疊滘鄉二十七啚一甲龐子信盛戶龐盛興建祿戶二甲龐建
祥戶四甲龐日進美圖戶龐進階子成昌戶
五甲龐璋戶龐獻明鬪祖戶龐之藻戶龐元倚戶龐能昌戶龐建標聚興戶
戶龐敦本仁戶龐維極新戶龐祥義永戶龐元臣本德戶龐弼相臣
戶龐永同興戶龐遠耀興戶龐從新戶
六甲龐世榮戶龐馬圖維肖戶龐日又新戶龐星蔭戶龐四德繼誠戶
龐永昌戶龐佐埠戶龐聖閣臣戶龐維永新戶龐士元嗣奇戶龐
欽鑑戶龐建迪良戶龐裕明戶龐世澤天申戶龐遠仕魁戶龐上科君泰
戶龐美悅印戶龐富昌戶龐毓遠興戶七甲龐灝亞三戶
卷　疊滘堡　一
八甲龐祖元戶龐宗元倚義戶龐元行祖長戶龐世永志祥戶龐繩繼祖
戶龐隆盛允標戶龐象戶
龐沙村祖合族男丁壹千零弍拾叁名銀叁拾兩零陸錢玖
分正
同鄉二十七啚一甲黃甲第戶黃益大宗澤傑戶二甲黃嘉廣
戶黃永隆俊豪戶四甲黃世同簡戶黃國祐天推戶黃彩實戶黃定聚贊
元戶黃仕倖黃兆鶴戶黃元泰仕興戶十甲黃少經戶另
甲黃嗣昌戶百四十三啚四甲黃際昌戶黃慶廣戶
黃昌祚德章語戶
黃太堅祖合族男丁四百弍拾五名銀壹拾弍兩柒錢五分
同鄉百五十一啚四甲劉遠戶
劉文會祖合族男丁壹百弍拾名銀叁兩陸錢正

图 11 《南海氏族》选页一

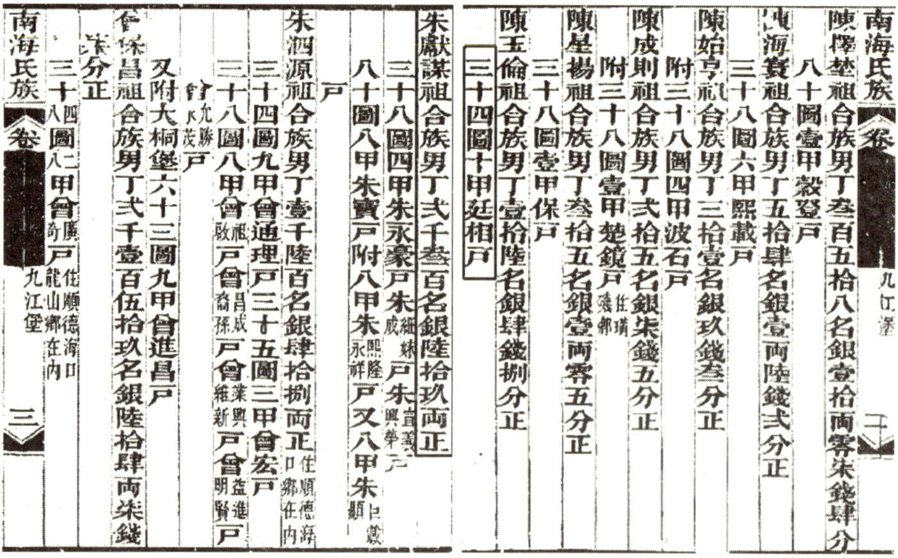
南海氏族　卷　九江堡　二
陳懌楚祖合族男丁叁百五拾八名銀壹拾兩零柒錢肆分
八十圖壹甲穀登戶
陳海寶祖合族男丁五拾肆名銀壹兩陸錢弍分正
三十八圖六甲熙載戶
陳始亨祖合族男丁三拾壹名銀玖錢叁分正
附三十八圖四甲波石戶
陳成則祖合族男丁弍拾五名銀柒錢五分正
附三十八圖壹甲楚鎮戶仕璜張鄉
陳星揚祖合族男丁叁拾五名銀壹兩零五分正
三十八圖壹甲保戶
陳玉倫祖合族男丁壹拾陸名銀肆錢捌分正
三十四圖十甲廷相戶
朱獻謀祖合族男丁弍千叁百名銀陸拾玖兩正
三十八圖四甲朱永豪戶朱細成妹戶朱宣興義華戶
八十圖八甲朱寶戶附八甲朱熙永隆祥戶又八甲朱巨顯歡
戶
朱泗源祖合族男丁壹千陸百名銀肆拾捌兩正住順德□口鄉在內
三十四圖九甲曾通理戶三十五圖三甲曾宏戶
三十八圖八甲曾祖敬戶曾昌成裔孫戶曾業興維新戶曾盛進明賢戶
曾允勝茂戶
又附大桐堡六十三圖九甲曾進昌戶
曾保昌祖合族男丁弍千壹百伍拾玖名銀陸拾肆兩柒錢
柒分正
三十四八圖二八甲曾廣奇戶住順德海口龍山鄉在內
南海氏族　卷　九江堡　三

图 12 《南海氏族》选页二

这种成百上千的家户人丁共用一个户籍的情况，在明代中期以后是非常普遍的。陈支平教授在《民间文书与明清赋役史研究》中列举了福建很多实例。在这种情况下，民间会采用种种方式以实现官府派征的赋役分摊在不同成员之间。理论上，在一条鞭法以前的户役制下，一个户口里面的不同主体往往会为承担赋役产生分歧，前面我们已经谈到过，"父子当差，则一日不让，兄弟应役，则移时不甘"，是合乎逻辑的。加上等级户役制的逻辑，明初的人户倾向于分户。但是，一条鞭法以后，赋役征派以丁粮派征银两，编户就不需要以分户来逃避赋役负担了。于是，在清代的图甲体制下，一个户口下面容纳众多的纳税主体，不用再面对如何分摊负担的问题，各个主体都按丁粮缴纳，需要解决的，只是如何保证按时完粮的问题。如南海县蒲镜兴户的例子，在蒲镜兴户下面分了很多个子户，子户下又可以有很多的"丁"，户下的各个子户可以自己去纳税，这就是一条鞭法以后所谓的"自封投柜"。但是这个方法并不能保证纳税的及时性，有些人到了规定时间就是交不上税。所以，清代中期以后，尤其是清末出现了一套新的方法。"蒲镜兴户"的这条文献描述了新的纳税方法的转变："吾族粮务旧由各户备纳，或先或后，总难划一。同治甲子，绅耆酌议，拟由本立堂收（定以每年十一月十四日为期），用蒲镜兴总户完纳（每年十一月十五日）。如该子户十五日不清交，则本立堂先代清纳，加五收回，永著为例。"蒲镜兴户，用家族的税务管理代替了政府派出的差役，负责把该户的税收收起来。这背后意味着，同一户下各个子户的赋税负担，往往可以依靠该户实际上所依托的社会实体的纳税能力而得到减轻。在乡村，代替官府的往往是宗族、家族，但也有其他形式的组织，如钱粮会、神明会、清明会等。所以，户可以很大，也可以很小。对于政府来说，分户不影响赋税收益；对于纳税人来说，分户也不影响实际的负担。这种图甲制，虽然是明代里甲体制的直接沿袭，但其内在构成和运作机制已经完全不同。要弄清楚这种制度的演变，只能从基层社会的层面，以民间文献分析才可以实现。

这里稍稍把我的研究得到的认识概括说明一下。清代的图甲制度和明代的里甲制有相同的方面，也有相异的方面。相同的方面是：

（1）在构造上，图甲制基本保留了一图十甲的结构。

（2）图甲和里甲一样，是编户齐民身份的根据（如科举和社会身份的确认）。

（3）图甲仍然是财产登记和政府征税派役的系统。

而不同的方面是：

（1）图甲的基本单元是户，图甲中的"户"，不是一个家户，而是一个田产和赋税责任的登记单位，户基本上不登记人口，其中的丁数，只是一种纳税单位。

（2）图甲一般不是里长—甲首的结构，而是总户—子户的结构，即图甲制本身并不是一种社会组织系统，而是赋税征收、稽查的系统。

（3）图甲制下，开立一个户的社会单元，不是一个家庭（当然也可以是一个家庭），这是一种基于共同利益或合作关系形成的社会组织。最常见的是血缘组织，或者是家族，或者是宗族。当然，也可以是其他形式的社会组织。图甲制下"户"的性质变化，常常和宗族的建构有直接关系（明代中期，尤其是嘉靖年间开始，宗族逐渐成为组织社会的方式），甚至成为宗族形成的一种机制。在有些地方，所谓"宗族"并不是一个父亲生多少儿子，而是同一户下的各个子户建立合作关系的方式。之所以能发生合作，而没有出现明初"花分子户"的问题，是因为此时的户已经不再按照户的大小来分配轻重不同的负担了，户只是一个稽查税收登记的系统。所以在有些地方，宗族可直接称为户族。

里甲制到图甲制的转变，是明代到清代社会结构一个基本的转变，图甲制意味着一个新的国家体制和社会秩序的形成，其背后的转变，就是做社会史研究的学者常讲的一个概念，即"民间社会的自治化"。图甲制下，一个上千人组合在一起的户，其运作在很大程度上需要依靠基层社会的自治机制。但是这种自治并没有脱离国家体系，而是在"一条鞭"的原则下，不改变洪武体制"夏税秋粮"的税收结构，也不用废除里甲体制，仍然在原有框架下通过民间自治的方式去运作，仍然是国家财政、赋税和户籍的基本制度。这样一来，所谓的民间自治和大一统的集权国家就有了新的、更稳定的整合机制。明朝出现的很多问题，到了清朝就没有了，比如明朝最严重的社会问题是逃户，清朝的情况恰恰相反，非但没有逃户，大家反而想方设法挤进户籍系统，因为只有进入了户籍系统，买的田产才有合法性，才能考科举，打官司才有确定的身份定位（不在户籍系统中的人属于"无籍之徒"、贱民）。

进入户籍系统，最简单的办法就是被写进"族谱"，成为某个宗族的成员。只要这个宗族有户籍，该户之下的所有人就都有户籍。要证明自己是某个宗族的成员，其实也很容易——找到一个族谱，看看哪一代有逃逸的人，就可以冒名顶替，根本不需要得到衙门中胥吏的许可。这种方式的运作足够"民间"，但国家体制正是在这样一套民间应对办法的配合下运转的。这是我们理解明清国家结构变化很重要的一点。所有这些变化都跟等级户役制度转变成按丁粮征收定额化的比例赋税直接相关，因为如果没有一条鞭法所带来的变化，户的丁粮多寡与赋役责任的轻重之间的关系是等级累进的关系，而一条鞭法确立了直接以"丁"（既定的计税单位）和"粮"（反映田产赋税轻重的计税单位）按比例课征赋税，一个户口下面登记的田产多少，已经不会导致单位纳税对象赋役负担的加重，需要解决的问题，只是如何形成稽查和避免拖欠的催征机制。

最后，我想以自己的一段亲身经历作结。1986年，我在广东中山小榄做田野调查，认识了一位从20世纪30年代开始接手管理家业的"老地主"，他在同我讲民国时期田赋改革对他们土地经营的影响时，详细讲解了田赋征收方式从"按户输纳"到"求田问赋"的改变，让我明白了同样是田赋，按户征收为何不是真正的土地税，这引起了我对中国历史上赋役制度性质的重新思考。这个经验让我坚定了一个信念，要了解一种国家制度，需要从这种制度下人们的生活经验、从他们留下来的实际运作的文书出发。这就是我所说的"自下而上"的制度史研究。

延伸阅读

刘志伟：《在国家与社会之间：明清广东地区里甲赋役制度与乡村社会》，中国人民大学出版社，2010年
刘志伟、孙歌：《在历史中寻找中国：关于区域史研究认识论的对话》，东方出版中心，2016年
栾成显：《明清庶民地主经济形态剖析》，载《中国社会科学》，1996年第4期
刘志伟：《从"纳粮当差"到"完纳钱粮"——明清王朝国家转型之一大关键》，载《史学月刊》，2014年第7期
凌焰：《清代城市图甲组织研究——基于萍乡县五隅公所案的考察》，载《历史地理》，2015年第2期

"制度"如何成为"制度史"

侯旭东

清华大学历史系教授

* 本文原为2018年10月16日侯旭东老师在北京大学所做的"北大文研讲座"(第99期)。

在当下,名为"××制度史"的著作非常多,如白钢主编的《中国政治制度通史》,十卷本,1996年发行,当年很流行,我也经常会使用;还有1999年出版的《中国法制通史》,陈戍国先生一人独立完成的《中国礼制史》,杨宽先生的《中国古代都城制度史研究》,赵俪生先生的《中国土地制度史》,以及赵冈和陈钟毅合写的《中国土地制度史》。除了冠以"中国"的制度通史外,还有很多断代研究,如秦汉有《秦汉官制史稿》《秦汉监察制度史研究》《汉唐封爵制度》等。这些著作构成了现在史学研究中一个很重要的分支——制度史。

制度如何变成制度史?这个问题的结论本身其实相当简单,但对于制度史研究是从什么时候开始的?我们的研究是如何走到这一步的?还需要做更细致、更为具体的梳理。古代文献里"制度"颇为常见,却不见"制度史"这种说法,"制度史"是20世纪的产物。这就给了我一个切入这一问题的线索。我们首先要回答古人心目中的"制度"是什么,然后才能看清"制度"如何变成了"制度史"。

一 古人眼中的制度

说起制度,大家都不陌生,这是个很古老的词汇,也十分常见。古今人都在使用"制度"一词,但其背后含义是否一致?古人眼中的"制度"与今人所说的"制度史"是一回事吗?这里有必要做一番梳理。

什么是"制度"?《汉语大词典》和《现代汉语词典》都有对"制度"的解释,这个词本身是多义的,《汉语大词典》里的解释有七种之多,其中和我们所谓"制度史"相关的主要如下:

"在一定历史条件下形成的法令、礼俗等规范"[1]和"一是'要求大家共同遵守的办事规程或行动准则',二是'在一定历史条件下形成的政治、经济、文化等方面的体系'"[2]。这也都是今天我们常见的解释,后一个释义强调的是宏观的体系,前两个解释其实有一个核心,就是强调对人的规范意义。这种强调制度规范的意义,就是强调制度具有超越于具体人之外的、约束人行为的作用,这些东西叫做"制度",它可能是成义的,有些也不一定是文字化的,这和我们今天理解的"制度史"中的"制度"是一致的。

我们回头去看,这种含义是从哪里来的呢?是20世纪初才出现的,梁启超在《中国历史研究法补编》就讲过一段话:

> 杜佑所作《通典》,纯以制度为主,上起三代,下至隋唐,一一加以考核。马端临仿其体裁作《文献通考》,范围更大,蕴义更博。《通典》所述,限于一代朝制;《通考》所述,则于朝制之外,兼及社会状况。此种著作,中国从前颇为发达,就是我们所说的文物的历史。《通典》《通考》可谓各种制度的总史,不是各种制度的专史。

这是他1926—1927年在清华的讲稿。把《通典》归于通史的源头,梁启超可能还不能算最早的,此前还应该有学者提出类似看法,还可以继续挖掘。钱穆《中国史学名著》里面也曾指出:

> 讲制度史就是中国的通史,创其始者就是《通典》。

---

[1] 《汉语大词典》第2册,第664页。
[2] 《现代汉语词典》第7版,第1689页。

中华书局点校本《通典》的前言里也讲到：

《通典》是我国历史上第一部典章制度通史。

胡戟等主编的《二十世纪唐研究》中有非常系统的综述，这一部分是谢保成先生写的，开篇便说：

杜佑《通典》在中国史学发展中有着重要的地位——为第一部典章制度通史。

谢先生本身对《通典》的看法与通说并不相同，但他在写综述时还是遵从通说。

另外也有少数学者持不太一样的看法。讲得比较系统的，除谢保成先生之外，还有复旦大学的韩昇先生。他给《北宋版通典》（上海人民出版社，2008年）写了一篇"代前言"[1]，特别强调应该把《通典》的编纂和杜佑个人生活履历、仕宦经历结合起来。他指出杜佑是幕府僚佐出身，最后做到了宰相，他编《通典》并不是想编一个通史，实际上是为了现实的理政需要，帮助那些没有从政经验的人尽快掌握为官从政之道、学会怎么治理天下。这是韩昇先生对《通典》的理解，虽不是学术的主流看法，但在我看来，这种说法更接近《通典》的本意。

我们特别要注意杜佑自己以及李翰为《通典》所作之序中的表述，看看其中是如何概括这部书的，尤其是使用了什么样的说法。

杜佑在《通典》自序里面说：

---

[1] 这篇"代前言"作为论文发表在《中国学术》第26辑（2008）上。

> 所纂《通典》，实采群言，征诸人事，将施有政。

这里说搜集"群言"与"人事"，其目的是施政。更详细的内容，还是要看李翰写的序：

> 今《通典》之作……以为君子致用，在乎经邦，经邦在乎立事，立事在乎师古，师古在乎随时。必参古今之宜，穷终始之要，始可以度其古，终可以行于今。……故采《五经》、群史，上自黄帝，至于有唐天宝之末，每事以类相从，举其始终，历代沿革废置及当时群士论议得失，靡不条载，附之于事。

随后又说：

> 事非经国礼法程制，亦所不录，弃无益也。若使学者得而观之，不出户知天下，未从政达人情，罕更事知时变，为功易而速，为学精而要。

李翰讲到"君子致用，在乎经邦，经邦在乎立事，立事在乎师古，师古在乎随时"，一方面要"师古"，向古代学习，同时还要根据实际情况，因时制宜，参考古今变化。为此《通典》从黄帝开始，一直到唐代天宝年间，筛选出各种各样的事情，把这些事情按照时间顺序编排起来，除了历代沿革兴废，还附有当代的论议得失。值得注意的是，序里面并没有出现"制度"这个词，使用的反而是"事"："立事""每事以类相从""附之于事""事非经国礼法程制""更事"，这些"事"基本都属于"人事"，实指的就是"经国、礼法、程制"，就是我们的制度。《通典》所收的九类里面没有天文志、律历志、五行志，因为在杜佑看来，那些内容是和朝廷相关的，与行政官员（县吏、州吏）处理日常政务没有关系，地方官们不关心"天文""律历"，杜佑就没有记录。所以编纂《通典》完全出于当时官员的使用方便，针对的是他们的理政需要，目的是让学的人可以"不出户而知天下"，读了这本书就能够知道为官之道、知道怎样处理日常政务，即便没有从政经验也可以了解人情世故。

杜佑《通典》的九大部分，多与我们今天讲的所谓"制度"直接相关，也有一部分如《边防典》（四夷）和《兵典》之类，和制度没什么关系。《兵典》讲了很多兵法，而不是兵制，这也是后人从制度史思考《通典》时常常会感到困惑的地方。如果对照杜佑本人和李翰为《通典》写的序，注意《通典》所记被两人归入了"事"，恐怕就不难理解了。了解四夷并处理好与他们的关系是地处边疆的各级官吏的要务，而如何排兵布阵，亦是官员们应该掌握的技能。另外，杜佑在编完《通典》后又选出一部分编成了《理道要诀》，共十卷，在《进〈理道要诀〉表》里，他阐述了撰写《通典》的立意，说得更简明、直白："窃思理道，不录空言，由是累纪修纂《通典》，包罗数千年事，探讨礼法刑政，遂成二百卷。"他自己说，撰写的"礼法刑政"都属于"数千年事"。

制度史另一部很重要代表作是马端临的《文献通考》。从马端临的序不难发现，《文献通考》跟《通典》差不多，也是在讲各种各样制度的沿革变化，后面还附有不同时代、不同人的评论，既有当时臣僚的奏疏、近代诸儒的评论，也包括作者自己的评论，就是所谓的"议"。按照马端临的说法，《文献通考》一部分是"叙事"，还有一部分是"论事"。这些和我们今天理解的制度史不太一样，它既讲沿革变迁，又有时人的议论，甚至后人的评议，这些均被作者称为"事"。今天我们分析"制度"时往往会忽视"人"，更不会将其纳入"事"的范围，马端临的理解和我们脑海中的"制度"也有差别。

还可以换个角度，去看看古人的图书分类。目录学著作里，《通典》从宋代开始就被归到了典故类书籍，陈振孙的《直斋书录集解》说《通典》"载古今制度沿革"。如果我们去看同样被归入典故类里的其他书，会有些出乎意料。除了《通典》和各种《会要》外，还有《贞观政要》《魏郑公奏录》《三朝宝训》等书，这些关于制度沿革的论述与君臣关于为政的意见同属一类，仍不脱"政事"范围。《贞观政要》讲的是唐太宗如何治理天下，是执政的经验总结，当然不是讲制度的著作。

再之后的《四库总目提要》里，"史部"单立了"政书"类，《通典》为此类第一部。"小序"里说：

> 志艺文者有故事一类，其间祖宗创法，奕叶慎守，是为一朝之故事。后鉴前师，与时损益者，是为前代之故事。史家著录，大抵前代事也。……今总核遗文，惟以国政朝章六官所职者，入于斯类，以符周官故府之遗。

这里几次使用了"故事"，还有"大抵前代事也"的表述。从宋代到《四库总目提要》的分类方式也可以看出，编者在脑海里组构用词时，虽不时会用"制度"这个词，但"制度"在古人心目中是从属于"事"的，这个"事"具体说来，就是政事、故事、前代事，是一些国政朝纲的前代故事。把这些"事"分类汇集成书，是为当时朝廷提供更好的统治经验，而不是我们今天意义上的学术研究。

以上是从目录学的角度来看"制度"。现在可以回过头来，看看古人在自己的叙述中，是如何理解制度的。"制度"这个词很早就产生了，《周易》就已经在使用。它最初应该是动词，"制"是动词，"制度"表示制定规矩，后来在使用过程中逐渐演变为名词，转而指"规矩"本身。我们要注意，这种"规矩"实

际上涉及生活的方方面面,《易·节卦》有言:

> 《彖》曰:……天地节,而四时成。节以制度,不伤财,不害民。
>
> 《象》曰:泽上有水,节。君子以制数度,议德行。

这也还是在讲制度。"制"和"数"有很直接的关系。程颐在《程氏传》里解释"节卦"的彖辞时说:"推言节之道。天地有节,故能成四时;无节则失序也。圣人立制度以为节,故能不伤财害民。人欲之无穷也,苟非节以制度,则侈肆,至于伤财害民矣。"针对象辞,程颐又说:"君子观节之象,以制立数度。凡物之大小、轻重、高下、文质,皆有数度,所以为节也。数,多寡。度,法制。"理学认为"人欲无穷",要求对人的活动进行一些约束和节制,进而保证秩序稳定地维持下去。

程颐的解释虽然带有理学的色彩,倒和古人所谓"天垂象,圣人则之"合拍,制度最开始就是圣人依据天象设立的。按照《礼记·礼运》的说法,"大同"时代无需这些制度,到了小康时代才要设立制度,"大道既隐、天下为家"的小康阶段,"城郭沟池以为固、礼义以为纪",人的行为无从约束了,只好立制来规训。这些"制"多半是由最高统治者来设立。《礼记·王制》里就讲了相当多的"制度","王者之制……命典礼考时、月,定日,同律、礼、乐、制度、衣服,正之……变礼易乐者为不从,不从者君流;革制度、衣服者为畔,畔者君讨"等,不服从制度者,则由君主来惩处。

那时儒生心目中的制度涉及面非常多,远比我们今天理解的要广泛,还包括有正朔、天道、服色、数、尺寸、音乐等。《史记·贾谊列传》说:"贾生以为汉兴至孝文二十余年,天下和洽,而固当改正朔,易服色,法制度,定官名,兴礼乐,乃悉草具其事仪法,色尚黄,数用五,为官名,悉更秦之法。"他所要改造的那些都属于制度,它们的来源并不同,对待它们的态度也有所不同。

有一些是从圣人那里流传下来的,在"大同"时代里就有了,符合天道,需要长久遵循,不能改易。如果有的时候没能遵照实行,后来一定要改回去,所以当时有"圣人立制""圣人创制"这样的说法。像大家很熟悉的"二年丧",就属于儒家认为的"圣人之制"。西汉初年,汉文帝遗诏下令改为短丧三十六天,放弃了三年丧,这种短丧持续了几百年,后来儒生还是批评说这是权时之制,不是经常之制,必须按照圣人的制度改回三年之丧。最后西晋时五服制度进入律令后,三年之丧才真正进入国家制度层面,落实为一种常制,一直沿用到清代,邢义田先生专门写过一篇文章做过分析。[1] 可见,圣人立制是不可动摇的。

除了这类最根本的制度,还有各朝各代所立的制度。这些制度又有些分别,有各朝各代设立的"经制"、"常制"乃至"故事"、"敕例",后两者邢义田先生、楼劲先生专门分析过。[2] 这些虽非圣人所立,或源于皇帝诏令,或本于礼法,不少变为了律令,甚至可以跨越朝代长期遵行,具有相当强的延续性。"汉承秦制",汉代沿用了不少秦代的律令;西晋的《泰始律》,隋唐也有所继承;《宋刑统》很多条文都是承袭唐律;到了清代,很多律令又是沿袭明代的。当然,实际上很多律令条文都已经和现实不相符合了,但朝廷仍然坚持这些律令,面对这种矛盾,又会采

---

[1] 邢义田:《秦或西汉初和奸案中所见的亲属伦理关系——江陵张家山二四七号墓〈奏谳书〉简180—196考论》,载氏著《天下一家》,中华书局,2011年,第489—539页。

[2] 关于"故事",可参见邢义田:《从"如故事"与"便宜从事"看汉代行政中的经常与权变》,载氏著《治国安邦》,中华书局,2011年,第380—449页;楼劲:《魏晋南北朝隋唐立法与法律体系:敕例、法典与唐法系源流》上卷第1、2章,中国社会科学出版社,2014年,第3—76页。

取其他的办法来弥补。

　　此外,更频繁、具体的变动就更多了,很多也都属于古人所说的制度。只要有官员或者儒生提出意见,把某项制度贴上"一时之制"或"权时之制"的标签,基本上就可以拿来讨论,甚至加以改造,故而很多制度可以因时、因事、因势而变化。

　　除了这些条文性的律令、故事,甚至有些惯例、治国方略也被称为制度。最有名的就是汉宣帝对他儿子,即后来的汉元帝说的:"汉家自有制度,本以霸王道杂之,奈何纯任德教,用周政乎。"就是说汉朝建国以来治国的基本方针就是制度——"霸王道杂之"。说是汉家制度,但到了元帝以后便发生了变化。元帝、成帝都是受儒生熏陶长大的,且儒生也已经把持了朝政,他们不断地推行各种儒家的设想,祭祀方面最为著名,逐步地改造了汉朝原有的制度,王莽时达到了顶峰,日本学者渡边信一郎专门做过整理。[1] 另外像邓小南老师研究的"祖宗之法",某种意义上说,也就是他们的制度,是北宋一朝的治国方略。"祖宗之法"的"法"与制度的内蕴是相通的。

　　制度实行上,很多时候还可以看到不同情况的"违制"。古人的制度不像我们想的那样有法必依,有些情形下是可以逾越的。皇帝可以逾越任何制度,官员也可以"矫制",临时便宜行事。除了一致认为是"圣人之制"的,其余均可以加以调整。在制度和人的关系中,人基本处于一种主导地位。我有一个简单的概括,古人心目中的制度实际上"不过是小康时代王朝行事所设置、所依托的例行性安排",这种看法有点受人类学的影响,这里的"制度"有点像法国社会学家布迪厄讲的"惯习",是大家

---

[1] 见渡边信一郎:《中国古代的王权与天下秩序:从日中比较史的视角出发》第3章第2节"中国的古典国制——以祭天礼仪为中心的礼法的成立",中华书局,2008年,第82—96页。

做事遵守的规矩，有的是文字化的，有的不是文字化的，但并不是不可调整的。存在于不同层面上，可以有常、有变、有权：皇帝的诏令可以调整，臣僚的奏章如经皇帝同意，也可以调整；根据时间、形势，可以有各种各样的议论和损益。

古人心目中制度的内涵层次丰富。《汉语大词典》里面解释"制度"尚有七种释义，但今天的《现代汉语词典》里"制度"已经窄化到仅有两种含义了。今人的理解里，"制度"带有强烈的规范之义，由此导致"制度决定论"颇有市场，此说认为所有问题可以随着制度的改变而解决，这种观点也是在近代开始出现的。

认为制度具有规范意义，也就是认为制度具有一种超越人和事之上的本体的意义。这当然是哲学上的意义，和杜佑等人理解的"事"是有差异的。杜佑把"事"和"人"放在一起，更接近古人心目中的制度。我们今天的理解，和杜佑的理解、古人在使用中所赋予"制度"的多层内涵不同，与将制度纳入"人""事"来思考更有相当的距离。

二 "制度"如何成为"制度史"

古人的"制度"从什么时候开始变成了我们今天的"制度"，甚至还出现了"制度史"呢？具体的时间节点大概在20世纪初。我现在找到的最早说法是1902年梁启超在《新史学》中的论说：

> （杜君卿）《通典》之作，不纪事而纪制度。制度于国民全体之关系，有重于事焉者也。前此所无，而杜创之。

虽然他没用"制度史"一词，但他对制度的理解已经与杜佑全然不同。在梁启超看来,"事"和"制度"是并立的关系,不是杜佑眼中的从属关系;而且制度和全体国民都有关,地位要比"事"更高、更重要。梁启超所理解的"事"的内涵和杜佑的理解相比,已经收窄了很多。《新史学》在 20 世纪影响深远,推动了史学革命,民国时,随着史学作为一门学科成形,并在大学教育中立足,整个史学面貌发生巨大的变化。整个史学的分类——这体现了我们看待过去的方式彻底改变,从正史、编年、纪事本末……史部典籍的分类与王朝史的划分,到形成通史、专史、断代史三分史学的新格局——制度史就从属于专史,专史和断代史都是相对于通史而言的。而在这一时期,"制度"逐渐从王朝史(它本来是王朝史里的一部分)中挣脱出来,开始自立门户,这大概是变化的起点。

当然,这个源头还可以再往前追溯。孔飞力在《中国现代国家的起源》分析现代国家的源头时指出,魏源在《诗古微》中已不满于当时清朝的制度弊病,借助对《诗经》的解释阐发了如何打通君民之间的隔阂,强调由下级全体官员选举上级官员来扩大政治参与度,提出通过投票产生新的中介力量来稳固乡村统治的做法。这些看法,用孔飞力的话讲属于 "constitutional agenda",即"建制性议程",是通向现代国家的制度性设想。《诗古微》成书于道光十年(1830),是在鸦片战争之前写的,当时还没有直接受到西方的冲击,但魏源已经对中国传统的政治架构产生了不满,因此借助《诗经》重新解读传统,希望能够有所突破,找到新的途径。

孔飞力除了关注《诗古微》以外,还讲到了王韬、郑观应,这两位都直接表达了一些借鉴西方议会制度的看法,希望通过制度上的调整来消除清朝存在的君民隔阂之弊。这些思想后来并没有多少实质性的影响,只是今天在追溯西方思想接受史时,会把源头追溯到那里。

真正对士人带来冲击的是甲午海战的失败，这件事对清朝读书人触动非常大。清朝开展了几十年的洋务运动，建了数支舰队，大家都感觉好像近代化已经很成功了，没想到却被小小的日本打败。康有为、梁启超等人由此开始寻求变法改制。康有为当时写了好几本书，比如《孔子改制考》，通过回溯传统，寻找思想资源，进而突破人们思想上的禁锢。这本书很有意思，引经据典，讲的全是先秦与汉代，讲孔子怎么做，诸子如何改制等；他找了很多材料来论证，孔子改制在古文经兴起后被压制、淹没了两千年，他要把这些传统重新发掘出来；还有不少内容在讲西方的观念、词汇，以此鼓励大家进行变革。当时士人对戊戌变法的期待非常高，变法给大家带来了希望与可能——清朝可以借助这个机会慢慢改革旧制，走上一条蜕变的新路，摆脱不断赔款割地的局面。但不幸的是，戊戌变法失败了，紧接着就是八国联军入侵。

在这样的背景下，出现了两个制度研究的重要源头：其一是清末的新政，其二是海外留学生，尤其是在日留学生对制度变革的诸多讨论。

（一）清末新政

庚子赔款以后，清廷自身实际也出现显著的变化。慈禧太后感觉无法再因循守旧，她从1901年起开始实行所谓的"新政"，变革了很多制度，比如建新学堂，在京师大学堂之外开始普遍建立新式学堂，包括中学堂和小学堂，1905年废除了科举、武举；还有新法练兵、建立警察制度、监狱制度，以及法制、宪法改革等。新政一直持续到清朝灭亡，这其中的诸多成果，也成为制度研究的源头。

下面便为大家介绍一些重要的成果。

比如，沈家本的《历代刑法考》。大家知道，沈家本主持了清末的法律改革，他是中国法制近代化过程中非常重要的人物。为配合法制改革，他花费相当长的时间撰写《历代刑法考》。《历代刑法考》听起来是一部考据性著作，但也可算做中国第一部古代刑法通史。沈家本写此书是为了改革当时清朝的法律——搞清楚哪些条文已经无法再行用，该如何改革？梳理法律条文的来龙去脉，为除旧立新做准备。有些遗憾的是，直到今天我们也不知道这本书到底是什么时候写成的。为此我专门查了李贵连编的《沈家本年谱长编》，也请教了中国政法大学的沈厚铎教授，他是沈家本的曾孙，他也不清楚是什么时候编的。沈家本于1913年去世，这本书估计成于1906—1910年之间。《沈家本年谱长编》讲到，1887年，"在刑部任职期间，沈家本致力于法律之学，著作相当丰富"，下面举出《刑法杂考》一卷一册"，说明当时他正在写作之中。我们看到，早期所谓的"制度史"著作，不少都与当时的司法改革和法制改革有关，除了沈家本的《历代刑法考》，另外还有《历代法制史》。

新政还涉及学制、教育方面。1904年清政府颁布了《奏定学堂章程》，有《大学堂章程》《小学堂章程》等，学制也做了重新的调整。此时立刻便有读书人开始研究教育史，1910年出现了所谓的"教育制度史"，都是围绕学制改革而生的。《大学堂章程》很有意思，对所谓的文学科大学的中国史和万国史学制制订了详细的科目，有补助科和随意科。中国史的科目中包括"中国古今历代法制考"；万国史的补助科有"中国古今历代法制史"，还有一随意科（类似于现在的选修课）叫"各国法制史"。法制史恐怕最早是那时出现的，当时除京师大学堂之外，其他大学刚开始建，便规定了这样一些课程。编写"法制史"类的书，可能是为筹办此类大学堂做准备。还有"中国史学研究法略解"这一科目，包括了很多内容，比如官制、学校制度、铨选，这些都属于今天所讲的制度的内容。开设新式大学堂,一方面是为了培养人才,另一方面也是为了清政府的统治能够延续下去,目的实际上是"鉴古知今,有裨实用",这就和留日的那些要求改革的读书人的目的有相当大的差别。双方虽然都关注当时中国的现实,但根本立场是不一样的。

(二)留日学生与士人的讨论

海外对于中国现实的讨论,特别是留日学生群体中的讨论,也成为制度史研究的一个很重要的源头。

前面提到,时局(甲午惨败、变法流产、庚子赔款)的剧变,在读书人的心目中产生了相当大的触动;与此同时,随着近代西学的逐渐引入,传来了君主、民主、君民共主之类的政体观念。"政体"一词古已有之,东汉荀悦撰写的《申鉴》一书中就有一篇名为《政体》,说:"承天惟允,正身惟常,任贤惟固,恤民惟勤,明制惟典,立业惟敦,是谓政体也。"[1]这里的"政体",简言之就是"为政体要",是治理国家的核心方针,现在则变成了政治体制,具体包括了专制、共和、立宪等。当然从西文、日语翻译为中文,译法前前后后经历了很多变化。一番改造之后,"政体"摇身一变,成了一种带有比较性质的、类型学意义上的架构——不同的国家属于不同的体制,不同的体制之间又可以调整变化——变为超越具体的人物和事物之上的抽象构造。当时所谓的"政治"或"制度"下降为构成某个政体架构的零件,或被用来证明"政体是什么",或成为某个政体是进化还是退化的外在标志或根据,或变为可以借鉴的资源或需要改造的对象,等等。引起时人关注的制度有很多,官制之外,宗法制度、家族制

---

[1] 荀悦:《申鉴》,黄省曾注,孙启治校补,中华书局,2012年,第8页。

度、土地制度等都成为分析的对象。家族制是中国的传统,把家族和家族制度合在一起是在20世纪初才开始的,主要是为了打破传统家族对个人的束缚,造就近代西方意义上的"新民";古代的田制,从井田到均田,也是在这时被归入了土地制度、土地所有制等,都在此氛围下变为话题。

留日的中国学生和康有为、梁启超等人之间展开了多年的争论,他们在对清朝的态度上颇有分歧,康梁属于立宪派,学生们更多的是革命派。他们激辩中国的前途——到底该怎么办?是接受清朝的统治,实行君主立宪;还是要推翻它,建立共和国。焦点之一就是政体究竟实行立宪还是共和,即改革还是革命的问题。

论争这些问题时,"制度"就变成了最有力的武器。当时一些报纸,如《新民丛报》《民报》等,上面的很多文章都在讨论这些问题,甚至形成了论战,一方面举出很多西方,以及日本、俄国、印度、土耳其等的事例作为证据;另一方面从中国古代找出大量的材料来论证各式各样的观点。批判专制政体的,就会讲秦政,将秦朝以来的官制设为靶子;讨论民生主义、社会主义时,土地就成为论辩的核心,上古时期的"井田"是各方争辩的话题。大家一定会奇怪,三代"井田"为何会激起时人的热情?它和20世纪中国的变革有什么关系?其实,他们都是在以古论今。为证明未来中国能不能实行民生主义、土地国有,便去讨论中国古代到底是土地公有还是土地私有,于是就搬出老古董——井田与均田。胡汉民、冯自由发表的《民报之六大主义》《民生主义与中国政治革命之前途》等,认为三代的"井田"就是土地公有,我们有公有制的传统,所以现在要恢复传统,搞土地革命,实现民生主义,反对私有制,就有了正当性。梁启超则先后长篇大论,支持土地私有,认为私有制经济发展好,借此来反对社会革命与公有制。属于革命派的刘师培,虽然赞成土地国有,却不认为古代的井田、均田体现了平等，专门写了《悲佃篇》，对贵贱等级与贫富不均严加鞭挞，从三代一直讲到清代，历数土地不均之来由、佃民生活之痛苦，强调农人革命，实现"人人之田，均有定额"，须始于"籍豪富之田"；他批判田主，是为了论证改革的合理性。从今天的学术标准来看，他们的看法自然问题多多，不免曲解史料，大家都是各怀目的、各取所需。

再比如围绕立宪开国会，讨论地方自治，像《周礼》提到的"乡遂之官"、汉代的乡、亭、里之类的地方设置，以及啬夫、三老就常被请出来充当证据。见于明夷《公民自治篇》[1]、攻法子《敬告我乡人》[2]。直到今天还有一些人，特别是一些日本学者认为先秦两汉就是地方自治。

又如，1903年邹容发表的《革命军》一文，批判清朝之官制、科举制、法律等。1906年，孙中山在《民报》的演说提出"五权分立"，其中考选和监察都是从中国史料中寻找的依据。严格来讲这里对很多史料的处理都是断章取义，是为了服务于革命，有当时的现实目的。

还有像家庭制度，20世纪很重要的一个革命领域就是家庭，革命派认为家庭是个人发展的桎梏，要批判历史上的家庭、宗族，建立个人主义、个人的独立与自由。1904年，有署名为"家庭立宪者"的人撰文《家庭革命说》："若我国二千年来，家庭之制度太发达，条理太繁密，父子、兄弟、夫妇之间爱情太笃挚，家法族制，丧礼祀典、明鬼教孝之说太发明，以故使民家之外无事业，家之外无思虑，家之外无交际，家之外无社会，家之外无日月，家之外无天地。而读书、而入学、而登科、而升官发财、而经商、而求田问舍、而健讼私斗赌博窃盗，则皆由家族主义之

---

[1]　此为康有为笔名，文章载《新民丛报》1902年第6期。
[2]　《浙江潮》1903年第2期。

脚跟点而来也。……政治之革命，由国民之不自由而起；家庭之革命，由个人之不自由而发；其事同其目的同。"[1]吴虞甚至发表过《家族制度为专制主义之根据论》[2]，认为专制的基础就在于家庭制度。他们所倡导的家庭革命，在中国历史上是前所未有的。

康有为更是和制度史的出现直接相关的人物。1902—1904年，他在《新民丛报》上连续发表了多篇文章，然后汇在一起编成了一本名为《官制议》的书。全书大约有十五万字，内容丰富，其实是一本比较系统的小型中外官制史，其创作目的是要改造清朝官制，挽救清朝的颓势。书中几乎没有人名，更没有事件，全是各种官职机构以及从西方传入的新词汇（如公民、自治、议员、天理等）。"天理"是当时很重要的核心词，一说是天理，别人就不能反对；把什么东西都说成是天理，这样很多内容可以勾连在一起。

康有为此书中认为，中国当时有很多积弊，清政府之所以会割地赔款，其根源在于官制弊病丛生，需要改造官制。他的这种想法其实还是"制度决定论"，认为一旦改了制度，所有这些问题都能迎刃而解。在《中国今官制大弊宜改》一篇中，他写道：

> 今者累加以赔款，民贫日甚，国病日深，不亟改革，病将难救。而变政之事，下手必从官制始。

为此，他做了很多历史梳理，分析中国从三代以来的官制。有意思的是，他认为宋代的官制是最好的——"宋官制最善"，今天研究中国历史时，也有不少学者认为中国文化造极于宋代，但宋代官制其实最为复杂，很少有学者视之为"最理想"。此书后面

---

[1]《江苏》第7期。
[2]《新青年》第2卷第6号，1917年2月。

一大半篇幅（即《中国今官制大弊宜改》以下的八篇）都是在讲怎么改造清朝官制。康有为谈的虽然大多是历史上官制，但关心的实际上是当时的现实。《官制议》后面八篇的标题，便是他认可的改革方向：

开议院
公民自治
析疆增吏
存旧官
增司集权
供奉省置
改差为官　以官为位
俸禄

这本书讲的古代官制也很有时代特点，跟一百多年前乾隆朝编的《历代职官表》不一样。他是在中西比较的视野下来看待中国古今官制的，比如秘书监，讲"如各国之博物院、图书馆也，但秘书不公之于民。宋有书库官，是真各国之公于民者也，故吾称宋"；又比如讲到欧洲"专务之官，实可谓中国流出哉！……英（国）始创枢密，实由唐中书制"，认为英国的制度是从唐代的中枢制来的；再比如讲到议院，"议院者，为公民议政之地，黄帝之合宫、唐虞之衢室、殷之总章、周之明堂是也"，说从黄帝开始中国就有这套东西了，也就是说议院是我们中国原来本有的，不完全是外来的，所以我们有变革的基础，换句话说就是不需要革命，恢复中国的传统就行了。另外，他还讲到广东的地方性制度，他自己是广东人，对当地的乡绅、乡老、族正都很熟悉。康有为眼睛看的是过去，但其真正的目的在于当时和未来，他是在用历史来论证未来该走什么样的路。历史学不是钻故纸堆，它的根本目的是现在和未来,他们那一代人真是如此。

《官制议》1904年在上海出版,后来又多次重印,在当时影响很大,其实直到今天,这本书仍然值得一读,在思想史、学术史上,它依然是一本很有意义的著作。

除了康有为,还有一个人大家应该也不陌生,就是刘师培。刘师培早年间也曾留学日本,后在北大做过教授,然而他很早就去世了。1905年,他曾编过《中国历史教科书》,可惜只完成了两册,仅写到周代。这套书也是按照近代西方引进的新理念架构重新梳理中国历史。他借助西方的理念批评中国传统的史书,比如批评"中国史书之叙事详于君臣而略于人民,详于事迹而略于典制,详于后代而略于古代"。他的写法异乎传统,书中所关注的主要有五点:

一、历代政体之异同。
二、种族分合之始末。
三、制度改革之大纲。
四、社会进化之阶级。
五、学术进退之大势。

这几个概念其实都是近代引入的新说法——政体、种族、制度改革、社会;有的则与其传统意义有别,比如"学术"一词在某种意义上已经不是以前的学案式学术了。刘师培讲的虽是远古三代的史迹,但整个《中国历史教科书》的框架完全是新的。两册书中的"课目"非常多,各有36课,涉及制度的分别有11课或21课,数量相当可观,包括"古代阶级制度""古代封建上下""古代之礼制上下""古代之官制""古代之田制上下""古代之兵制""古代之刑法""古代之学校"等。刘师培这两册历史教科书在当时很有影响,"制度"在他所列的五部分里占相当重要的地位，如果写完的话，古今的制度就能够前后贯通下来。

　　清朝其实也出现过类似的系统著作，如乾隆年间编的《历代职官表》，还有秦蕙田的《五礼通考》，从三代一直讲到清代。这些书跟20世纪初的著作有很大的不同，20世纪初的著作也讲很多古代的内容，但它们已经不再是孤立地就中国论中国，而是注入了中外比较的视野，其中运用的很多框架、术语、思维方式都来自西方。康有为《官制议》和刘师培《中国历史教科书》中的"制度"，都开始抽离于时代，变成独立的叙述对象。家庭制度、土地制度等也是如此，可以前后联系、相互呼应，成为相互阐发的自足而独立的脉络，获得凌驾具体人和事之上的超越性和稳定性。这样一来，具体的人和事在康有为、刘师培那里已经变得无足轻重。

　　大家知道，1912年清朝覆灭，民国建立。之前各方争论的"向哪里走"的问题，通过共和的实践尘埃落定，变成了现实，立宪派的主张没有了市场。一些争论随着共和政体的确立而消失，还有一些20世纪初产生的问题依旧悬而未决，民国时仍在讨论，比如土地问题。土地问题一直伴随着民主革命，直到共产党完成土改。共产党成立之后，国共之间一直在争论，我们面临的问题到底是什么，现在是什么性质的社会，土地问题该怎么解决，是减租减息还是要搞耕者有其田、土地改革，甚至是土地国有。从20世纪初到20世纪30年代，井田制度一直是个热门问题，像胡汉民、廖仲恺这些国民党人都很关心，胡适也曾参与讨论，后来还汇集成《井田制度有无之研究》一书（上海华通书局，1930年）。这些情况表面看是个学术问题，实际涉及三民主义中民生主义的国策、大政方针。20世纪三四十年代还出过不少研究历史上地方自治的书，也都是为了解决现实中如何自治的问题，其背景是相同的。

　　这一时期，随着新式学校的建立与普遍化，很多读书人在辛亥革命成功之后有了新的选择，可以到各种各样的学术机构安身立命。梁启超最后就到了清华研究院；还有蔡元培、李大钊、陈独秀、刘师培、钱玄同、周氏兄弟以及章太炎等，其中不少是从日本留学回来的知识分子，当年或直接参与过论战。这些人在革命成功后，在大学等学术机构中传道授业，章太炎虽然没有进大学，但他在苏州设立了章氏国学讲习会，受业弟子众多。通过学校教育，这些人把很多论战中的问题再次引入了学术界，他们对制度的看法，经过讲授教学而转向学术化。20世纪20年代之后，慢慢地开花结果，出现了各种各样的"制度史"著作。

梁启超在中国史学革命历程中是一个关键人物。他从1902年开始倡导"新史学"，后来又有一系列的论述。他在《中国历史研究法补编》中讲到通史和专史的区别，提到由专史汇聚成通史，把史学视为一个领域，可以不断地分，先是专史，然后各个专史合在一起就是通史。他具体区分了五类专史：人的专史、事的专史、文物的专史、地方的专史、断代的专史。前面三种是传统史书里的部分，后两种就是过去的方志、断代史。梁启超认为关于文物的专史是专史中最重要的，其中不仅包含了制度，还有社会生活、学术文化等。他认为一定要讲"纵剖的分为多数的专史"，不是断代的，一定是纵剖的，是按照时间先后贯穿的通史性质的制度史。那么政治专史从哪里开始研究呢？梁启超的表达很有意思：一是民族，二是国土，三是时代，四是家族和阶级。也就是说，政治专史的基本依据是近代民族国家概念，所以首先要研究民族，然后是国土、时代，此后才是制度。讲制度变迁时，他使用的也都是新词，比如部落时代、宗法社会、政体、专制、自治、政权、民主、行政等，也有一部分用的是传统的词，可含义却是经过近代改造的，另有很多是从日本引进的新词。梁启超的叙述是一个整体性的新架构，其内容仍是历史的，却已经是带着新眼光的"新瓶装旧酒"了。

梁启超的这种专史分类影响很大，钱穆的《中国历代政治得失》讲的就是政治制度史，但他却称为"政治得失"，与梁启超说的政治专史不无关系。"制度史"的用法倒是钱穆的同时代人，如吕思勉等，在更积极地采用。吕思勉在1929年出过四部专题的制度史，20世纪80年代将它们合并出版，名为《中国制度史》。这本书写成于20世纪20年代，原先是讲义，最初叫《政治经济掌故讲义》，之后名字不断变动，最后定名为"制度史"。名称的变化体现了当时学者对这类研究认识的变化。吕思勉的制度史研究涉及范围甚广，包括了宗法、国体、政体、官制、家族等。

三 余论

顺便讲几句，我一直在做中国古代史研究，平时很少涉足近代史，这次为了写文章重新看了很多东西，主要翻阅了张枬、王忍之编的《辛亥革命前十年间时论选集》以及其他一些书，发现那个时代确实像余英时、罗志田等指出的，是一个天翻地覆的时代。余英时写过一篇文章，《中国近代思想史上的激进与保守》，专门讨论这一现象。戊戌变法失败之前，知识分子是接受清朝统治的，至八国联军侵华、庚子赔款后，情形大变，多数知识分子都无法继续接受清廷统治，一切都需要参考西方重新谋划，一切都变成了待决的问题。这是现实中前所未有的局面。

史学也是如此。原来从不可能讨论的问题逐一浮现出来，成为争论的焦点，如国体、政体、民族等。很多原来想都不曾想过的议题，因对清政府的否定与西方思潮的引进而迸发。我们今天很多研究、很多问题的源头都要追溯到那个时代才行。可惜的是，今天我们在追溯学术史的时候，一般不会上溯到20世纪初，多半只会追踪到大学建立之后发表的论文或专著。

20世纪初知识分子在思考中国前途和命运时，感觉一切都是问题，不免会矫枉过正，比如家庭革命，在某种意义上，今天我们还在那个时代的阴影下。罗志田说当时"由于长期延续的既存意识形态已失范，又面临铺天盖地而来的西方新思潮，中国读书人思考的根本性、开放性与颠覆性都是前后少有的"[1]，罗教授所言针对的是民国史，移来描述清末的十年，也是十分恰当的。我研究古代史，采取顺时而观的角度，不难发现他们关注的问题，跟清中期乾嘉学者的关怀迥然不同，那时流行的是考据学，考据学的前提是接受现存秩序，埋首于具体细节的研究。对于清末十年的不少读书人而言，现有秩序已不能接受，他们思考的是建立什么样的新秩序，一个完整的新世界需要擘画，政治、经济、制度、文化，所有的问题都要讨论。自然，那个时候的思考还很初步，但问题的广泛性和深刻性却远远超越了以往，说这是三千年以来未有的大变局，的确有道理。

罗教授这篇文章眼光十分独到，他说近代史常常处在变的过程中，不知道原来的传统是什么，往往是把"变"当作"常"，如果顺着时间来观察，可以从"常"去观"变"。对此，我也颇有同感。研究古代史时尽管强调变化，可不同朝代间还存在相当的延续性；近代以来，特别是民国建立后直到今天，的确是变革不断、眼花缭乱，但仔细分析，仍然存在很多连续性。时人在思考这些问题时，却认为所有东西都是可以质疑与改变的。实际上，要连根拔起、彻底摆脱传统是不可能的，我们的思想，今日虽然时有更新，但是思考方式与实质内涵恐怕还拖着传统的辫子。如果只站在当时去观察反而看不清，跳脱出来，从古代去打

---

[1] 罗志田：《知常以观变：从基本处反思民国史研究》，载氏著《近代中国史学述论》，北京师范大学出版社，2015年，第228页。

量近代，便会有不一样的观感。

关于制度史的著作，前面举出了一些，但不一定全面。民国时期的著作很多，查晚清民国的期刊数据库与《八十年来史学书目》，还能找到好些论文，比如 1920 年瑟庐写的《娼妓制度史考》[1]，这篇文章主要讲外国，算是较早的以"制度史"为名的文章。还有政治学家张慰慈编的《英国选举制度史》（上海商务印书馆，1922 年）、瞿兑之编撰的《汉代风俗制度史前编》（北平广业书社，1928 年）。30 年代以后，相关的著作当然就更多了，主题亦更趋多元，涉及财政、奴隶、家族、行会、考试、土地、仓储、兵役等。这样慢慢地积少成多，制度史就发展成了一个专门的研究领域，后来更多的人在这样的分类框架下学习与展开研究，无意中接受了存在制度史这样一个独立的领域。

白钢在回顾 20 世纪中国制度史研究时，基本上是从梁启超的《中国专制政治进化史论》开始讲起，包括像章太炎的一些研究、康有为的《官制议》都没有提到。刘后滨兄在他的文章里提到了梁启超的《新史学》[2]。我们常常会忽略 20 世纪初年的讨论，一方面是清末新政，另一方面是留日学生与康梁等的讨论。一般学者在谈制度史的学术史时，能讲到 20 世纪 20 年代就很不错了，有的甚至直接从 1949 年开始讲。这样我们对这个领域为什么会出现，它出现的内在逻辑是什么，它的局限性在哪里就无从把握。只有对其来龙去脉做彻底的追溯，才能帮助我们反思今天如何理解、如何从事历史上制度的研究。

20 世纪初的知识分子不光是钻故纸堆从事研究，很多人还积极参与实践。金陵大学教授万国鼎，写过《中国田制史》，他

---

[1] 《妇女杂志》第 6 卷第 9 号。
[2] 刘后滨：《汉唐政治制度史中政务运行机制研究述评》，《史学月刊》2012 年第 8 期。

是个农学家，同时很热心参加时政，进行过多次土地与农业问题调查，还给蒋介石讲过两次土地制度。他执着于学以致用，希望解决当时中国的土地问题。学以致用是中国传统史学的一个特点，制度史的出现与研究也是如此。他们研究的不是抽象的制度，而是当时的现实问题。

古史研究也深受这些观念的影响，即便成为学科化的、脱离了政治的专门之学，与生俱来的胎记无法洗净，包括最基本的预设、分类方式、各种各样的标签与概念。在观察古代时，近代产生的制度观或制度史观也会将近代形成的预设、标签与概念引入并投射到过去，和近代产生的各种标签化论断相互支撑，让我们难以站在古人的立场上去认知过去。这一点，我受人类学的影响很多，特别是人类学强调的"主位观察"与"客位观察"及两者之间的关系，我们需要首先设身处地从古人的角度去理解，然后才能从今人的角度去分析，对照而观。如此可以以古代为"异乡"，将当下"相对化"，拓展我们的视野，丰富自己的认识。

带有本体论意义的制度是20世纪以后的产物，独立的制度史（当然这是一个很简化的说法），是这种制度观的一个历史投影。如果要研究古代的制度，首先需要返回古代的语境中，回到人和事的关系里去认识制度的实态及其变化。从某种意义上来说，我们至少首先要回到杜佑的立场，要把人和事重新纳入制度的研究中，如此才能更好地认识古代的历史。

延伸阅读

韩昇：《杜佑及其名著〈通典〉新论》，《中国学术》第26辑，2008年；又见

《北宋版通典·代前言》，上海人民出版社，2008年

邓小南：《走向"活"的制度史：以宋代官僚政治制度史研究为例的点滴思考》，2003年初刊，后收入氏著《朗润学史丛稿》，中华书局，2010年

阎步克：《波峰与波谷——秦汉魏晋南北朝的政治文明》，北京大学出版社，2017年

周雪光：《制度是如何思维的》，载《读书》，2001年第4期

苏力：《制度是如何形成的（增订本）》，北京大学出版社，2007年

比较历史分析源流辨析

应星

清华大学社会科学学院教授

* 本文原为2019年5月10日应星老师在北京大学所做的"北大文研讲座"(第126期)。

序论

我们写文章的时候都会做文献综述，但如今的文献综述常常做得非常"八股"、碎片化，往往会运用各种中层理论，但对基本的问题域却缺乏反思。我希望今天的讲座可以拓展一下大家对基本问题的反思，最后再简略地报告一下我自己的研究思路。

"比较历史分析"的出现与20世纪60年代以来包括经济学、社会学、政治学在内的社会科学的发展趋势密切相关。比较研究、制度分析和历史研究不断地进行交叉互动，经济学领域流行"比较制度分析"（comparative institutional analysis），社会学和政治学领域流行"比较历史分析"（comparative historical analysis），之后又进一步延伸为"历史制度主义"（historical institutionalism）。从20世纪60年代到70年代，比较历史分析方法兴盛一时。从巴林顿·摩尔（Barrington Moore）开始，到查尔斯·蒂利（Charles Tilly），再到西达·斯考切波（Theda Skocpol），这一领域涌现了许多名家名作。但是，比较历史分析进入80年代后产生了一些变化。不久前刚去世的美国政治学家维巴（Sidney Verba）曾经说过，比较政治的黄金年代是20世纪60—70年代，80年代之后整个比较政治领域（包括比较历史分析）都变得各自为政，四分五裂，缺乏明确目标、共识和有影响力的代表作。

蒂利有一本非常有名的书——《大结构、大过程和大比较》（*Big Structures, Large Processes, Huge Comparisons*），这个书名较好地概括了比较历史分析的三个重要特点。然而，比较历史分析所谓的"大结构"论题，从摩尔开始到蒂利、斯考切波，再到今天的第三代，已经在慢慢收缩，论题越来越"中层化"。与主流的政治学和社会学相比，比较历史分析曾引以为傲的是它对历史和时间性的敏感。但是今天，历史学界、社会科学界都对比较历史分析所谓"大过程"的历史观和时间观提出了越来越多的质疑。此外，大数据的兴起，从某种意义上来说，对曾经以"大比较"著称的比较历史分析也构成了基本的挑战。可以说，比起在20世纪60、70年代曾经达到的高峰，如今的比较历史分析已显出了后劲不足甚至衰退的迹象。但是，学界无论是对20世纪60年代的辉煌时刻，还是对如今的衰退时刻，都很少去反思比较历史分析的基本预设。我们一谈比较政治和比较历史分析，往往就是从政治学的行为主义革命切入，而很少去追问比较历史分析更重要的根源在哪里。1993年，以华勒斯坦（I. Wallerstein）为代表的社会科学家已经意识到了学科细化、学科分割带来的严重问题，因此提出了"开放社会科学"（open the social sciences）的概念，希望用交叉学科的方法来克服社会科学面临的危机。但是，《开放社会科学》发表迄今已二十多年，社会科学面临的危机非但没有消除，从某种意义上说反而越来越深重。这说明华勒斯坦他们当年的反思方向还是存在问题的，他们把社会科学的危机归结为各学科间的张力，但我觉得这样的结论并不准确。实际上，社会科学所面临的危机更多来自经典理论和中层理论之间的巨大张力。几乎所有的社会科学，从思想谱系来说，都是对现代性反思的结果。但是，今天各个学科很少对自己从不同角度触及的现代性的基本问题及其社会思想条件进行反思。这些基本问题似乎已经沉淀下来，构成了各个学科的底色，而我们以往的追问常常未能触及这些底色。所以，我们今天要对比较历史分析进行辨析，就是要勾勒出它的基本预设和底色，然后再细查它的流变过程。

一　比较历史分析的经典传统

"比较历史分析"这个概念迟至20世纪60年代才被正式提

出，但这种分析的传统却应该追溯到经典社会理论诞生的18世纪至20世纪初。这是比较历史分析最重要的本源。我把这种本源又大略分为四个传统。

（一）孟德斯鸠—托克维尔传统

从比较历史分析的角度来看，孟德斯鸠和托克维尔有着极其紧密的关联，他们的思想奠定了现代政治科学最重要的基础。与霍布斯、洛克等自然法思想家所不同的是，孟德斯鸠和托克维尔强调的是历史、习俗与民情（mores）的重要性，强调从现实经验进入历史和政治分析，强调民情与政治的双向影响。孟德斯鸠最早建立了考察"现代政体"的基本类型学（与亚里士多德的政治类型学有着根本不同的划分标准）。不过，孟德斯鸠的类型学并不强行处置复杂的现实，比如他所真正看重的英国政制恰恰不在他所划分的三类政体中。

孟德斯鸠和托克维尔的主要差别在于：在孟德斯鸠那里，他的理想政体参照的是英国，而托克维尔则以美国为参照；孟德斯鸠关注的是试图通过民情和贸易搭起理解现代政治的基础，而托克维尔关注的核心问题是平等和自由之间的张力。不过，他们都以历史和民情为基础来构筑对政治的基本理解，这实际上奠定了比较历史分析的基础。

（二）马克思传统

马克思主要是从生产方式切入对社会政治问题的分析。生产方式的视野实际上跨越了后世以民族国家为单位的分析视野，因而是一个更为广阔的视野。但是，即使对于通常以国家或文明为单位的比较历史分析而言，马克思也有重要的贡献。一方面，马克思把他所分析的资本主义社会称为"人体解剖",而把他晚年花费了很大精力做的关于前现代社会的人类学、历史学研究称为"猴体解剖"。他在研究东方社会时,提出了一种独特的前资本主义生产方式——亚细亚生产方式。他也强调了在俄国村社制度基础上跨越资本主义卡夫丁峡谷(Caudine Valley)的可能性。马克思强调不同社会从前现代形态走向现代形态,从"猴体"变为"人体",是因不同的历史条件而异的。这是他对后来的比较历史分析深有启发的地方。另一方面,马克思对法国的分析值得特别重视。在他看来,德国与理论有更强的亲和性,英国与经济有更强的亲和性,而法国与政治有更强的亲和性。他对法国政治的研究有著名的"三部曲"——《1848年至1850年的法兰西阶级斗争》、《路易·波拿巴的雾月十八日》以及《法兰西内战》。他对法国政治的分析,既与英德政治构成了或明或暗的对照,同时又为我们展示了阶级政治与国家自主性两条线索之间的张力。

(三)韦伯传统

韦伯以宗教为主线的世界诸文明比较,可以说是经典理论时期留下来的最重要的比较历史分析传统。他围绕普遍历史问题,抓住"在西方,并且仅仅在西方出现的文化现象具有普遍意义"的悖论,从资本主义的兴起问题拓展到理性主义的兴起问题。对于韦伯的基本关怀,我们可以将其概括为生活秩序的理性化和价值理性化之间的巨大张力。他通过世界诸宗教文明间的比较展开了对这个问题的讨论。无论是他在文明比较中提出的核心问题,还是以"理想类型"构筑起来的基本方法,或者是在分析中所展现出的广阔视野,都确立了比较历史分析真正的典范。他去世前亲手审定的《宗教社会学文集》第一卷,就是他给我们留下的比较历史分析的典范之作。

(四)涂尔干传统

涂尔干在穆勒提出的因果关系探求五法的基础上,为我们确立了现代社会科学中比较方法的准则。涂尔干认为,比较社会学不是社会学的一个分支,而是社会学本身。但是,应该注意到,涂尔干对比较方法的运用始终贯彻于他对实质问题的关怀中,他并不是为方法而方法。他既以人性二重性为基础,分析了机械团结到有机团结在现代社会的变迁;又以法团和职业伦理为纽带,分析了不同职业群体之间的伦理要求。涂尔干所处理的实质问题及其研究方法对后来的比较历史分析具有持续的影响。

以上,我极其简略地勾勒了经典理论时期为比较历史分析留下的四大基本传统。这四大传统的共同之处在于:首先,它们都以"社会实在"而不是以"观念"为基础进行分析。其次,它们对现实的关怀与对历史的探求贯通一体。第三,它们都强调自然、民情和政治之间的关联,因此它们对现代社会的研究、对人性的理解是与对地方性、文明性的差异的分析紧密联系在一起的。这是这些理论传统的基本共识。当然,它们之间也存在着巨大的思想张力,我将其简要概括为以下三种:

(1)自由与秩序的张力

英国思想家奥克肖特(M. Oakeshott)曾说过:"政治哲学家的特点就在于他们对人的处境抱有一种阴郁(somber)的观感,他们考虑的是人在黑暗中的处境。因此,在这些伟大政治哲学家的著作中,人的生活不是一次盛宴或旅行,而是一种困境。"这段话道出了以孟德斯鸠—托克维尔为代表的理论传统对人之自由的核心关怀。但是,在涂尔干那里,他最关心的还是社会秩序的构造问题。因此,围绕自由和秩序的张力,是经典时期比较历史分析的第一个张力。

(2) 利益与理念的张力

韦伯有一段名言:"经常直接支配人类行为的是物质上与精神上的利益,而不是理念。但是由'理念'所创造出来的'世界图像',常如铁道上的扳道工(switchmen),决定了轨道的方向,在这轨道上,利益的动力推动着人类的行为。"这段话点出了韦伯和马克思之间关系的要害。韦伯强调历史发展的轨道经常是由"理念"所创造的"世界图像"这个扳道工决定的,但是这并不是对马克思的直接否定,而是与马克思的进一步对话。马克思将"物质上的利益"作为理解历史的根本动力,而韦伯则试图去处理物质利益、精神利益与理念(及其世界图像)之间更复杂的关系。

(3) 实证与理解的张力

强调以接近自然科学的方式去理解人类社会的实证社会科学,与强调人的意义、社会行动的主观动机的理解社会科学,无论是在对社会实在的理解上,还是在相应的研究方法上,都构成了鲜明的对立。这尤其体现在涂尔干传统和韦伯传统之间的张力上。

经典理论时期的这三对主要张力,为我们构筑了展开比较历史分析极为广阔的空间,激发了深远的社会学想象力。比较历史分析的本源就处在这些张力场中。尤其是孟德斯鸠—托克维尔传统与韦伯传统更是比较历史分析进行深植密耕的必经出发点。但是,以韦伯的去世(1920年)为标志,社会科学的重心从欧洲开始转向美国。美国社会科学的兴起导致了比较历史分析的方向性变化。借用韦伯那个"扳道工"的说法,从20世纪20年代起,比较历史分析就开始偏离了经典时期的方向,转向了新的道路。在此,我们需要追问,20世纪20年代开始兴起的美国社会科学,其基本特点是什么?它对后来的比较历史分析究竟产生了什么影响?

二 美国社会科学的基本特点

为了便于理解美国社会科学在 20 世纪 20 年代以后的兴起，我在这里借用著名政治哲学家列奥·斯特劳斯（Leo Strauss）的一段话："政治哲学是理解政治事务本身的尝试，政治科学指明对政治事务的这类探究要受自然科学模式的引导。政治科学只需要一种哲学：方法论或逻辑。"这段话暗含了斯特劳斯对美国社会科学过于重视方法的批评。他提到的政治哲学和政治科学的这种对立，在我刚才讲到的比较历史分析的四种经典传统中是很难看到的。尽管斯特劳斯激烈地批评过韦伯，但他依然承认韦伯是"我们这个世纪最伟大的社会科学家"。不过，在后韦伯时代，美国的社会科学确实越来越远离传统的政治哲学，更多受到自然科学的影响。这个变化与美国社会的自身特点有关。简略地说，影响美国社会科学的主要因素如下。

首先是所谓的"美国例外论"。托克维尔对美国独特的地理、自然及历史条件有深刻的剖析。托克维尔不仅将孟德斯鸠论述过的土壤、气候和民情应用在对美国社会的分析中，而且犀利指出了欧洲民主化和美国民主化的根本不同：前者是从旧制度"变成"民主的，而后者"生来"就是民主的。因此，在他看来，美国具有一种"非历史"的特点，即试图让世界历史服从于科学、自然，这可以称为世界历史的"自然化"。这也因此塑造了美国社会科学去历史化的基本倾向。

其次是美国本土发展起来的独特思想——实用主义哲学。实用主义哲学弱化本体论而强化方法论、认识论，不喜思辨而注重经验，这对美国社会科学的实用倾向有直接的影响。

最后是美国资本主义发展模式的成功，使"经营"的概念从经济层面扩展到了科学和教育层面。随着 20 世纪美国大学的快速扩张，随着财团力量及政府智库对美国大学的深入影响，从自然科学到社会科学，都出现了规模化、集团化、专业化的"经营"特点。韦伯1917年在《科学作为天职》的演讲中就已经做了精确的预见：大学（以及包括社会科学在内的整个科学）的美国化"经营"注定要变成一股势不可挡的力量。

以上所列举的这几个主要因素深刻影响了美国社会科学在20世纪崛起后的基本特征，即强调通过恰当的方法，对不稳定的因素进行控制性的研究。我可以举两位美国学者的说法来加以佐证。一个说法来自梅里厄姆（C. Merriam），他提出，"科学是以方法定义的，目的在于控制，而科学需要通过组织起来的职业化结构来推进研究，这样才能使自身得到维系"。另一个说法来自布莱恩特（C. Bryant），他认为："工具实证主义意味着：推崇统计技术，对社会进行个体化理解，归纳式的研究策略，社会科学应该价值中立的信念，以及团队研究的增加。"这两个说法的核心内涵都直指"控制"，这正是美国社会科学在20世纪20年代兴起之后的核心特征。它对比较历史分析也产生了三方面的重要影响。

三 20世纪60年代中期以来的比较历史分析

（一）中层理论的兴起与经典重要性的丧失

自韦伯去世后，经典社会理论在美国发生了两次变型。第一次变型是从经典理论向以结构功能主义为代表的宏大理论的变型。宏大理论在社会学的主要代表是帕森斯（T. Parsons），在政治学的主要代表是阿尔蒙德（G. Almond）。帕森斯对经典社会理论导入美国是有重要贡献的，但他对经典理论做了独特的改造，用"现代化"概念来勾连涂尔干、韦伯及帕雷托，确立了"分析实在论"的方法特色，并尝试用AGIL模型来分析具有普世性的现代社会体系。米尔斯（G. Mills）称其为"宏大理论"。宏大理论与经典理论相比，具有"去历史化""去意识形态化"的特点，是学科分化的产物（比如，孟德斯鸠和托克维尔的思想就被从社会学中拿掉）。阿尔蒙德的理论受到帕森斯的很大影响，将功能主义思想拓展到了学科分化后的政治学领域。宏大理论发端于20世纪20—30年代，一直延续到50—60年代，在美国社会科学界产生了巨大的影响，功能主义理论在50年代后期开始遭到了一些批评。其中最著名的批评者就是提出了"社会学想象力"概念的米尔斯。但是，米尔斯所倡导的将理论与历史相结合的路径并没有成为主流，接续宏大理论成为主流的是默顿（R. Merton）提出的"中层理论"。这就是经典社会理论的第二次变型：从宏大理论向中层理论的变型。

虽然在一般意义上，默顿的理论也被归属于功能主义范式，但他对帕森斯的理论也非常不满。他认为帕森斯太过自傲，社会科学的成熟度尚无法与自然科学相比，应该谦逊一些。社会科学还远远没有进入"牛顿时代"，更遑论"爱因斯坦时代"，而是应该从"开普勒定律"开始，降低学科期望，致力于所谓"中层理论"的建构。也就是说，对于从事社会科学研究的人来说，最重要的是在宏大理论与工作假设之间搭建中层理论，侧重机制分析，去研究可以被观察或推理的因果关系。至于说经典理论，默顿的态度是："对于经典理论过去所取得的伟大成就的纪念方式就是将它们真实地保留在其学科的历史中。"

默顿的中层理论提出之后，不光是对美国的社会学，而且对包括政治学、经济学等在内的整个社会科学，都产生了巨大影响。那么，中层理论是不是完全抛弃了经典理论呢？倒也不是，但中层理论是用功能主义的方式去处理经典理论的。比较有代表性的是新功能主义代表人物亚历山大（J. C. Alexander）的一个讲法。他有篇文章的题目就叫《经典文本的中心地位》，这篇文章了强调经典的重要性，呼吁要重回经典文本。但是，他认为重提经典有三种功用："首先是经典文本简化并因此使理论讨论变得容易了。借助经典文本的术语来言谈，我们就能够相对确信我们向其讲话的对象至少知道我们说的是什么。……第二个功能性优势是，经典文本允许对一般化约定进行争议而不需要为其裁决制定明确的标准。……最后，出于纯粹的策略性和工具性理由而参考经典文本就变得重要了。正是在每一个雄心勃勃的社会科学家和每一个兴起的学派直接的切身利益中，他们需要面对古典思想的创始人以获得其合法性，即使他们并不真正关心经典文本的问题。"我们这里可以清晰地看到美国的实用主义是如何改造经典理论的功用的。

因此我们可以见到，当今美国的社会科学论著虽然也大量引用经典理论，但这种引用大多是对经典理论"功能性"的肢解。他们强调的是在中层理论意义上的逐步推进，而不是对马克思、托克维尔、韦伯等经典作家的理论文本的系统深入的理解。比如，帕森斯的高足斯梅尔塞（N. Smelser）的《社会科学的比较方法》（*Comparative Methods in the Social Sciences*）就是一本典型的运用中层理论来建构比较社会学的书，他在书中从比较方法的角度重新阐释了托克维尔、韦伯、涂尔干等人，这种阐释完全过滤了经典作家对历史实质问题的关怀。他自己表明该书所理解的"科学事业就是为控制变化而奋斗"。换句话说，如果找不到一个控制所有变量的方法，所谓的"社会科学研究"都近乎瞎扯。

巴林顿·摩尔与帕森斯在哈佛大学做过很长时间的同事。两人的理论口味看似迥异，摩尔对功能主义非常不以为然。然而，我们惊讶地发现，摩尔所复活的比较历史分析与功能主义却还是有许多暗通之处。摩尔虽然后来被认为是比较历史分析中深受马克思影响的，但如果仔细阅读《专制与民主的社会起源》（*Social Origins of Dictatorship and Democracy*）这本书之后就会发现，他对马克思的理解是相当粗糙的，是高度碎片化的。他的学生，无论是蒂利,还是斯考切波,对马克思或韦伯的理解也同样是中层化的切割。这是美国社会科学背景下对比较历史分析形成的第一个重要影响,即经典的重要性丧失,以控制变量为核心的中层理论成为主流的理论范式。

(二)历史复杂性的化约

作为比较历史分析在美国的奠基者,摩尔做出了巨大贡献。功能主义的基本理论倾向是去历史化的,关注的都是现实问题。20世纪20年代至50年代末,历史在美国社会科学中基本上处于"缺位"状态。而摩尔的一个重要贡献即是在《专制与民主的社会起源》这部代表作里把历史重新带了回来。他的另一个贡献在于试图突破功能主义范式的限制,摆脱帕森斯对现代化思想所赋予的目的论和一元论色彩,努力展示历史的多元性。

但是,如果我们进行深入的讨论,就会发现摩尔的很多问题:

第一,摩尔虽然与帕森斯非常不对付,但他们却共享了一个基本概念——他们都把"现代化"(modernization)作为核心的问题关怀。他们都以工业化的进程、市场化的程度、民主化的差别等作为衡量"现代化"的指标,而"现代化"本身的价值是不容置疑的,是分析的起点。由此一来,由孟德斯鸠、托克维尔及韦伯等经典思想家对"现代性"(modernity)问题多面性的讨论就被遮蔽了。比如,我们在摩尔的书中就完全见不到韦伯那种对"专家没有灵魂,纵欲者没有心肝"的"铁笼"处境的忧虑。

第二,从摩尔开始一直到今天的比较历史分析,绝大部分研究都把民族国家作为分析单位,因此在类型学的意义上,比较历史分析也是一种高度简化的研究方法。摩尔甚至没有讨论民族国家的由来,而是直接从现代化的七个国家形态(英国、法国、美国、德国、中国、日本和印度)之间的异同入手。只有他的学生蒂利对欧洲民族国家的兴起过程做了具体的分析。但在蒂利的分析中，缺乏欧洲思想家那里强调的自然与文明，或文明与文化之间的张力。

第三，不论是摩尔，还是蒂利或斯考切波，他们强调的都是社会阶层、农业商品化、社会革命这些结构性的层面，而现代发展道路中伦理的动因和文化的因素，都被他们当作意志论的因素给排斥掉了。在这方面，蒂利和斯考切波比他们的老师还要绝对得多。当然，也有另外一些专门强调文化因素的比较历史分析。因此，今天的比较历史分析有所谓结构主义、理性主义和文化主义的三大流派之分。但是如果我们回过头来重读经典，会发现这种划分是非常机械的。在经典思想家那里，所谓的文化主义和结构主义两个层面的因素常常是以复杂的形态纠缠在一起的。

第四，是对时间性（temporality）的理解。这里，我借用美国学者休厄尔（W. Sewell）的讲法。他区分了比较历史分析三种理解时间性的范式：目的论时间性、实验性时间性和事件性时间性。功能主义对时间性的理解基本是目的论的，斯梅尔塞就是一个典型代表。而摩尔和斯考切波所开创的是一种实验性的时间性——虽然不同于功能主义，但仍然试图运用接近实验的、归纳的方法去探求因果规律。在当初，他们可以很骄傲地对社会学者、政治学者说：你们不懂历史，你们的研究没有时间感。但是，当我们今天回头来看20世纪60年代以来的比较历史分析，却发现对时间性和事件感的把握恰恰是他们的弱点所在，而不是什么优点。蒂利在1964年出版了他的博士论文《论旺代》。这本书与他后来写的几十本书的风格都非常不同。《论旺代》分析了法国大革命时期的旺代叛乱，虽然在分析技术上并不成熟，却努力把结构性的思维和事件性的思维结合起来，把历史学家对第一手材料的敏感和社会学家对理论的执着结合起来，因而同时赢得了社会科学界和史学界的赞许。但随后蒂利的研究就转向了结构性的思维。比如同样是分析法国叛乱，我们会发现他1986年写的《叛乱的世纪》离所谓的"事件性时间性"越来越远。

摩尔的思想中有许多含混之处，比较历史分析更重要的代表实际上是他的学生斯考切波，尤其是她1979年以博士论文为基础出版的《国家与社会革命》。这本书是一部教科书级别的中层理论化的比较历史分析，她所有的论述基本上都可以用书中的三个表格来总结。她还写过一篇关于《专制与民主的社会起源》的长篇书评，试图用表格的形式概括摩尔的思想。这种做法虽然使摩尔一些比较含混的问题得以澄清，但是也带来了更多问题。用斯考切波自己的话来概括，比较历史分析有三种路数。一种是用单一理论模型解释历史，另一种是在概念引导下进行有意义的、复杂性的历史解读，比如E. P. 汤普森的《英国工人阶级的形成》。而她则是要在功能主义和文化解读之外找到另一条路，即在偶然性中发现规律，解释特定的历史过程。但是她的分析面对着一种尴尬：既想基于比较的科学性而寻求案例的相似性（如她书中所说的，中、法、俄发生社会革命的相似性，或英、德、日未发生社会革命的相似性），却又无法保持自然科学研究中强调的案例的独立性，比如，中国革命就受到俄国革命的巨大影响。为了达到求异法或求同法的比较逻辑要求，她就常常粗暴地把历史材料硬往理论框架中装。

最后，是对一手史料的轻忽态度。摩尔是古典学出身的，有着很深的语言修养。在比较研究中涉及他不懂其语言的国家（如中国）时，他心里还是不安的——不懂一个国家的语言，对该国历史的研究会不会有问题？其实，比语言更重要的问题在于：是完全靠二手的研究，还是要去接触大量的一手材料？但到了斯考切波这里，她完全没有这种心理负担。她明确地说："我只会英语和法语，其他的都不重要，历史（研究）用二手材料就可以。"为了研究俄国，马克思和韦伯分别是在五十岁和四十岁以后才开始学俄语的。韦伯虽然研究中国时没能掌握中文,但他的研究依靠的是大批已译成英、法、德、俄文的中国典籍材料,而非西方汉学专家做的二手研究。而斯考切波的书中关于中国史的部分漏洞百出,完全不能被裴宜理这样的国别史专家所接受。年鉴学派代表布罗代尔早就说过:历史学与社会科学的分工是灾难性的。既然不对这种被人为强化的分工保持反思性并努力加以超越,那么,比较历史分析慢慢变成专业小圈子自赏的东西,也就不足为怪了。

(三)方法重要性的凸现

在美国社会科学的影响下,比较历史分析经典的重要性丧失了,历史复杂性也被化约了。那么,还剩下什么呢?"方法主义"的崛起。今天谈比较历史分析,2003 年出版的《社会科学中的比较历史分析》(*Comparative Historical Analysis in the Social Science*)和 2015 年出版的《比较历史分析中的进展》(*Advances in Comparative Historical Analysis*)这两本书似乎是必读的。我们从中可以看到从比较历史分析的第二代到第三代的变化趋势:越来越将重心放在比较方法问题的精进上。比如,在分析工具上定量方法与质性方法的纠缠,在分析层次上民族国家或所谓"次国家"的辨异,在案例数量上跨案例比较或案例内比较的纠结,在关键节点上机制分析的讨论等。

这些关于方法的讨论当然是有学术价值的。但我想强调的是,一旦我们远离了对经典理论的精深解读,抛弃了托克维尔和韦伯所提出的基本问题,而将全部的精力都聚焦在研究方法的"推进"(advances)上,那么,我们实际上不是在进步,而是在退步。不幸的是,比较历史分析从关注宏观问题到中层问题,从在复杂性问题上表现出的某种犹豫到追究更为简明清晰的表达,从跨学科视野到谨守学科边际,从重时间到重比较,终于把前行的路越走越窄。当前一边受到大数据兴起的强烈冲击,一边面临着后现代主义和文化研究的包围,比较历史分析如果依然执着于方法的精雕细琢,那势必难以避免被边缘化的尴尬境地。

我们回过来再重温一下韦伯对研究方法的态度。一方面,韦伯承认方法的重要性,他甚至提出:"业余者与专家的唯一不同,就在于他缺乏一套完全确定的工作方法,因此,对于自己的想法,他一般不能完全控制、评估乃至贯彻执行其中的全部意涵。"另一方面,韦伯虽也有不少专门的方法论著述,但他同时又特别警惕"方法论的瘟疫"。他反复强调:"方法论始终只能是对在实践中得到检验的手段的反思,要明确地意识到这种方法论几乎不是富有成效的工作的前提条件。只有通过阐明和解决实在的问题,科学才有基础,它的方法才能继续发展。"也就是说,韦伯从来都是把对实质问题的关注放到对方法的关注前面。如果说今天的比较历史分析已经显露出了某种衰相,那么我们就需要找到重新出发的起点。

四 比较历史分析的再出发

今天我们若要让比较历史分析重获动力,就需要找到以下几个着力点:

首先,要重返经典理论。经典理论并不仅仅是"先驱",也绝不是写论文时建立论证合法性的工具。我们要潜心进入伟大的经典理论中去,重新激活历史的想象力。如果说,自摩尔以下的比较历史分析仅仅是各种流变的话,那么,其真正的源头就在我前面所提到的那四个伟大的传统中。中国社会和美国社会的一个不同是,我们面临着时代的巨变和社会的重构。经典在面对现代性问题初现时所提出的思考方向,远比各种中层理论更能触发我们的灵感,更能切入要害问题。韦伯所提出的文明比较的基本问题依然是我们要面对的最重要的比较历史问题。

其次,要直面历史复杂性。我并不是说社会学家、政治学家都必须像历史学家那样用一手材料,这并不是最重要的。我想,最关键的是我们对史料要有更大的耐心,对事件和时间要保持更高的敏感,对人性和现代性的复杂要有更深层的理解,要突破以民族国家作为不可置疑的分析单位的传统,把观念史和社会史有机地结合起来,在面向幽深细微的历史的基础上重建社会理论的想象力和洞察力。

再次,要破除"方法主义"的迷信。我们对研究方法的学习和改善是必要的,但要切记方法并非问题求解的捷径,必须把方法的磨炼与理论的训练紧密地结合在一起。正如所谓"史无定法",比较历史分析同样也没有万能的科学之法。有的时候,过于追求清晰简明,可能反而导致对社会和人性理解的粗糙乃至完全走样。

最后,要跨越学科的人为界限。我们仅仅停留在今天分工高度细化的学科体系中,是不可能突破碎片化的困境的。我们需要被真正重要的问题牵引前行,而不是谨守现在的学科边界。与此同时,还需要打破中学和西学的隔阂。我们现在谈比较历史分析,似乎想当然认为这是一个非常"西学"的路径。就我个人近年来试读陈寅恪、田余庆的体会来说,虽然他们本人并不会用比较历史分析这种概念,但他们对中古史诸多精彩的分析都能使比较历史分析有极好的借力。今天的学问形态被不同学科、被中西学的界限所切割,这才使我们无力面对真正重要的问题。

这些年来,我在这方面做了一些初步的探索,当然还非常不成形。我尝试把深入阅读韦伯的启示与对中国现代史与革命史的探索结合起来。韦伯的基本问题是从世界诸宗教所代表的文明及其伦理出发,考察现代资本主义和理性主义兴起的制度结构及精神气质，探究社会秩序理性化与伦理理性化的张力。如果说经典时期的社会政治理论是围绕资本主义兴起的基本问题展开的话，那么20世纪以来围绕社会主义的兴起及其演化，其实可以激发我们新的想象力。这就要求我们在研究中国革命史时，不能完全被政治军事上的胜败问题所牵引，而是应该去分析在整个20世纪革命中形成的一种独特的制度结构（我暂且称之为"新德治"）及其价值担纲者的精神气质。换句话说，我们要追问中国共产党独特的政治支配方式和中国共产党人独特的精神气质到底是如何形成的？这种制度和气质与中国传统文明有着怎样复杂的关联？它们如何塑造了社会主义道路在中国的方向？

要做这样的研究，一方面我们要超越胜败追问，从文明与政治文化角度去重新理解中国革命与政党国家；另一方面我们还需要对不同的革命有一个贯通的理解——现代中国内部所发生的三场革命（从辛亥革命到国民革命再到共产主义革命）和世界范围的三次革命（从欧洲共产主义运动到苏俄革命再到中国革命）。我们在中国现代史中也要体现邓小南老师所提出的"研究'活'的制度史"，将中国共产党的政治制度史与狭义的政治文化史和社会史结合起来。在具体的研究中，福柯所提倡的"谱系学"对我也颇有启发。谱系学要做的是"灰暗的、细致的和耐心的文献工作"，"力求关注那伴随着每个开端的诸多细节和偶然事件，能够认出历史的诸多事件，它的震荡、它的意外、它并不踏实的胜利和难以吞咽的失败"。这段话非常有意味。我们在做历史研究时常常自觉不自觉地从胜败已定的结果来回望历史，即所谓的"倒放电影"。而谱系学强调历史的分析要能辨析出那些"并不踏实的胜利和难以吞咽的失败"。在我的阅读经验中，福柯绝不是什么后现代的、碎片化的、非理性的，他更多启发我的是如何去体察历史的复杂性，将理论的洞察力和经验的感受力紧密地结合在一起。我最近主要在做关于中国共产党民主集中制的早期渊源流变。刚开始我并不是有意识地做比较历史分析，但随着研究的推进，我渐渐发现比较历史分析是一个很切合我的问题关怀的分析工具。我从江西早期中共组织网络中的不同学校及地缘的比较开始，到江西万安暴动中两个革命领袖的气质比较，再到江西两类革命根据地的比较，再到三大苏区主力红军的整编风格的比较，直到我最近做的中央苏区两种军地关系的比较，这样一路做下来，我感受到了比较历史分析一种别样的魅力。但对我来说，这种魅力不是从今天名为"比较历史分析"的各种中层理论那里感受到的，而是从没有使用过这个概念的韦伯、福柯、陈寅恪那里感受到的。如果说今天比较历史分析能重新出发，我想可能最重要的就是把它从中层理论中拯救出来。

最后再谈一下历史学和社会科学如何相互学习、实现真正的交叉的问题。这一问题虽是老生常谈，但真正做起来的时候还是有很多的误区。我的体会是，历史学出身的学者今天在向社会科学学习时，往往最看重的是社会科学的中层理论——模式、概念、方法、机制，但这其实是最表浅的学习。历史学要想学到社会科学的精髓，必须走到社会科学的最深处，走到根上去——这就是我今天所强调的经典理论传统。对经典不是泛泛而读，而是要细读精读。反过来，社会科学如何向历史学学习，也不是简单地从历史学那里直接拿研究结果或整理好的材料来用。他们同样应该走向历史的深处，自己去面对历史的复杂性。我想，只有这样，才能构成深层次的交流。

许多人以为社会科学在研究方法上最大的争论是定性与定量的争论。比如，有人看渠敬东老师批"方法主义"，便以为是在专批定量研究。我今天向主流的比较历史分析开炮，似乎主要目标是在批定性研究。其实，这些都是误读。真正重要的差别并不在定性与定量的差别，或者理论研究与经验研究的差别，或者现实研究与历史研究的差别。最重要的差别是经典传统与中层理论的差别。渠老师经常强调说,经典的力量就在于打通了经验和观念之间的隔膜,因而产生了一种"感动"的力量。而这种感动的力量,在中层理论那里,在以控制变量为宗旨的"方法主义"那里,是无法产生的。斯考切波的书在比较历史分析中最具典型性,她的书最后的结论都装进三个表格中了。这种表格的确简明清晰,但让我们感动的东西在哪里呢?很多时候我们以为中层理论才具有学术进步的可持续性、可操作性。但这种所谓的学术"进步"很多时候只是一种自娱自乐的幻象。拿哲学来说,我们的思想真的就比柏拉图或孔子"进步"了多少吗?现代人常常骄傲地说自己是站在巨人的肩上,他们不知道自己其实只是巨人面前的侏儒而已。中层理论的提出者默顿说,社会科学面对自然科学不得不谦虚一些,这才有中层理论的诞生。而我想说的是,我们现代人面对经典传统也不得不谦虚一点,知敬畏,究本源,返本方可开新。

延伸阅读

多萝西·罗斯:《美国社会科学的起源》,王楠、刘阳、吴莹译,生活·读书·新知三联书店,2018 年

马克斯·韦伯等著,李猛编:《科学作为天职》,生活·读书·新知三联书店,2018 年

巴林顿·摩尔:《专制与民主的社会起源:现代世界形成过程中的地主和农民》,王茁、顾洁译,上海译文出版社,2012 年

Charles Tilly, *Big Structures, Large Processes, Huge Comparisons*, Russell Sage Foundation Publications, 1989

应星:《交界·交叉·交融——浅论史学与社会科学在"新革命史"中的结合》,载《中共党史研究》,2019 年第 11 期

论非正式制度

——中国官僚体制研究的启示

周雪光

斯坦福大学社会学系教授

---

* 本文原为 2018 年 11 月 5 日周雪光老师在北京大学所做的"北大文研讲座"(第 104 期)。作者以此讲座稿为基础,进一步修订为学术论文,已发表。参见周雪光:《论中国官僚体制中的非正式制度》,《清华社会科学》2019 年第 1 期。

关于"中国官僚体制中的非正式制度"这一主题,已经有了可观的研究文献。下面我讲的这些心得体会是建立在这些研究工作之上的,也来自我这些年来的田野观察体会。这些文献和观察给我提供了一个很好的基础来思考这些问题,对已有的想法做进一步的提炼。

非正式制度弥漫于政府过程的各个环节、各个领域、各个角落,大家对这些现象应该非常熟悉,比如像通常讲到的"潜规则""非正式运作"等。不管以追求个人利益为目的,还是为了完成上级布置的任务,这些非正式运作在中国政府体制中非常普遍。在我们的日常生活中,存在很多泛血缘文化的关系,比如同学之间的师兄、师姐、师弟、师妹等,还有同乡、同门、同年等。这些称谓背后也体现了一种非正式制度。

我把中国官僚组织中弥漫的非正式运作称之为"组织的儒家化",即按照社会期待和文化角色塑造的人际关系和行为定式,其与理性组织的规章制度及目标常常会发生矛盾摩擦。我们注意到,在1949年以来历次党内外整风和政治运动中,一个重要的目标指向就是要打击和清除政府组织内部的非正式制度,比如各种政治运动指向的山头主义、本位主义、裙带关系、拉帮结派等。可以说,这些努力试图把所谓的"儒家化组织"逐渐过渡到"理性化组织",按照自上而下的统一部署行事,听从指挥,令行禁止。但是这些努力的效果很不理想,可以说是顽疾难除,去而复来。

为什么会出现这种现象?我想从非正式制度在政府运作中的合法性基础和它的再生产机制等几个方面来讨论,为什么非正式制度在中国国家治理和政治运行中有如此强大的生命力。我们也可以从非正式制度现象中重新认识中国国家治理制度的一系列特点。

简单来说,我们要讲的内容可以概括为:(1)一个命题,即我对非正式制度意义的一个基本观点。(2)两个维度,即我要从两个方面来分析非正式制度。(3) 三个类型，是针对非正式制度概括总结的三个不同类型。在这个基础上，(4) 进一步分析非正式制度的再生产机制。(5) 在结束部分讨论一下非正式制度和中国国家治理之间的关系。

我们先来看一个例子，人口学家顾宝昌、王丰等人在2007年发表了一篇关于20世纪末中国人口政策状况的研究报告。文章描绘了"政策生育率"在全国各地的分布状况。所谓政策生育率是指按照各地政府的政策规定，在不同行政区域中所应有的生育率，在实际情况中，政策生育率的区域性差异程度极大。我们知道，在过去很长一段时间里，计划生育是一项基本国策，各级政府花费了极大的人力物力来推动实施。但我们看到，即使在同一基本国策的前提之下，各地政策规定的差别还是非常之大，甚至在一个省内部，地区间的政策规定也有很大不同。这些差异只是政策明确规定的生育率，我们可以想象，在实际施行过程中，区域间的差异可能会更大。

这就提出了一个问题，中国国家治理的一统体制是如何应对这些地区差异性的？这一问题又引出了另外一个相关问题，那就是国家规模所带来的治理压力。在中国的广阔地域中，不同区域间的经济、文化和风土人情有很大的多样性和不平衡性，因此各地治理的难度也不一样。不仅地方性差异巨大，各地政府的执政能力、拥有资源等也参差不齐。我曾经提出这样一个观点，即在如此大规模的治理压力下，一统的政策制定与地方性有效治理之间产生了深刻的矛盾，这一基本矛盾引出了我们关心的问题：国家治理是用什么方式来应对这一矛盾的。

可以说，任何一个有规模的组织都会面临类似的矛盾：当一个组织大到一定规模的时候，各层级间的委托代理关系，例如官僚体制中的上下级关系，就会变得非常复杂，行政链条漫长，权力配置和信息传递的成本也会成级数增加。我们知道，中国有五级政府，从中央到边陲地区，几千公里，中间有各个层级的地方政府和各种政府机构来传达、执行中央政府的指令。

任何如此大规模的组织都面临着向上集权和向下授权之间的矛盾困境，而这两种选择各有代价，并没有一种理想的组织设计或两全之策，可以同时把这些相互矛盾的问题都解决好。

我们先来考虑集权的代价。从信息成本角度看，当中央政府把权力都收到自己手里时，中央政府的决策过程需要来自各地的信息，存在着收集、加工和解读信息的成本和传递中信息扭曲失真等一系列问题，这个过程中有形和隐形的成本非常大，因为这里包括了因信息扭曲而导致的重大决策失误。

如果要把权力下放到各级政府，就会有另外一种代价，通常在文献中被称为"代理的成本"。也就是说，各级政府作为代理人有他们自己的目标和利益，他们在使用这些权力的时候，会把自己的目标和利益加进去，而这样的做法可能会扭曲原来政策制定的意图和目标，对一统体制产生威胁。所以集权与授权两者是难以两全的，而这些代价随着组织规模的扩大而急剧增加。

在现实中，不同的治理模式试图通过一定的制度安排，来应对和缓和这两者之间的矛盾。我们熟悉的各种治理模式，如集权制、分权制、联邦制等，都是针对这类治理困难的不同解决方案和制度安排。周黎安教授提出，"行政发包制"是中国国家治理的一种制度安排，这也可以看作是针对这一矛盾的一个制度安排。

当然，任何制度设计都面临着可信性承诺的问题。可信性承诺是什么意思呢？当一个制度建立起来时，它的承诺应该是稳定的、可信的、可以预期的。一个制度应该具有这样的性质。可信性承诺也是所有委托—代理合约的前提。只有在可信性承诺的基础上，才会产生稳定的、可预期的权威关系，才能诱发和培育稳定的、可预期的理性行为。我们通常说，一个国家的正式制度（政治的、法律的）就是一种可信性承诺，在这个基础上才能发展出稳定的权力结构、群体互动关系和人们的行为定式。

　　正式制度作为一种可信性承诺也有代价,这个代价的一个重要方面就是牺牲灵活性。就是说,一旦建立了稳定的可信性承诺以后,当环境发生变化,需要改变过去的承诺去适应新的环境时,制度的稳定性和灵活性就会产生很大的张力,从而对正式制度产生很大冲击。例如,行政发包制作为一个稳定的制度安排规定了中央与地方政府在各个领域中的权力、责任和资源配置;但我们看到,中央政府时常会通过各种方式来干预地方政府管辖区域内的事务,不断地调整央地关系。中国国家治理是如何应对这种张力和冲击的,这个问题为我们思考非正式制度在国家治理中的角色位置提供了一个线索。

一　一个命题

　　我在 2014 年的一篇文章中讨论了中国历史上国家治理的"帝国逻辑",以及它是如何应对这一张力的:"正式与非正式的并存和转化关系是中华帝国治理的核心所在。权威体制与有效治理间的深刻矛盾意味着中央与地方关系不得不处在'上收—下放'的不断调整之中……在历史上,这一周期性循环更多地通过正式制度与非正式制度间微妙而隐蔽的转换调节来实现,即在正式制度上中央集权的一统体制稳定不变;但在实际过程中,中央与地方关系更多地通过前者限制或默许后者的非正式制度运行的范围和程度而不断调整、演变。"[1]

　　这就是我要讲的"一个命题",即中国国家治理的核心是正

---

[1] 周雪光:《从"黄宗羲定律"到帝国的逻辑:中国国家治理的历史线索》,载《开放时代》2014 年第 4 期,第 122 页。

式制度和非正式制度之间互为依赖、相辅相成的关系。一方面，我们通常看到正式制度是稳定不变的，不管下面有什么样千变万化的地方性情景，中央的正式制度是稳定不变的，以不变应万变；另一方面，各地各领域中的非正式制度又是千变万化，变动不居的，因地制宜地调整各自的治理方式来应对稳定的正式制度，以万变应不变。所以在不同的时点上，正式制度和非正式制度两者互动相济、不断调整，呈现出此起彼伏、明暗交替的动态过程。

要进一步扩展"非正式制度"这个命题，我们可以依次讨论这些问题：第一，对非正式制度进行分类，加以概念化，从而进一步讨论非正式制度的不同侧面、不同类型以及它在国家治理中扮演的不同角色。第二，在这个基础上，讨论非正式制度的再生产机制，从中窥视中国官僚体制中非正式运作现象长盛不衰的渊源。最后，在此基础上思考非正式制度在国家治理中的作用。

首先，什么是非正式制度？非正式制度十分普遍，存在于社会的各个领域，从政府、公司、学校，到社团、农村的各个角落。在这里，我关心的是一个具体领域中的非正式制度，即中国官僚体制及其运行过程，包括与官僚体制互动的那些领域，比如说政策执行过程中涉及的领域，像扶贫过程中的乡村社会，环保领域中关涉的公司企业领域等。

因此，我在这里使用一个狭义的操作性定义：非正式制度是指政府官员在日常工作中所表现出的价值取向和行为习性。非正式制度表现在特定的行为方式之上的，是可以观察到的。我们正是通过对这些行为的观察和解读来进一步认识它们背后的制度基础的。学者们曾用不同的术语来描述非正式制度的现象，包括非正式行为、非正式运作、潜规则等。我使用"非正式制度"这个表达方式，是要强调这些价值取向和行为习性是建立在特定制度基础之上的，并且被不断地再生产出来，因此有着稳定性、持续性和可预测性。

具体来说，这里所说的非正式制度通常具有下面几个特点：第一，它是非正式的，没有经过官方明文规定和正式采纳，是在正式制度所规定的原则和范围之外发生的，在许多情形下表现为临时性措施或隐蔽行为。第二，虽然这些非正式制度没有得到官方正式认可，但在现实中却是被广为接受的、稳定存在的。第三，这些非正式制度具有地方性色彩，即不同地方或领域中的非正式制度可能有不同的表现形式或做法。一方面，非正式制度有广泛性，因为它是伴随一统的正式制度而来的，是针对正式制度的回应，在有正式制度的地方，我们可以预期会有相应的非正式制度出现。但另一方面，非正式制度又有多样性，因为它是各地因地制宜的产物，因地而异，在不同地方或领域会有不同的表现形式和做法。

比如我们下面谈到的政策执行过程中的"层层加码"，这是目前的研究中经常注意到的一个现象；再比如说政策执行过程中的"变通"行为和"共谋"行为，也是政府研究中时常提及的行为取向。这三个非正式制度和行为表现是广泛存在的，但是在不同场景下的具体表现形式可能有很大差异，具有强烈的地方性色彩。我们下面会进一步讨论这三个类型及其表现形式。

二　两个维度

上面我提出了一个命题，即正式制度和非正式制度的互为依赖、相辅相成是中国国家治理的核心所在。在目前的研究中，已经有大量关于正式制度的记载和阐述，如政治制度、政府组织结构和正式权威。下面我将聚焦于非正式制度，从两个维度来加以讨论：第一个维度是非正式制度和正式制度的关系，第二个维度是非正式制度的合法性基础。这两个维度可以帮助我们捕捉和刻画非正式制度的不同侧面，提炼非正式制度的不同类型和它们背后的机制过程。

我们先讨论一下非正式制度和正式制度之间的关系。正式制度通常指那些通过正式程序制定而来的、普遍实施的、可以公开置于大庭广众之下的法律条例、规章制度等。比如说那些礼仪性的制度，那些规范官员在不同场合下如何行为的规章制度，一般都是众所周知，而且广泛适用的。从这个角度来看，正式制度之"名"，即其形式或象征性意义，是十分重要的。一统体制首先体现在形式上的上下统合、听从指挥、步调一致。当我们讨论正式制度与非正式制度之间的关系时，也要更多地着眼于正式制度的"形式之名"这一角度。

那么，非正式制度和正式制度之间有什么样的关系呢？我们可以从许多角度来考虑两者间的关系，我在此想提出的一个角度，即非正式制度与正式制度同方向，也就是说，两者在形式上或象征意义上是兼容的、吻合一致的，可以相安共处。在同方向上，我们可以考虑几种情况。首先，两者间关系可能是同方向且相互强化的，比如说非正式制度的运作加强了正式制度，或者说正式制度的实施有利于非正式制度，它们之间有着互相强化的关系。当正式制度和非正式制度同方向时，更进一步的可能性是非正式制度会向正式制度转化。比如说，一些非正式制度在持续一段时间以后，大家觉得挺好用的，就通过某种程序把约定俗成的非正式制度采纳为正式制度。另外一种情形是，正式制度与非正式制度虽是相互兼容、同方向的，但两者之间不能相互强化，而是相互替代，就是说如果非正式制度行之有效的话，可以解决好正式制度试图解决的问题，在这种情形下，正式制度就可以搁置不用。在这里，两者间是一种兼容而且相互替代的关系。

当然，这两种制度也可能是不同方向的，相互竞争，互为削弱。例如，正式组织中的山头主义取向就会威胁正式制度；当正式制度强势时，山头主义就会得到抑制。

我们看到，正式制度和非正式制度间可能存在不同的关系。这是我们思考非正式制度的角色地位的一个维度。举两个例子。组织学中一个关注点是组织文化，比如说企业文化。按照我们通常的理解，企业文化是非正式制度，企业成员之间的非正式互动，可能会加强群体的凝聚力，而加强群体凝聚力可以改善工作环境，提高人们的积极性，所以这一非正式制度跟组织目标、正式制度的方向是一致的。一种可能性是，企业经理层认识到这些非正式制度的正面作用，有意识地将它们正式化。许多企业会采取一系列正式步骤来加强企业文化，例如定期组织各种各样的聚会，部门内或部门间互动的正式机会，等等。我们可以说，这是一个非正式制度与正式制度同方向，而且前者向后者转化的例子。

第二个例子反映了两者间的替代关系。美国法学家埃里克森（Ellickson, 1986）在研究美国法律的具体实施情况时，观察到一个有趣的现象。美国加州牧场上经常会发生这样的情形：各家的牛群会越过自己牧场的边界，跑到别人家的草地上去吃草。按照法律规定，牛越界吃草侵犯了他人的产权，受损的一方可以把越界的牛圈起来，然后把牛的主人诉讼到法庭上要求赔偿。但是埃里克森注意到，加州的农户不是这样解决纠纷冲突的。他们通常会把越界的牛圈起来，然后打电话给它的主人，说你家的牛跑到我这里来了，很客气地请牛的主人把牛领回去；而越界牛的主人来了以后也会连连道歉，说下次避免这种情况。问题就这样解决了。埃里克森在这里讲了一个道理：在日常生活中，许多纠纷冲突可以通过人们互动建立起来的非正式制度加以解决，而不总是诉诸于正式制度。在这里，民间形成的非正式制度与正式法律制度间是同方向的，都是以解决民事纠纷为目标，两者间是互相替代的关系。

以上我们讨论了正式制度和非正式制度之间各种可能的关系：在同方向上，两者可能是互相强化的、相互转化的，也可能是互为替代的。当然，两者在形式或象征意义上也可能不是同方向的，是互相抵触的。

在加州牧场的例子中，民间协商解决纠纷的非正式制度不能转化为正式法律制度。这是因为两者间有着不同的合法性基础。这就引出了我们要讨论的第二个维度，即不同非正式制度有着不同的合法性基础。

我们知道，正式制度通常有"法理"的合法性基础，即它们通常是建立在法律程序赋予的权力之上，或者是组织正式权威之上的。但人们在社会中的行为受到很多不同行动逻辑的影响，因此会有不同的合法性基础。中国文化中通常讲"情、理、法"这三个方面，就是指不同的行为举措有不同的合法性基础。一些行为可能基于情感，一些行为可能基于道理，还有一些行为是基于法理的。

有些非正式制度和行为与正式制度有着不同的合法性基础，它们不是建立在法理基础或正式权威之上的，但是与正式制度的行为期待并行不悖、互为补充。比如说，汶川大地震后，各种社会团体和民间组织积极参与各种抗险救灾活动，这些活动并没有得到正式权威的批准或部署，不同于正式制度有其合法性基础，但体现了民间社会共享的人道主义的非正式制度，是民众认同赞许的。所以这类行为是可以公开的，是大家可以接受的。而它不能替代或转换为正式制度。在其他领域也有许多类似的情形。

还有一类非正式制度及其行为，它们与正式制度的合法性基础是一样的，都是建立在组织权威之上的，但它们和正式制度的方向不一致。举例来说，基层政府接收的许多资金大多是带帽下来专款专用的，但基层政府时常急需用钱来解决问题，而手头又没有机动资源可以动用，迫不得已就会挪用专项资金来应对危机。按照章程来说，这是违规的，与正式制度相冲突。但在许多情况下，这类行为也有着合法性基础。尽管如此，它们通常是不可以公开的，更不会转化成正式制度，只能是暗地里实行。这类非正式行为与正式制度有着同样的合法性基础，但在形式上或象征意义上与正式制度不兼容。

如果我们从上面谈到的两个维度来分析非正式制度，在一个维度上，非正式制度和正式制度的关系在形式上或象征意义上可能是同方向的或不同向的；另一维度则是两者的合法性基础是相同的还是不同的。简要小结一下：关于正式制度与非正式制度是否同方向这一点，我想强调正式制度有着两面性：它既是实质性的又是象征性的，兼具名与实两个方面。非正式制度有时在形式上可能与正式制度相悖，但在实际效果上与正式制度是一致的，实际上是维护了正式制度的稳定性和可信性。在讨论非正式制度与正式制度间关系时，正式制度之"名"尤其重要。当我们说非正式制度与正式制度同方向时，主要是指非正式制度与正式制度在形式上或象征意义上的一致性或兼容性。

另外，政府官员的具体行为可能来自不同的合法性基础，并不总是建立在通常理解的法理或正式权威基础上的。我们下面会谈到，非正式制度的一些具体运作是建立在组织正式权威基础之上的，但另外一些行为来自其他合法性渊源，如乡村社会的逻辑。区别这两个维度可以更好地分辨和认识不同的非正式制度类型以及它们的意义所在。而从这两个维度交互作用出发，我们可以提炼出四种不同类型的非正式制度，见下表。

非正式制度的类型

		与正式制度间关系	
		同方向	不同方向
合法性基础	同基础	"层层加码"	"共谋"
	不同基础	"变通"	竞争/冲突

我借用政府研究文献中提出的三个不同概念——层层加码、变通和共谋——来概括和提炼其中的三类非正式制度。从以上两个维度来看,"层层加码"所体现的非正式制度与正式制度是同方向的、同合法性基础的。"变通"的非正式制度与正式制度是同方向的,但它和正式制度有不同的合法性基础。"共谋"行为及其非正式制度与正式制度在形式上是不同方向的,但它是建立在同样组织权威和法理基础之上的。下面我们会进一步讨论这三个类型。

还有另外一类,即表中右下角的"竞争/冲突"的非正式制度,它与正式制度既有着不同方向,同时也建立在不同的合法性基础上。当人们从负面认识非正式制度时,例如人们通常所说的"潜规则"、"反文化"(counter-culture),即是指这类情形。这一类型不在本文的讨论范围内,所以下面不再关注这类情况。

三 三个类型

我们下面讨论非正式制度的三个类型。我的分析策略是以大量经验研究工作为基础,从我们熟悉的政府官员非正式运作的现象中提炼出相对独立、各有内在逻辑的类型。建立不同理想类型的目的是进一步澄清非正式制度背后的不同机制,从而可以更好地认识这些非正式制度的角色意义。

(一)层层加码

第一个类型是大家熟悉的"层层加码"现象以及背后的非正式制度。"层层加码"这个概念是中央编译局荣敬本等学者的研究团队在1998年出版的《从压力型体制向民主合作制的转变:

县乡两级政治体制改革》一书中首先提出的。这个概念很直观形象，描述了这样一类现象，即各级政府在执行来自上级的政策过程中，不断地逐级提高任务指标、加大压力，以确保完成任务。所以，荣敬本教授等将这类现象概括为"压力型体制"。

关于基层政府行为的研究表明，这类行为在不同领域、不同政策执行过程中普遍存在。我们熟悉的目标责任制、一票否决、分解指标等，起初正是各地为了执行上级政策而制定的土政策，体现了层层加码的压力倾向。

层层加码的逻辑是什么呢？如果把这类现象归纳一下看它们的共性，可以概括说这是地方政府根据自己对当地情况的判断，因地制宜地落实和完成上级任务及目标的举措。以2008年奥运会时期的安保措施为例。大家知道河北省环绕北京，安保任务特别重要。由于这个原因，当地政府，从省、市到县、乡镇，都采取了巨大的努力和一系列措施来落实奥运期间的安保。当时我正在河北一个乡镇做田野调查，目睹和体验到了这些做法。省级各政府机构和事业单位抽调大量人员，派到与北京接壤的各个乡镇驻守协防。各县区政府及所属机关和事业单位则要抽调大批人员进驻这些乡镇的各个村庄。这些区域的乡镇政府更是搁置一切工作，全力以赴地从事奥运安保工作。这个过程中层层加码的现象很是明显。类似的现象在计生领域、环保领域都时有发生，在近年来轰轰烈烈进行的精准扶贫政策执行过程中，类似现象仍然持续发生着。

层层加码现象普遍存在，体现了一种稳定的非正式制度。它与制定和落实政策的正式制度是什么关系呢？我们从上面的例子看到，层层加码意在推动和执行正式制度的意图，根据本地情况，在正式制度所规定主线的前后左右加以调整，确保达到目标，完成任务。这好像身负重荷走钢丝绳的杂技演员，他可能在这个过程中左右摇摆不断调整，来抵达钢丝绳的另一端，但始终不会脱离钢丝绳这个主线。

层层加码是走钢丝绳时左右摇摆的一类偏差行为。在我看来，层层加码这个类别的边界还可以再扩大一点，把其他几种情况放进来。其中一种情形是，各级政府通过层层加码的姿态来做出种种象征性努力，发出努力执行的信号，用以应对来自上级的巨大压力。各级政府经常会就某个专项任务来大张旗鼓地动员鼓动，提出各种部署要求，发出大量的文件指令，但实际上却常常收效甚微。这是官僚体制中司空见惯的形式主义。今天我们有一个新的标签，叫做"痕迹主义"。也就是说，干什么事都得留下痕迹，目的是要告诉上级，我们在非常努力地完成任务。我把这类情况称为象征性完成，或者象征性服从。在官场上有这样一种说法，要左手务实，右手务虚。所谓"务虚"，就是通过各种各样的象征性举动来发出"我们非常努力"的信号，以此彰显自己的政绩，得到上级认可。我以为，这种情况也可以放进层层加码这个类别。

另外一类情况是，非正式制度推动执行政策十分有效，即通过非正式制度把政策意图完成得很好，避免了启动繁琐和刚性的正式制度来解决问题。也就是说，非正式制度在一定程度上替代了正式制度的功能。上面谈到的加州牧场农户通过非正式协商解决牛群越界的问题就是这样一个例子。再比如，贺东航和孔繁斌关于林权改革的研究中提出，当中央政府制订了大政方针以后，各级政府通过各种各样的努力，包括各种非正式制度和与当地风俗习惯的结合，把林权改革逐级地、因地制宜地落实了下去。我以为，各地政府因地制宜地用地方性资源完成任务的情况也可以放在层层加码这个类别中。

这样，我把层层加码这个类别的边界加以扩展，不仅包括了我们通常熟悉的层层加码现象，而且也包括了象征性执行以及正式制度和非正式制度之间相互替代或转化来完成任务的这种努力。

我把这几种现象放在层层加码这个类别，是要强调它们之间的共同特点。首先，这几种情形与正式制度是同方向的，都是以上级政策为主线、以完成任务为目标的种种努力。有些努力是实质性的，有些努力是象征性的，有些努力是替代性的，但无论具体做法如何，它们在形式上与正式制度同方向，因此有利于维系正式制度的稳定性、可信性。

其次，这些做法的合法性基础与正式制度也是一致的，是各级政府以正式权威推动而行的，例如层层加码的具体指令部署、林权改革中的具体实施方案等。所以，扩展后层层加码类型的核心是建立在正式制度基础之上、针对具体场景的因地制宜的执行。因为这些属性，这个类型体现的非正式制度是可能转化为正式制度的。

再举两个例子。第一个是北京市地铁安检，这是2008年为了确保奥运会公共安全而采取的一个临时措施。在奥运会收尾期间，就听到官方媒介转达说，北京市政府提出，要把奥运安保里的有效措施变成长效机制。从此之后，这个旨在解决当时特殊情况的临时性措施，就变成了现在我们熟悉的正式制度。另外一个例子是网格化管理制度，它最初来自基层政府，是为了解决维稳问题、为了迅速反馈信息而建立的一些局部性临时措施。在经过了上级政府的认可推广以后，现在就变成了一个普遍实施的正式制度。所以，层层加码这个类别的非正式制度具有一定的属性，可以在一定条件下转变成正式制度。

（二）变通

非正式制度的第二个类型是"变通"。政策执行过程中的变通现象是当时北大的王汉生、刘世定和孙立平三位社会学家在1997年首先提出的。他们用"变通"这一概念来描述乡镇企业在政策环境和政策实际执行过程中的非正式运作。我们来看一个具体的例子。孙立平和郭于华在 2000 年的一篇文章（《"软硬兼施"：正式权力非正式运作的过程分析——华北 B 镇征粮的个案研究》）里描述了乡镇干部到农户家征粮时使用的话语说辞。我们知道，征粮作为一个政府任务，是有正式制度依据的。通常想来，正式制度已经提供了具体规定和相应的合法性基础。乡镇、基层干部去征粮时，可以用正式制度的话语来与农户交涉——农民租用了集体土地，就承担了交公粮的责任。但在实际的征粮和征税过程中，基层干部不是这样说的，他们在与农户互动做工作时会说，"大哥，上面给我派下这个任务，如果不完成的话，我回去就得挨批，可能工作都保不住了，你就帮帮忙，帮兄弟一把"。这样的话语可以更好地说服农户，完成征粮任务。换言之，基层干部通过"变通"的方式，用非正式运作及乡村社会逻辑来说服农户。

这类"变通"现象在基层政府与乡村社会互动时非常普遍。我自己在做田野时也常观察到类似的现象。例如，镇政府推动修路工程时，一个村的支部书记不愿意参与这个工程，两位镇干部到他家里去说服他时，进行了漫长的劝说教育，但村支书还是不愿应承。这时，这两位干部也用了类似的话语："暂且不说作为一名党员的原则，现在我们——你的两个兄弟——来帮你解决这个问题，你好歹也给我们个面子吧。"

我们看到，在上面描述的过程中，基层干部不是使用正式制度的逻辑和话语，而是利用了前面提到的"情、理、法"中的"情"，用乡村社会的人情逻辑来进行说服动员。这种变通反映了背后的非正式制度，在这个基础上才能有效地完成上级的任务指令。变通的情形在基层政府和乡土社会相连接和互动的结合部特别盛行，在计生、维稳、环保的基层落实过程中，这种例子比比皆是。我们可以想想看，这是为什么？

变通作为一类非正式制度背后的逻辑是什么呢？还是要从

上面提到的两个维度来看。第一，它与正式制度的关系。以上的例子说明，变通是为了完成上级任务或正式制度的要求。一旦上级任务部署下来，基层干部就要使出浑身解数来完成任务。在这个意义上来讲，官员在执行政策、完成任务过程中的变通行为与正式制度的要求期待是一致的，至少从努力完成任务的形式上来看是这样的。第二，从合法性基础来看，变通所依据的合法性基础不同于正式制度。我们知道，在国家政策落实到基层时，政府官员需要与不同群体产生互动。这些互动中有各种各样的行动逻辑，国家有国家的逻辑，官僚体制也有自己的内在逻辑，而乡村社会也有自身的运行逻辑。在具体的任务环境中，官员需要与乡村社会打交道，这时仅仅使用国家逻辑或官僚体制逻辑的话语，难以被体制外的社会群体接受。所以，官员和农民打交道时经常会使用乡村社会的人情逻辑来打动和说服对方。上面讲到的征粮故事就是一个这样的例子，按照国家的逻辑或者正式制度的逻辑，农民租用了集体土地，就有责任上缴公粮。可是基层官员说服动员时，不是用这一逻辑，而是用情理的逻辑，只有通过法与情逻辑之间的变通，才能有效完成征粮任务。

变通背后体现的非正式制度与层层加码的非正式制度是不同类型的。层层加码这类行为在正式制度与合法性基础两个维度上都是兼容的，正因为这样，其作为非正式制度是公开化的，而且可以向正式制度转化。变通的非正式制度是可以公开的，因为这是采用各种方式完成任务的努力表现，与正式制度之名是一致的，可以为上级所认可和褒奖，而且可以在一定程度上替代正式制度；但它不能向正式制度转化，因为两者有着不同的合法性基础。

（三）共谋

第三类非正式制度体现在政策执行过程中的"共谋"现象，

集中表现在政府内部的上下级或各部门之间结为同盟,以各种隐蔽手段来应对更上级的任务压力和检查验收。[1]一种情况是虚报政绩的行为。不仅政府部门虚报政绩,而且还经常是上级要求下级单位配合虚报数字,以便达到某个任务指标。另外一种情况是扭曲信息,掩盖问题。比如基层政府违规挪用专项资金以应对危机。在检查验收时,通过事件涉及各方(包括上下级之间)的合谋达成某种协议,掩盖违章行为,等等。共谋现象在政策执行的各个领域都普遍存在,例如计生、环保、维稳、安全检查、专项整治等。这类现象在政府行为研究工作中有许多案例。

那么,我们应该如何认识共谋现象背后的非正式制度呢?我曾提出,共谋是一种"制度化了的非正式行为",一方面,这类行为十分普遍,被广为接受,上下级对此心知肚明,而且积极参与其中;另一方面,它们又是"非正式的",只能隐蔽而为,不能见诸光天化日之下。

我们可以从前面谈的两个维度来进一步分析共谋背后的非正式制度及其内在张力。第一,共谋行为及其背后的非正式制度与正式制度之间的关系是紧张的。这是因为共谋行为正是为了掩盖执行过程中出现的问题,所以这类行为与正式制度公开的期待要求不一致,甚至关系紧张。因此,共谋行为是不能公开的。第二,这些共谋行为多是政府机构内部或之间有组织、有部署的所作所为,因此是建立在组织权威的合法性基础之上的。我们把这种行为称为共谋,是要强调这些情景不是说上级不知道,被欺骗了,而是上下级共谋,上下其手,一起欺骗或者应对更上级的检查。在许多情形下,更上级的领导也心知肚明。共谋的合法性基础建立在政府内部正式关系、政治权威关系的基础之上,是被广

---

[1] 周雪光:《基层政府间的"共谋现象":一个政府行为的制度逻辑》,《社会学研究》2008年第6期。

为接受的一种现象。

从两个维度上来看，共谋现象有一系列特有的属性：一方面，因为共谋与正式制度之"名"相抵触，是违章违法行为，所以必须隐蔽行事，不能公开化；另一方面，它又是广被接受的、政府内部上下其手的非正式制度，有着与正式制度一样的合法性基础。因此，在正式制度内部的各个层级上，在政府机构之间，在官员与社会组织间，这类行为得到暗中默许、容忍，甚至是鼓励的。因此，共谋行为是一种特别的非正式行为：可做不可说，可说不可记（记录在案），当然也不能转化成正式制度。

我们可以看到，从与正式制度的关系和法学基础这两个维度来看，这三类非正式制度各不相同，有着各自的逻辑。这些不同类型的非正式制度反映了国家治理过程的复杂性和内在矛盾。当然，我们上面讨论的三类非正式制度是韦伯意义上的理想类型。在现实生活中，这三类非正式制度可能会同时出现在政策执行过程中。例如，在征粮过程中，可能是层层加码与变通交替使用，在出现问题和应对上级检查时也会发生共谋行为。同样地，我们也可以想象，在林权改革过程中这三类非正式制度多头并用，以便完成自上而下部署的任务。可以说，层层加码、变通和共谋都是伴随官僚体制面临的压力型体制而来的非正式制度，存在于不同层次、不同领域和不同政策执行过程之中。

我上面讨论的这三类非正式制度及其行为表现，是建立在关于基层政府行为的大量研究工作和经验观察之上的。许多现象也是我们在日常工作中司空见惯甚至习以为常的。我把它们加以提炼，通过两个维度加以分类，目的是强调不同的非正式制度能够折射出国家治理和正式制度的不同侧面。这意味着，我们不应该把所有非正式制度都放在一个篮子里，泛泛讨论非正式制度好坏与否、其问题与处方是什么，而是应该把它们分门别类地区分开来。

不同的非正式制度和正式制度有着不同的关系和不同的合法

性基础,它们对国家治理、对正式制度的影响不同;从短期和长远的不同角度来看,它们在治理过程中扮演的角色也不一样,因此需要分门别类的分析,做进一步的研究。

四 非正式制度的再生产机制

为什么非正式制度如此盛行?我的看法是,非正式制度有着不断被再生产出来的稳定机制,难以根除。而且,非正式制度在国家治理中扮演着一个重要的角色,不可须臾或缺。

我们首先从一个大的背景谈起。官僚体制有一系列鲜明的特点,其中的一个结构性特点是,正式的规章制度通常产生于自上而下的过程中。我们到基层政府办公室里去看看,墙报上挂着的各种规章制度,几乎千篇一律。为什么呢?因为这些都是自上而下统一颁发的。即使基层政府有许多新的尝试,比如自己摸索出来的创新做法等,在没有得到上级政府的认可之前,是不能成为正式规定的,只能以非正式制度的形式存在。地方政府积累的很多经验教训,大多储存在非正式制度、个人经验和各个部门的习惯性做法中,与正式制度共生并存。从这个角度来看,非正式制度是正式制度的补充,有助于完成上级下达的任务。这是一类情况。

非正式制度的另一个角色是应对一统体制与有效治理之间的矛盾。中央政府制定大政方针和国家政策,然后通过政府组织的各层次机构动员推行,直至基层政府。但在政策实际执行过程中,不同的区域和领域碰到的问题会千差万别。也就是说,不同区域和领域面临不同的困难、不同的情景,有不同的解决途径。所以,一统体制自上而下而来的任务,很难针对地方多样性的实际状况。这就提出了执行过程中的灵活性问题。

我们开始时谈到,正式制度的一大特点是它的稳定性、可预测性,但它的困难在于缺少灵活性。在一个规模巨大且多样的国土上,如同在一个复杂多元的组织内部一样,因地制宜地执行政策和处理日常工作是必不可少的。这种灵活性恰恰来自非正式制度所扮演的角色。

为了说明非正式制度是如何发挥作用的,我们不妨从费孝通先生提出的"双轨政治"概念谈起。费老指出,在中国传统社会中,国家治理实际上是一个"双轨"结构。一个轨道是皇权的逻辑,即官僚体制内部运行的逻辑。我们都知道,官僚体制内部下达指令,自上而下从决策到执行,由各级官员来贯彻落实。官僚体制内部有其特定的组织逻辑,特别是各层级间的传递、执行、检查、考核等。这是费老所说的皇权的逻辑。

但是皇权逻辑有一个问题。我们常说"皇权不下县",也就是说,官僚体制自上而下的指令到了县府一级就突然停住了。因为再往下走,政府就没有腿了,没有下属官僚机构按照皇权逻辑来落实执行了。再往下走,政府就遭遇了乡土社会中非官方的社会组织,如家族和乡绅。换言之,在县以下的社会是另外一个轨道,这就是乡土社会的逻辑。

费老举了这样一个例子。收税时,县府官员制定出税收指标,差役跑到一个村庄去,通知这个村的保长说你们需要交多少税。保长通常是大家族的代理人,但不是家族的领袖(如族长)。当族长认为税收过重不能接受时,就让保长拒绝官府指派的指标。官府与村庄之间不是官僚体制内部的轨道,保长可以拒绝接受税收指标,官府的做法是把保长关进牢房。这时,族长乡绅开始了他们的活动。他们到官府去,私下活动,与官府谈判,达成一个双方可以接受的税收额度。达成协议以后,保长就被释放了,并接受了双方达成的税收协议。关于这个过程,费孝通先生的文中有很生动的描写,我就不重复了。

当乡村家族接受任务指标之后,在具体分派到村庄或家族里各户的时候,行使的是一套乡土的逻辑,比如说可能会考虑到不同家庭的交付能力、困难程度等;抑或有以强凌弱的做法,这是另一种可能。但不管怎样,这些做法都是在乡村内部解决的,这就是费孝通先生讲的另一条轨道。所谓"双轨",一条是皇权逻辑下的官僚体制轨道,另外一条是乡土社会逻辑上的轨道。政府之轨是政府组织内部的指令传达、信息传递和目标执行,而一到乡村以后,则是乡村之轨在运行,采用另外一套行动逻辑,即通过乡村社会组织力量来完成税收任务。

双轨政治的核心就是正式制度与非正式制度之间的结合与相辅相成。皇权的逻辑就是指正式制度,它是稳定的、可预测的、令行禁止的。但在基层社会的具体运行过程中,它依赖乡土社会的自组织来实现,乡土社会的逻辑就是我们所说的非正式制度,即各地特有的利益分配和解决问题的制度与做法,它们通常是地方性的、因地制宜的。

王亚南在《中国官僚政治研究》一书中讲到历史上官方赋税制度和实施状况时,有一个形象的描述,叫做"原则上不让步,实施上不坚持"。什么意思呢?"原则上不让步"就是说在税收政策制定中,有细致的种类、对象和指标等,有一整套完整的规定,不容任意改变。但是一到了乡村,具体怎么执行,执行到什么程度,事实上是不坚持的。上级不管下级政府具体怎么做,最后把税收上来,完成任务就行了。

传统社会中的双轨政治是一个非常有趣的现象。正式制度遵从自上而下的"皇权逻辑",而非正式制度则体现了自下而上、因地制宜的乡村逻辑。正式制度与非正式制度各有自己的领域边界,互不交叉重叠,各司其职。在这种情况下,也就没有前面谈到的变通和共谋行为的必要了。

但是,费孝通先生说的"双轨政治"模式在当代社会发生了很大变化。在当代社会的一元化体制中,正式制度之轨覆盖了各个区域和领域。换言之，中国当代国家治理模式试图用正式制度的单轨来治理社会的方方面面。这就碰到了很大的麻烦，为什么呢？

从传统社会到当代社会，中国国家治理面临的挑战并没有发生实质性变化。中央集权体制下的基本社会结构、社会群体和治理任务，都没有太大变化，比如说要收税，要维稳，要解决地方性问题，国家政策需要落地，不同区域之间因执行政策而需要各种各样的互动，等等。而且因为中央集权的强化，国家治理的负荷更为复杂繁重。不仅于此，当代社会本身及其社会群体有着更深程度上的复杂性和多元性。这意味着，不同领域、不同区域间的差异性很大，存在不同的行动逻辑，不能总是按照政府体制内部逻辑来行事，更需要政策执行的灵活性，需要双轨机制甚至多轨机制——政府按照官僚体制的内部逻辑下达指令，而在实施过程中地方因地制宜地用各种地方性逻辑来解决问题，完成任务。

但在一元化组织制度下，我们把正式制度、非正式制度这两条轨道并到了官僚体制里面。现在政府管理社会的口号是"无死角，全覆盖"，就是通过正式制度把所有事务都管起来，都纳入正式制度覆盖之下。但这种做法实际上是把原来存在于体制内外的双轨政治都纳入体制内了，也就是说把正式制度和非正式制度内在化了。在传统社会，双轨政治是体制之间的紧张、摩擦和妥协；在当代社会，非正式制度进入了体制内，造成了体制内部的紧张与冲突。

在历史上的双轨政治模式中，作为正式制度的皇权逻辑在上方的官僚体制内部运行，下达指令、动员资源、执行任务。到了基层社会层次，在具体落实过程中则是通过乡村逻辑的运行，即乡绅和家族等社会组织把指令具体落实下去。在这个过程中，具体执行的逻辑和皇权的逻辑不是必然联系的，而是各有规则，两条轨道并行的。

双轨政治的当代版本发生了很大变化——在一元化组织起

来的社会中，传统体制并入官方体制内，演化为"体制内正式制度"和"体制内非正式制度"。也就是说，通过一元化无死角全覆盖的整合后，原来属于体制外的非正式制度现在进入了体制内。在传统社会中，双轨治理分离在不同体制，各司其职，互不干涉，它们之间也可能有张力、有摩擦，但那是反映在体制之间的摩擦。而在当代社会，双轨治理仍然存在，但体现为体制内部的正式制度与非正式制度间的矛盾紧张。

我们在现实中经常观察到，基层干部在执行政策过程中会同时扮演双轨政治的角色。比如说在征粮时，一方面他们代表着国家的正式制度，可以对农户宣称，"我是代表政府来征收公粮的，作为集体土地使用者，你有责任缴纳公粮"。但另一方面，国家正式制度在乡土社会效果有限，他们又要通过乡村社会的逻辑来说服农户完成任务，把事情做下去。因此他们会用"帮兄弟个忙"这样的话语。原来体制内外之间的双轨政治，现在变成了体制内部的双轨政治。

当代社会的这个转变带来了国家治理的紧张。一方面，正式制度需要非正式制度的运作来完成任务；另一方面，非正式运作又威胁、削弱正式制度的权威。为什么会削弱政治制度的权威呢？当你看在兄弟面子上缴纳公粮的时候，国家何在？所以，运用非正式制度完成任务时，实际上削弱了政治制度的合法性和稳定性。这也是为什么中央政府要打击非正式运作和非正式制度。但是，没有非正式制度又无法完成正式制度的任务，又会威胁到正式制度的稳定性和可信性。在这个意义上，两者互为依附、相辅相成。

我们可以从这个角度来解读近年来社会媒介上经常曝光的城管粗暴执法问题。这种情况一旦事发，一查都是编外人员、临时人员所为，把他们处理或开除就解决问题了。我的解读是，双轨政治体制内在化的一个后果，是执法过程中需要同时使用正式制度和非正式制度，但两者又会发生紧张矛盾，威胁到体制的合法性。基层政府官员通过配置编外人员来行使非正式行为，其意义是重新将非正式制度与正式制度切割开来，把非正式制度及其结果外在化。这个做法就是把体制内的办事人员又分成了两类：一部分是体制内的人，是编内人员；还有一部分是体制外的人，是编外人员，他们同时在体制系统内工作。一旦出了问题，发生了体制内部双轨政治的冲突，就把责任归于"体制外"的编外人员，把他们处理掉，而正式制度本身还是完整无损的。

这种现象表面上看来很荒唐，但后面的道理耐人寻味。从我们讨论的主题来看，临时人员现象体现了特定制度约束下正式制度和非正式制度结合的新方式。现在对编外人员、临时人员的配置和事件处理，可以解读为应对双轨政治内在化所产生的不可调和的矛盾而衍生出来的解决方案。当然，这种运作方式是否有效，能够持续多长时间，是一个有待进一步观察的问题。

上面的例子说明，在体制内运作和完成任务的过程中，非正式制度不断得以延续和强化，被再生产出来。国家政策执行过程可以分解为以下环节：政策动员部署过程、政策执行过程，以及政策执行后的检查验收过程。部署与验收都归在官僚体制下，但执行过程却落实在基层社会，正对应费孝通先生说的双轨政治。

非正式制度渗透在这些不同环节中。在自上而下的政策动员部署过程中，一方面是双轨政治中的正式制度轨道，但另一方面，即使在动员部署过程中，各种因地制宜的举措也会参与进来，如层层加码，或者其他应变的措施，非正式制度已经在积极发挥作用了。在中间环节的执行过程中，通常涉及正式制度与民间社会的结合部，需要与民众群体互动来解决问题、落实任务。基层干部需要使用多重逻辑，特别是变通的手段来落实上级政策。因此，在这一环节，变通这种非正式制度得到了强化。最后，在检查验收环节，为了确保完成任务或掩盖落实过程中的问题，又极可能出现上下级之间的共谋活动。

从以上的例子中我们可以看到，政策执行的过程会不断地应用和强化这些非正式制度，正是来自正式制度的任务和压力提供了非正式制度的再生产机制。

还有一点大家可能也注意到了。近年来，正式制度本身就出现了很多非正式化的趋势，这是一个非常有趣的现象。比如说官僚体制内部的指令信息传达，时常采用打招呼、口头传达、不许记录等非正式形式。在一个理性化组织里，我们期待这些自上而下的指令越来越正式、越来越理性化。但很多情况下，非正式制度恰恰来自于自上而下、正式权威的渠道和机制。如此这般，不同层次上的类似的非正式制度就变得顺理成章，持之有据，有了合法性基础了。

从更为广泛的角度来看，非正式制度的盛行植根于政府官员的日常工作活动和环境。基层官员在执行政策时，常需要用非正式制度或关系网络来动员资源、解决问题、完成任务。要保证任务的完成常常需要大量运用非正式制度，比如说，基层官员要动员资源，通常需要跨科室的合作和沟通，在这些情形下非正式关系比正式关系更为有效。我们在日常生活里都可以观察到许多类似的例子。在个人层面上，非正式制度可以帮助我们追求个人利益，比如说规避风险，这是每个官员都在意的事情。同样地，我们的职业发展也需要庇护关系，需要有人支持，有人帮助，有人推动我们往前走。儒家化的关系、师生关系、门生关系等一系列的非正式关系，可以帮助我们更好地完成任务、实现个人的目标。可以说，非正式制度来源于官僚体制内部的工作环境、任务压力和个人利益追求等多种渠道，因此能在日常的工作环境和任务过程中不断地被再生产出来。

五 讨论：非正式制度与国家治理

最后，我们讨论非正式制度和国家治理之间的关系。前面我提出，正式制度与非正式制度的互为依赖、相辅相成是国家治理的核心所在。我认为，非正式制度的稳定存在给国家治理带来了一系列的特点。

第一，非正式制度的稳定存在促进和强化了中国官僚体制的"组织儒家化"倾向。这里说的组织儒家化是指非正式制度蔓延盛行，它的核心是费孝通先生讲的差序格局或者说差异化对待。差异化对待产生了多样性，而多样性进一步有利于弱化官僚体制的铁牢效应。当年韦伯讲官僚体制时提出，官僚体制的理性化发展可能会导致按部就班、严格按规章制度行事的倾向。因此官僚体制趋于僵硬不灵，为规则铁牢所困。韦伯对这一趋向深深忧虑。而中国官僚体制中的非正式制度，通过儒家文化中差异性对待机制，使得官僚体制变得更灵活机动，可以因人因地因事而异，确实收到了弱化所谓官僚体制铁牢的效果。

第二，非正式制度的另外一个意义是，政策任务的执行过程越来越带有政治化色彩。组织学研究指出，正式组织盛行的一个倾向是，把很多政治问题转化成为行政问题。但在中国官僚体制中常常看到相反情景，那就是把本来行政属性的问题转化成政治问题。大家经常听到这样的说法："这是政治任务，要不惜任何代价完成。"在中国官僚体制中，当一个问题披上政治性色彩才会更好地动员注意力，更好地动员资源，更好地推行长官意志。行政问题政治化的意义恰恰在于冲破正式制度的约束，它把上级指令变成政治化的任务以后，就可以超越正式制度的一些约束，把事情做下去。当非正式制度要超越现有的规章制度，以便有效地贯彻自上而下的意图时，它就不可避免地被赋予合法性基础。

第三，执行过程非正式化。官僚体制是要完成任务的，官僚体制的资源分配、权力架构，都是为了完成自上而下的任务而设计的。这是因为正式制度的尊严，特别是象征性意义上的，对于一统体制来讲是非常重要的。如果不能确保做到这一点，一统体制就会陷入危机。所以使用非正式化制度，运用变通或者其他的非正式运作以确保完成任务，这一点非常重要。在计生、环保、专项整治等方面，我们可以看到很多这样的事情。运用非正式制度保证任务的完成，在某种程度上也是在维护正式制度的尊严。

还有一种情况，就是下级实在完成不了任务，那么就可以通过上下级共谋的方式告诉更上一级"任务完成了"，这种做法其实也非常重要。大家可以想想看，如果一项政策到最后大家都说完成不了，而且如果经常发生的话，那么公众就会对正式制度的决策过程产生很多疑问。所以"保证完成任务"在一统体制中是很重要的一个特点。

用我写过的一段话来总结一下以上讨论："正是这种非正式运作给帝国治理带来了灵活性和生命力……正式与非正式的共存并行和交替使用从几个方面缓和了一统体制与有效治理间的矛盾：首先，正式制度体现了国家的权威，稳定持续，以不变应万变；其次，非正式制度可以在不挑战正式制度的前提下运行各地各领域的灵活性，以万变应不变；第三，皇权可以通过或默许鼓励或制约压缩非正式制度空间的策略来调整中央与地方、一统与灵活之间的关系，以实变维系名不变。"[1]

在我看来，中国国家治理的核心是正式与非正式制度的携手共治，体现在非正式制度因地制宜，以完成自上而下的任务。同时，非正式制度可以通过共谋对正式制度进行纠偏，当上级让我做的事情实在不合实际、做不了的时候，通过共谋的方式告诉上级任务完成了，这样一来，在象征性意义上，我们的制度还是完好无损的。

---

[1] 周雪光：《从"黄宗羲定律"到帝国的逻辑：中国国家治理的历史线索》，载《开放时代》2014年第4期，第122页。

正式制度的稳定性有赖于非正式制度的有效性，正式制度和非正式制度的此起彼伏，蕴含着不同的治理模式，比如说从集权到分权，再到集权的政治周期等。虽然非正式制度是国家治理的重要组成部分，不过我想要强调的是，从长远来看，变通、共谋等非正式制度确实是对正式制度的一种侵蚀和削弱，它会使正式制度的可信性、合法性基础产生紧张，所以非正式制度才成为党内外各种政治运动试图打击压制的对象。

最后，我想就这个主题强调几点：第一，非正式制度的合法性、坚韧性以及它在国家治理中的核心作用是需要认真对待的，而不应该简单粗暴的排斥；第二，认识非正式制度的重要性并不意味着对它进行合理性与否的价值判断。换句话说，我强调非正式制度的重要性，是根据研究观察和文献阅读来提炼出的分析和讨论，而不意味着我要判断它们的好坏对错。做出这些判断，需要在具体场景下做更为深入的分析。第三，在社会日益多元化、信息高度流动的今天，传统的正式制度与非正式制度互为依托、相辅相成的治理模式，无论在空间上还是有效性上，都面临严峻挑战。从这个意义上来讲，我们正在经历着一个变迁巨大的时代，新的时代需要新的治理模式。

延伸阅读

费孝通：《乡土中国 生育制度》，北京大学出版社，1998年
费孝通：《乡土重建》，岳麓书社，2012年
费孝通、吴晗等：《皇权与绅权》，华东师范大学出版社，1948、2015年
贺东航、孔繁斌：《公共政策执行的中国经验》，载《中国社会科学》，2011年第5期

荣敬本、崔之元、王拴正、高新军、何增科、杨雪冬等:《从压力型体制向民主合作制的转变:县乡两级政治体制改革》,中央编译出版社,1998 年

孙立平、郭于华:《"软硬兼施":正式权力非正式运作的过程分析——华北 B 镇收粮的个案研究》,载《清华社会学评论》2000 年特辑

王汉生、刘世定、孙立平:《作为制度运作和制度变迁方式的变通》,载《中国社会科学季刊》,1997 年冬季卷,总 21 期

王亚南,《中国官僚政治研究》,中国社会科学出版社,1981 年

周黎安:《行政发包制》,载《社会》,2014 年第 6 期

周雪光:《基层政府间的"共谋现象":一个政府行为的制度逻辑》,载《社会学研究》,2008 年第 6 期

周雪光:《从"黄宗羲定律"到帝国的逻辑:中国国家治理的历史线索》,载《开放时代》,2014 年第 4 期

周雪光:《中国国家治理的制度逻辑:一个组织学研究》,生活·读书·新知三联书店,2017 年

Robert C. Ellickson, "Of Coase and Cattle: Dispute Resolution among Neighbors in Shasta County," *Stanford Law Review* 38(3), 1986: 623-687

Gu, Baochang, Feng Wang, Zhigang Guo and Erli Zhang, "China's Local and National Fertility Policies at the End of the Twentieth Century," *Population and Development Review* 33(1), 2007: 129-147

经济学的制度范式与中国经验

周黎安

北京大学光华管理学院教授

---

* 本文原为 2019 年 3 月 28 日周黎安老师在北京大学所做的"北大文研讲座"(第 117 期)。

一 从"张五常之问"谈起——经济学的制度条件

今天想跟大家分享的是"经济学的制度范式与中国经验"。我将从"张五常之问"开始讲起。

关于中国,有很多"××之谜""××之问",比如"李约瑟之问"——为什么18世纪以后中国的科学技术落后于西方,而在此之前中国一直是领先的?也有著名的"钱学森之问"——新中国成立以后培养了那么多人才,但为什么就是不如国难深重的民国培养的大师多?今天我首先要提到的"张五常之问"在经济学界影响非常大。张五常是华人世界最有影响力的经济学家之一,他在2009年出版的《中国的经济制度》这本非常著名的书里提出了一个问题。他说:"我可以在一个星期内写一本厚厚的批评中国的书。然而,在有那么多的不利的困境下,中国的高速增长持续了那么久,历史上从来没有出现过。中国一定是做了非常对的事才产生了我们见到的经济奇迹。那是什么呢?这才是真正的问题。"

我很能理解张五常之问背后所包含的困惑。一星期就能写出一本厚厚的批评中国的书,说明他一定牢骚满腹,看到了中国的很多问题。可是另一方面,中国又确实取得了历史上从未有过的经济奇迹,所以不能说中国是一无是处的,它一定有成功的秘密,有做对了的地方。做对的地方在哪里呢?我想这是他的困惑所在。我也能深刻地体会到他为什么会有这样的困惑,因为当我们审视中国的发展时,习惯于用西方主流的视角或从主流经济学文献的视角看中国到底发生了什么,而戴着西方的眼镜看中国,那一定是"雾里看花"。

我先领着大家来一段简短的学术旅行,帮助大家从经济学,当然也不局限于经济学的角度,回顾一下西方主流理论是怎么理解一个国家要实现高速、持续的经济增长需要满足哪些制度条件的，经济学的制度范式也将在这里展开。

　　首先涉及的一个维度，即产权制度理论，这在经济学中是一个非常有影响力的理论。当年道格拉斯·诺斯（Douglass C. North）因为这一理论获得了诺贝尔经济学奖。他和合作者在1973年出版了一本非常有名的书，即《西方世界的兴起》（*The Rise of The Western World*），他们解释当年的荷兰和英国之所以能在欧洲率先崛起，是因为这两个国家率先实行了专利法，对创造和发明进行了司法保护，鼓励了技术发明，当然也包括对私人产权的司法保护。诺斯认为这是解释荷兰和英国的崛起，乃至整个西方世界崛起的关键。诺斯的这一观点后来得到了时下当红的经济学家阿西莫格鲁（Acemoglu，美国麻省理工学院教授）的实证研究支持。阿西莫格鲁和他的合作者罗宾逊在2012年有一本非常畅销的书《国家为什么会失败》（*Why Nations Fail*）。书中讲述了许多历史和当今的故事，也包括一些奇妙的实证证据，但他们所讲的道理是一样的，即凡是经济成功的国家都对产权尤其是私人产权进行了良好的司法保护，而经济失败的国家也是对产权保护失败的国家。这是对诺斯产权理论的一个很好的引申和加持。这一观点背后，其实还有一个更为微妙，但在我看来也很有意思的观点，即认为一个国家的权力如果太强大，其强权就会与有效的产权保护形成一种悖论关系：国家的权力太强大，就不会对任何私人团体做出可置信的承诺，因而不可能真正地对私人产权进行有效保护。而能真正做到对产权有效保护的国家，第一，其权力必须有限，受到一定制衡；第二，其权力还不能太弱小，必须能够提供足够的公共产品和司法保护。这就提出了现代政府的一个悖论，即如何既保证权力之有限，同时又保障权力之有效。经济学主流理论认为，只有满足这两个条件的政府才能维持长期的经济增长。

　　如果我们按照这种极为流行的经济学理论来看中国，产权制度在中国国家制度里面确实扮演了重要角色。在过去四十年里，中国对私人财产、对民营企业的保护确实取得了巨大进步；但是另一方面，这些进步距离社会预期的目标还有很大的改进空间。比如现在的民营企业还在时时刻刻担心国家政策的变化。比如去年在媒体上展开的关于民营企业是否应该退场的一些讨论其实引发了很多民营企业家的恐慌，这也反映了人们对产权保护不确定性的担忧。另外，我们也会看到中国有大量模糊产权的存在。比如土地产权，城市土地是国有的，农村土地是集体的，而集体的、国有的土地产权在经济学意义上都是模糊的产权界定，因为没有办法落实到一个具体的所有主体上。国有企业的性质也是如此，国有企业和事业单位科研人员的知识产权的界定其实也很模糊。

弗兰克·艾伦（Frank Allen）与合作者在2005年发表了一篇很有影响力的文章，他们提出了一个有意思的问题：如果按照西方的有限政府、独立司法、产权保护等维度对全世界的国家进行排名的话，中国的排名显然是靠后的。那么按照这个逻辑，中国为什么能够支撑这么快速的增长？这个问题直到今天仍然是个很尖锐的问题。从产权制度的角度看中国，我们确实能看到许多困惑。

第二个涉及的维度是"国家能力"。"国家能力"最早是政治学家和社会学家提出来的概念。他们在研究欧洲民族国家怎样兴起、工业革命怎样发生的时候发现，中世纪欧洲君主之间频繁发生战争，为了打仗而筹集军费，使得他们不得不去发展中央的官僚机构，不断扩大国家的"汲取能力"（征税能力）以及资源的动员能力，这就导致了现代国家以及现代"国家能力"的形成；同时，这也被认为是西方国家兴起的一个重要的政治条件。后来有些社会学家和政治学家在研究东亚国家，比如日本、韩国崛起时也发现这些国家的官僚体制扮演了重要角色：第一是具有中立性，不受社会利益集团捕获；第二是政策执行力非常强，产业政策执行有效。这也说明了"国家能力"确实是一个非常重要的维度。在过去的十多年时间里，经济学家也开始借鉴和发展"国家能力"这个概念。经济学家认识到"国家能力"确实很重要，因为国家要提供公共产品，一定要有足够的税收；有效的司法保护也很重要，而司法保护也需要税收。提供市场经济有效运行所需的公共产品本身也是对国家能力的一种考验。经济学家最近的一些研究也发现，一些发展中国家的发展之所以失败，是因为这些国家没有办法为它的企业和国民提供稳定的政治秩序、和平环境、市场秩序等，而且还常年内战、政治动荡和社会失序。所以，国家能力也是经济发展一个很重要的维度。

如果以这个角度来看中国的话，我们能看到"国家能力"确实和中国发展之间存在相关性，但我觉得这里也有一个悖论。一方面，很多学者指出中国的"国家能力"达到了非常高的水平，尤其以发展中国家的平均表现来看的话，更是如此。比如最近福山的两本书都高度评价了中国从古至今的官僚传统和国家能力。不管是国际社会还是中国人自己的认知，中国对资源的汲取能力以及对资源的动员能力，留给世界的印象都是非常正面的。在这方面，有很多相关的文献讨论中国的"国家能力"，譬如集中力量办大事、举国体制，如王绍光提出的"共识性决策"等，这些提法都在讲中国的大国体制在国家能力上如何与众不同。但是另一方面，如果仔细阅读政治学、社会学、经济学文献的话，我们会发现"国家能力"这顶大帽子下充满了各种各样相互冲突的描述与判断，可以说是"五味杂陈"。比如有人提出中国集权框架下"碎片化"的权威不利于政策的统合；再比如科层制下存在着大量的运动式治理与"人治"，较少有法治可言；再比如自上而下的政策执行中存在着大量的"选择性"执行、合谋与变通；还有我们常说的国家与社会、政府与市场的模糊边界。这些看法都在挑战我们对中国"国家能力"的认知，学术界形成的对中国

"国家能力"的认知并不一致,各种理论和经验描述之间是存在矛盾的。

事实上,如果进一步追问,对于"国家能力",我们其实还有很多问题。比如中国"国家能力"到底是强还是弱的问题,在我看来是既有强,又有弱。一方面,在举国体制下,我们确实在很多方面取得了重大成就,从"两弹一星"到高铁、核电、北斗以及很多大型工程;可是另一方面,我们又发现在同样的"国家能力"之下,很多基本的问题仍有待解决。以前有个人大代表就提出过这么一个问题:为什么我们可以让"神十"上天,食品安全问题却总是个问题呢?我们的奶粉要放到药店里面去卖,因为我们对奶品的质量实在没有信心。很多中国公民到境外去抢奶粉,搞得国人很没有脸面。其实,我们所谓的"国家能力"要看具体领域。我们很难满足于"国家能力"强或者弱这种简单和笼统的判断,而要追问到底哪些领域强?哪些领域弱?强和弱的分布有什么特点?我还想进一步指出的是,不管是从政权深入农村的渗透力、资源的汲取力还是政策的动员力,我们的"国家能力"在计划经济时代已经达到了空前的规模。虽然那时我们取得了很多来之不易的经济和社会成就,可是那个时候并没有带来经济发展的突破性跃进,人均收入长期处于非常低下的水平。这是为什么?当我们思考"国家能力"的时候,做事的能力只是一方面,另一方面可能还要考虑做事的激励,能否把事做对,且做对的事。所有这些都跟"国家能力"有关,而不仅仅是国家是否具备这种能力。

在经济学领域有一支研究经济转型的文献,这支文献试图理解不同转型国家之间体制转型的不同战略、路径和成效。比如,哈佛大学经济系的安德鲁·施莱弗(Andrei Shleifer)从20世纪90年代开始,就很关注中俄经济转型的比较。施莱弗在那个时期写了一篇著名文章,提出一个很有意思的观察视角:俄罗斯地方政府扮演的角色更多是"掠夺之手"(grabbing hand)——对于私人企业,政府不是去帮它,而是去骚扰它,剥夺它的权利,攫取它的财产;相比之下,中国地方政府更多扮演"帮助之手"(helping hand)的角色。为了解释中国和俄罗斯地方政府为什么如此不同,即一边是帮助之手,一边是掠夺之手,国内外经济学研究主要有两支文献:一支文献以钱颖一、张五常为代表,他们更强调中国从20世纪80年代以来的财政分权体制促成了所谓的中国特色的"财政联邦主义",即中央与地方分税(财政收入)。这样,地方政府因为有了"剩余索取者"的角色,就愿意去创造更多的财政收入。因为如果给定一个分成比例的话,地方创造的财税收入越多,留成也就越多。张五常强调县级政府为了最大化租税分成收入而相互竞争。钱颖一、张五常等经济学家想通过财税激励去解释为什么地方政府有激励发展乡镇企业、吸引外商等这些所谓的"非国有"部门。在中国经济转型的早期,其实还留存着计划经济时代的意识形态和政策遗产,国家层面的政策对非国有部门尤其是对民营企业来说并不很友善。在这种情况下,为什么地方政府会那么热情地去帮助乡镇企业、民营企业和外商投资企业?这支文献从财税分成的角度给予了一个很有意思的解释。另外一支文献从官员的晋升激励角度进行解释,就是所谓的"政治锦标赛",或者地方官员的晋升锦标赛。我在这方面写过一些文章和著作,周飞舟老师也研究过我国在"大跃进"时期的政治锦标赛。在地方官员的考核与辖区经济绩效挂钩的制度下,地方官员为了晋升竞赛而做大GDP和财税收入,只要能增加经济业绩,不管是什么所有制企业创造的,地方官员都会采取帮助和扶持的政策。

这两支文献,加上施莱弗提出的问题,解释了为什么中国的地方政府扮演了"帮助之手",而不是"掠夺之手"的角色。这两支文献在目前学术界是主流的观点,但我们仍然还有很多问题需要回答。比如为什么在中国同样的行政体制和考核机制下,地区间的政府行为和营商环境差别如此之大?民间长期以来有所谓的"投资不过山海关"之说,我们也有营商环境非常好的地方,比如江苏的昆山依靠对外商、台商超一流的行政服务,吸引了大量的台商聚集,使那个地方发展成我国电子产业的重要基地。为什么同样的行政体制下会出现如此悬殊的地区差异,甚至在同一个地方政府,主政官如市长书记,与职能部门如环保局、民政局、公安局等,对吸引外来投资的态度也不一样?这些现象该如何解释?我想这是上面两支文献没有回答的。所以,当我们把聚焦点放在中国之内,我们不仅要解释地区间的差异,还要解释同一政府内部不同部门之间表现出的"帮助之手"与"掠夺之手"的差异。这些东西需要新的框架来加以解释。

另外还有一支很有影响的文献是研究政治制度与经济制度的互动关系。经济学家的共识是,国家必须提供对私有产权的有效司法保护,只有这样国家才能发展。但后来经济学家发现,国家要提供良好的司法保护并不容易,并不是国家想做就能做的,而是要满足一些政治制度条件。阿西莫格鲁、贝斯利(Besley)、佩尔森(Persson)等经济学家从跨国的发展经验出发,指出经济制度(也即产权保护制度)的包容性需要政治制度的包容性加以支撑,而所谓的政治制度的包容性,就是要摆脱狭隘的专制政体,在国家的决策层、治理层一定要有多个利益集团之间的制衡、共商体制,以便对政府权力形成约束,这样政府出台的政策才有可能惠及社会上绝大多数的人群,而不是只为了少数狭隘的利益群体服务。他们认为,政治制度的包容性是支撑经济制度(也即产权保护)的包容性的根本性条件。那么,政治制度的包容性来自哪里呢?来自政治的多元主义。一个政权一定要包括社会上多个利益群体,甚至还要赋予他们参与国家政治政策制定的权力。根据阿西莫格鲁和罗宾逊的研究,那些缺乏产权保护的国家,其经济制度更多是再分配性和掠夺性的,是因为他们的政治制度缺乏包容性。贝斯利和佩尔森在2011年出版了一本有名的书,《繁荣的支柱》(Pillars of Prosperity),他们的观点跟阿西莫格鲁和罗宾逊是类似的——一个国家要有良好的司法保护,需要有一系列反映共同利益的制度(common interest institutions),这些体制不是为狭隘利益服务,而是以代表更多人群利益的政治制度作为支撑。

用以上观点看中国,我们会发现更大的悖论。中国的改革开放是在政治和行政制度高度稳定的情况下稳步推进的。这里,我想特别介绍一下巴里·诺顿(Barry Naughton)在2008年发表的一篇文章,他在里面提出了一个问题:中国经济改革开放的彻底性和中国政治制度的持续性形成了惊人的对比,这在传统上是被认为不可能的。通常的认识是,只有政治制度具有了包容性,经济制度才能包容。但中国的情况是,在经济制度上走向高度市场化、全球化,而政治制度却维持了高度的稳定性。他认为这两者之间形成了惊人的对比,让人疑惑。

事实上,我们发现,即便是我们在改革中寻求的渐进改革,其实也要照顾更多的利益群体。钱颖一等经济学家称之为"帕累托改进"的制度变迁,即在保护既得利益群体的前提下增进了新生群体的利益。王绍光提出了"共识性决策"的概念,即在权威体制下,中央理论可以通过一纸文件决定一个制度的形成,或者废除一个制度,但事实上中国几乎所有重大的经济、政治等相关决策都经历了广泛的共识形成过程,甚至包含了中央和地方大量的谈判、讨价还价和协商。所以,中国的体制看上去是高度统一的一元化体制,但是这个制度里却包含了大量在西方看来不可想象的来自上下级之间的协商、谈判和讨价还价,以及兼容社会各个群体利益的决策体制。虽然我们有地区差异,但是我们的改革开放确实惠及了社会上绝大多数的人。过去四十年六亿人口脱贫，这在世界范围内也是一个奇迹。在这种现实情况下，怎么理解中国在这个过程中所形成的"政经互动"及其与西方呈现出不同路径，很值得我们去研究。

二 "官场＋市场"的政经互动模式

以上，我给大家做了简要的学术回顾，让大家看到主流经济学家是怎样思考一个国家要想取得持续经济发展所应具备的制度条件。可以看出，他们脑海中想象的制度图景、转型路径和前提条件与中国的改革和增长经验既有相关性，又呈现巨大反差。接下来，我要给大家提供一个我的解释框架，在这一理解框架下，我试图回答上面提到的几乎所有问题。

2018年我在《社会》杂志上发表了一篇文章，题目就叫《"官场＋市场"与中国增长故事》。这一框架的形成主要基于"政治锦标赛"，即围绕着经济发展，地方官员之间的政治锦标赛。沿着这个出发点，如果再往前推进一步的话，就发展出了"官场＋市场"的理论。为什么"政治锦标赛"会引向"官场＋市场"的政经互动模式呢？

我举个例子加以说明。在中国，不管是两个省还是同一个省的两个地级市，或者同一个地级市的两个区县之间，只要它们的经济实力相似、政治地位或行政级别相同的话，它们就属于竞争性地区【图1】。两个地区的竞争性体现在两个层面：第一，两个地区处于同一级别的主政官，如书记、市长，在同一官场上面临着政治晋升的竞争；第二，这两个辖区的企业在市场上也存在经济竞争。图中所显示的市场竞争不是一个圈，而是多个圈，意思是这两个地区的企业之间相互竞争，但它们还要和其他地区，甚至海外的企业进行市场竞争，所以市场竞争

经济学的制度范式与中国经验 263

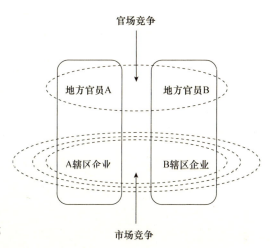

图1 "官场+市场"模式

涉及更加广泛的地区。

在我看来，中国最有意思的现象并不是官场竞争和市场竞争这两个层面竞争的存在，而是中间的那个"+"。怎么理解"+"呢？两个地方官员在官场上竞争，其晋升命运取决于什么？给定经济绩效对地方官员的晋升产生重要影响，我们会发现，对A地区的地方官员来讲，他的晋升概率在相当程度上取决于他辖区内的企业在市场上竞争的结果。一个地区的GDP、财税收入都是来自该地区所有企业创造的"市场附加值"，而"市场附加值"的大小则来自与外部企业竞争的结果。在极端情况下，如果本地企业没有市场竞争力，生产的产品卖不出去，基本上就没有"市场附加值"，因此也就没有GDP，没有财税收入。反过来，一个地区的企业市场竞争力越强，其所创造的GDP和财税就越多。所以在这个意义上讲，"+"的意义，一方面体现在地方官的政治命运，或官场竞争的命运取决于其辖区内的企业在市场上竞争的命运；另一方面，表面上看是两个地方的企业之间在市场上展开竞争，实则企业的背后站着的，是非常关心它们竞争命运的地方官员，这些地方官员会尽其所能，动用其行政、财政、金融等资源帮助本地企业更好地赢得市场竞争。政府补贴、廉价土地支持、融资便利、产业集聚等都是地方政府助力本地企业赢得市场竞争的各种方法。所以,"＋"是一种双重嵌入,一种中国特色的政经互动模式。

这种双市场竞争体制带来了什么呢?先说直观的结果。首先,两个辖区间的竞争促成了辖区内的地方官员和地方企业之间的密切合作,使得他们之间发展成一个"政经共同体"。一个是为了政绩,一个是为了业绩,而企业的业绩恰好就是官员的政绩;反过来,官员拿到的政绩会反哺企业的业绩。这是地方官员和地方企业走到一起,携手形成"政经共同体"和利益链接的关键。所以,中国的这种"政治锦标赛",以及所衍生的"官场＋市场"的模式实际上促成了官员辖区内的增长性联盟的形成。其次,辖区之间两个"政经共同体"相互竞争。值得注意的是,如果只有政企合作,这种合作就极有可能演变成政企合谋、权钱交易、利益勾兑等,我们对政企合作所担心的所有问题都有可能出现。然而中国的情况是,不仅辖区内部存在着政企合作,辖区间还存在着激烈的竞争。这种辖区间的竞争最终塑造了地方官员和地方企业之间合作的性质和效果,使其不会走向纯粹的合谋、腐败,甚至狭隘利益的捕获。

因此,"官场＋市场"是一个很有意思的双重竞争机制——政治家之间、企业家之间存在各自竞争,既有政治竞争,又有经济竞争。同时,辖区内又有高度密切的合作。所以在这一机制下,竞争中有合作,合作中有竞争。这是中国政经体制所形成的独具特色的现象。

那么,"官场＋市场"的模式解决了我们经济发展当中的哪些痛点和难点问题呢?经济发展一般会同时面临市场失灵和政府失灵,一方面需要政府去克服经济发展初期市场的支持性制度缺乏以及基本公共品的提供问题;另一方面,政府干预市场和经济又经常带来腐败、寻租和乱作为，也就是政府失灵。这些问题对于发展中国家而言就是经济发展面临的最大障碍。中国的这种双市场竞争体制带来了什么不一样的结果？从积极方面来讲，我认为有三点：

第一，"官场+市场"的体制为地方官员提供了充分的激励以推动地区经济发展。地方官员会利用手中的所有资源助力地方企业的发展，比如修建基础设施、改善城市功能、出台优惠政策招商引资、加强产业园集聚效应等，所有这些都是在发挥政府应有的作用。为什么绝大多数发展中国家不能保持经济的持续增长？其中一个关键性原因就是这些国家的政府没有扮演"有为政府"的角色，缺乏这方面的有效激励。在我们的双重竞争体制下，地方政府确实做了许多政府应该做的事情。所以，我把这个作用称为"把事做对"。这些都是政府的规定动作，政府要做好，而且这也是克服市场失灵的重要方面。

只有正向激励还不够，因为地方政府手中有很多自由裁量权。有些学者，比如吴思写的《潜规则》一书，就认为自由裁量权在本质上是合法伤害权。这些自由裁量权，政府用得好，可以成事；用得不好，当然也可以败事，这便是所谓的"掠夺之手"的角色。但是，在"官场+市场"的模式里面，这种情况发生的概率会受到很大的抑制，因为市场竞争里面包含要素市场的竞争，也包括物质资本和人力资本跨地域间的流动。如果企业发现一个地方的投资环境不好，就可以去别的地方，甚至去竞争性地区。这样的话，即使是一个任性、专断的地方官员，他为了做大本地的经济绩效，赢得政治市场的竞争，就不得不抑制自己的专断、任性，尽量不去扮演"掠夺之手"，而是扮演"帮助之手"的角色。所以，从"掠夺之手"到"帮助之手"的跳跃，没有官场竞争和市场竞争的有机结合就很难实现。只有"把事做对"的激励还是不够的，即使官员把规定动作都做好了，他仍然可能干坏事，所以我们的体制一定要防止他做坏事，"官场＋市场"的竞争机制有助于做到这一点。

政府的"帮助之手"作用能有多大？我推荐大家去读路风教授写的《光变》，这本书七百多页，我从第一页读到最后一页，很受启发。这本书帮助我们理解，地方政府是如何在地方竞争的环境下对一个企业倾力相助，甚至押上全部的"家当"。京东方是最好的例子，京东方做液晶显示屏，需要逆周期投资，每个项目的投资都十分巨大。当年合肥、重庆跟京东方合作，投了一两百亿。最近成都、绵阳为了支持京东方在这两个地方开厂，对它的支持金额总和接近 1000 亿元人民币，简直无法想象。凭什么？绵阳只是一个地级市，怎么能够掏出 400 亿元来支持京东方开厂？如果没有地方竞争的氛围，我想绵阳政府是不愿意出这份钱的。当年合肥和京东方的合作，协议价 196 亿元，虽然后来没有出这么多，但还是在 150 亿元以上。在合肥市政府的历史上，从来没有为一个企业出过这么多钱。如果项目失败了怎么办？对于地方政府来说，对企业的冒险跟私人投资家的冒险是一样的，因为好机会不多，一旦认准了，必须要冒风险。所以，地方政府为了支持一个企业实现产业梦想，是拿"真金白银"加以扶持的。地方政府和企业为什么能够如此紧密地走到一起？我想只有在中国这样的体制下，京东方才能实现"弯道赶超"，逆势增长，让三星在曾经非常有优势的显示屏领域逐渐退出，因为京东方的增长实在是太快了。

在地方政府可能扮演"掠夺之手"的地方，现在却变成了"帮助之手"，而且还不是"零星小雨"，而是"砸锅卖铁"的帮助。这背后如果没有强大的激励是很难理解的。

另外还需要解决一个问题。地区间的双重竞争鼓励了辖区内的企业家跟政治家的紧密合作，但怎么才能保证这种"政企合作"的结果是好的？怎么能保证地方力推的特色产业、龙头企业具有市场竞争力？政策扶持的方向要是错了呢？这是可能的。但是，因为我们有"官场+市场"的体制，尤其是"市场"的存在，就使得"政企合作"最终都要拿到市场上去检验。一验便知，企业产品的销量怎么样？业绩增长怎么样？利润指标怎么样？这些量化指标一下子就能反馈某地的"政企合作"的成果如何，在市场上有没有真正的竞争力。这个信息反馈非常重要，通过信息反馈，可以引导政企双方实现不仅密切而且有效的合作。我想，如果没有这个双重竞争机制提供的反馈机制，即使政企双方内心都是善良无私的，好心也能办坏事。好在我们有这么一种市场机制，尤其是中国深度融入全球化之后，市场竞争更加激烈；市场机制变得更加有效，它就能引导地方政府与地方企业，在不断试错、探索之后形成一种相对来说有效的合作关系，找到适合地区禀赋的特色产业。

　　经济学告诉我们，一个国家的经济发展需要企业家精神，或者更准确地说是市场企业家精神。但我觉得，中国的改革开放，包括地区经济发展也需要大胆的制度和政策的创新冒险，也需要政治企业家精神。而双重的竞争机制正好帮助我们产生了这两种企业家精神——官场竞争激发了地方官员变成一个政治企业家，因为地方官员为了获得优异的政绩也需要剑走偏锋，在制度和政策上创新，他必须跟别人不同，找差异化发展战略；市场竞争则催生着市场企业家精神。"官场+市场"的体制导致了辖区内政治企业家精神和市场企业家精神的结合，同时也实现了一个地区政治精英和经济精英的结合。我相信，一个地区最重要的精英人群就是政治精英和经济精英，中国一千多年的科举制传统也使得中国的官僚体制能够吸纳社会的精英人才。在地方竞争的背景下，政治精英与经济精英相互合作、优势互补，提高了本地区的市场竞争力。这是"官场+市场"体制带来的重要结果。

我们如果把这个解释框架再拓展一下，就可以解释中国地区间的差异。前面提到，政府的"帮助之手"和"掠夺之手"在地区间可能存在差异，怎么解释？我刚才讲的官场竞争与市场竞争双重机制是从一般意义上讲的，具体到各个地区，官场竞争与市场竞争的组合可能会很不一样。比如不同地区官场生态的差别可能很大。选拔官员的时候到底是看官员政绩、关系还是金钱？在实际运行过程中，这三个方面都影响晋升，我们在过去这些年也看见了不少的"跑官卖官""带病提拔"的腐败案例。但我想不同地区这三者的组合关系恐怕不一样，而具体组合的不同对官员激励的强度和方向可能也会产生很大的影响。同样地，市场竞争的强度也会存在地区差异。国有企业或资源垄断性质的行业对市场竞争的压力和敏感度自然要低一些，而民营企业和外商投资企业对市场的反应则更灵敏。

把官场竞争和市场竞争的差异做一个简单的强弱划分，就可以得到四种组合【图2】。官场竞争强，意味着官员的晋升更多地依赖经济发展的政绩，官场竞争弱，则意味着更依赖非政绩的其他相关因素；市场竞争强，意味着辖区企业对外部竞争的敏感度强，反之则对外部竞争的敏感度弱。

图2 官场竞争与市场竞争四种组合下的政企关系

按照图中所呈现的四种组合,就可以画出一张中国的"政经地图",不同地区之间可能会呈现出系统差异,这种差异会极大地影响地方的经济发展潜力。我这里不再详细解释每种组合的具体含义,有兴趣的读者可以参见我"官场+市场"的文章。从中可以得出的一个基本结论是,在中国这样的体制环境下,经济发展最成功的地区不一定是自然资源最丰富、发展基础和区位条件最有利的地区,而是官场竞争和市场竞争结合得最完美的地区。我最近几年做过一些实地调研,发现一些发展条件并不突出的地区实现了"弯道赶超",如宁夏贺兰山东麓的葡萄酒产业、湖北潜江小龙虾产业的崛起,就是这两种机制结合的产物。反过来讲,经济发展最失败的地区,不见得就是自然资源最恶劣、经济发展条件最差的地区,而是官场竞争、市场竞争带来的激励和约束机制最薄弱的地区。譬如东北,拥有优越的硬件条件,如工业基础、基础设施、高校资源、农业基础,但这些年的经济一直在下行,人口不断外流,原因就在于极不正常的官场生态、国企和资源型行业占主导,换句话说,是官场竞争和市场竞争双重竞争机制同时失败的结果。这就像图中所对应的第4类地区的情况。总之,一个地区的经济增长在相当意义上依赖于"政治企业家"和"市场企业家"之间的匹配效果。

同时,我想强调,这个双市场竞争模式并不完美,它有自己的局限。"官场+市场"模式的内在局限恰好解释了中国过去四十年高速经济增长所伴随的各种各样的问题。至于这一模式的作用边界在哪里,我们还是要回到官场竞争和市场竞争各自的作用机制上去寻找。以上我所描述的更多是两种竞争机制相互作用所产生的正向结果,但我们也必须正视官场竞争和市场竞争内在经济逻辑的不同。从经济学的分析来看,官场竞争的最大特点是"零和博弈"——两个官员竞争一个晋升职位,最后只有一个胜出,竞争者不能私下达成协议,令胜出者补偿失败者。"零和博弈"导致官员之间只能是相互竞争，很难合作，因为合作没有可以分享的收益；市场竞争的机制则很不一样：两个企业在市场上可以誓死力拼，但是如果合作有收益，企业之间可以通过兼并、合资、参股等方式进行合作，分享合作收益。总之，在市场竞争中，企业之间既可以有竞争，也可以有合作。

官场竞争的"零和博弈"性质恰好解释了为什么地区间存在高度竞争，而合作却相对缺乏。为什么中国的贫困地区主要集中在省交界地带？我曾经有一篇文章专门研究这个问题。两个相邻地区竞争时，在空间布局上，每个地区一定会将经济发展最核心的资源放在核心地区，而地区间的临界区域往往得不到发展，因为临界区域的发展不仅对本地区有好处，对相邻地区的经济发展也会有外溢效应。如果临界区域的发展对相邻地区的发展更有利，反而不利于本地区的经济排名，官员一定会"趋利避害"。所以在这个意义上，对这种"既利己，又利人"的事情，官员是没有兴趣做的，他们最喜欢做"损人利己"的事情。带着这个逻辑，我们就能理解为什么京津冀的一体化长期以来比珠三角、长三角要差。珠三角的一体化都是在广东省的范围内，行政协调和经济合作都比较容易，旁边还有一个香港，不存在晋升竞争的威胁，只有经济合作的收益。长三角以上海为中心，上海的政治地位高于浙江、江苏，这里有合作，浙江、江苏都是无条件对接上海；也有竞争，就是江苏与浙江的竞争。在京津冀地区，两个政治局委员级别的直辖市之间夹了一个中央委员级别的河北，它们之间的合作肯定更为困难。这种局面的突破直到2014年2月才发生，习近平总书记出面召集三地的领导人一起开会，并且明确指出，你们必须放弃各自的"一亩三分地"思维，把发展京津冀一体化作为重要目标，这才改变了京津冀的博弈规则。同样地，带着这个逻辑，我特别看好现在的"粤港澳"大湾区的发展，因为那里没有内地官场竞争的障碍，只有经济合作的收益。

官员竞争还受到官员任期的影响。地方主政官的任期一般只有3—5年，而地方官员关心的往往只是任期内的绩效，超出任期之外的事情官员一般不太关心，这就导致了官员"短期化"的视角。这也可以解释长期以来为什么官员对教育、医疗、环保等这些"慢变量"兴趣不大，因为在这些领域，"前人种树后人乘凉"，官员激励不足。

另外，官员考核用的是"有限指标"，这些指标还有轻、重不同的权重——跟经济发展有关的指标，即所谓的"硬指标"，所占权重高；其他指标属"软指标"，虽则重要，占的权重比较低。官员为了晋升，肯定对硬指标感兴趣，对软指标兴趣有限。所以，我们发现，老百姓抱怨比较多的事情，一般都属于软指标的领域，有些甚至不在考核指标的范围内。

"官场+市场"的视角也可以帮助我们理解存在于我们体制当中的短板，比如教育、医疗、质检等领域。为什么我们的体制中会存在这样的短板？我们发现，这些短板也都是在官场竞争和市场竞争中比较失败的领域。在官场竞争中，这些指标相对来说不太重要。另外，教育、医疗、环保等领域都具有强烈的属地化性质，地区间不存在横向竞争，跨地区之间缺乏流动性，比如教育资源与户籍所在地挂钩，医疗支出报销也必须在属地医院进行，质检、环评属地化也很严重，市场竞争机制发挥不出来。这样一来，这些领域既没有市场竞争，官场竞争也不重视，因此失去了两重竞争机制的作用和激励，成为我们体制中的痛点问题。

因此，"官场+市场"的模式不是一个完美的机制，它有长项，比如特别善于解决经济发展的问题；另一方面，它也有不足和短板，有其失败的地方。但是我想说的是，这个模式虽然不一定能保证最好的结果，但在总体上却可以避免最坏的结果，我想这是我们对一个制度机制最好的期盼。

三 将"行政发包制"和"官场＋市场"的模式结合

下面，我想对上述内容稍做延伸，给大家提供另外一个我自己提出的概念——行政发包制。我们将"行政发包制"和"官场＋市场"的模式结合起来，可以更好地解开我们思考中国时产生的困惑。"官场＋市场"模式描述的是中国地区间的横向竞争，而行政发包制则用来描述中央跟地方的垂直关系。中央跟地方、各级地方关系中的上级政府和下级政府之间是层层的属地发包关系。所谓"发包"，就是将行政和公共事务，譬如经济发展、教育、医疗、质检等相关的公共服务发包给属地的主政官，地方出了事，或者没做好，主政官就要负责。同时主政官也要尽力筹集财政资源完成上级下发的任务。经过层层发包，基层政府，譬如县级政府，就成了绝大多数公共服务的最终承包方。

那么，行政发包制给地方政府带来了什么影响呢？它跟政治锦标赛、"官场＋市场"模式是怎样互动的呢？我们发现，它们之间是一种很有趣的关系。中央到地方、地方政府的上级到下级的层层发包，赋予了地方政府和官员以属地责任，同时也赋予了地方政府和官员以必要的行政和财政资源，或者实现发包任务的政策空间。因为是"发包"，中央只给地方行动"纲要"、"路线"、政策方向，有时甚至就只给一个指标，而具体如何落实中央精神以及实施方案，都是由地方政府具体决定。资源、责任、自由裁量权，再加上政治锦标赛的压力，导致地方政府不仅要完成上级下达的指标，还要想办法超额完成，尤其是那些"硬指标"。政治锦标赛激励着地方官员"聚焦"核心目标，动员一切可以利用的资源，努力完成上级认可和下达的重要目标，譬如经济发展、扶贫、社会稳定。所以，从公司治理的视角看，层层分包的机制让地方官员变成了准合伙人，而政治锦标赛、"官场＋市场"机制则让地方官员之间形成赛马机制。

刚才我提到了国家能力这个概念。如果只从国家能力的角度来看，计划经济时期我们的国家能力就已经达到了空前水平。改革开放以来的四十年，行政发包制、政治锦标赛、"官场＋市场"体制，对于我们在计划经济时代积累下来的国家能力、政策执行能力以及动员体制进行了极为重要的聚焦、激活和赋能，并且通过反馈机制加以引导和优化。在这种情况下，地方政府很清楚，他们要利用所有这些能力来推动地方经济的发展，因此导致了地方政府的运营有了"公司化"的效率和特色。目标责任制，层层下达、动员、执行，这些开展政治运动的传统工具现在都转化成了经济发展的动力与机制。因此，行政发包制、国家能力、"官场＋市场"以及改革开放以来不断推进的市场化，乃至加入全球化，使得我们国家既具有做事的能力，又激励把事做对，且在信息反馈机制下做对的事。这几种能力的融合已经超越了简单的"国家能力"概念，这其中尤其是国家能力、激励体系与反馈引导机制的紧密结合，缺一不可。这是我对国家能力理论在中国应用的一个拓展。

关于国家能力概念的另一个拓展是区分国家能力强与弱的领域及其解释。【图3】来自我在2014年于《社会》杂志发表的《行政发包制》一文。我将纵向的行政发包和横向的政治竞争分别区分为高、低两种情况：纵向行政发包程度高是指该项公共事务主要是下包给属地的责任，低指的是地方属地责任比较弱；横向晋升竞争程度高指的是该项公共事务在地方官员晋升考核中比重比较高，低则指的是在考核指标体系中比重比较低，或压根没有进入考核指标体系。

图3 纵向发包与横向竞争的组合

从这个组合中我们能看到什么呢？举国体制比较成功的领域，如高铁、核电、北斗等大型项目刚好处于行政发包程度和官员晋升竞争都低的区域，这片区域的特点是：中央主导，地方政府扮演辅助性和支持性角色，在晋升竞争中对这些领域的考核相对也比较弱。形成对比的是，纵向行政发包程度和横向晋升竞争都高的区域，我们国家在这一领域做得也是比较成功的，如招商引资、扶贫、灾后重建等。某个领域只要聚焦成一个重要指标，地方政府就可以很好地动用资源完成指标。刚才提到的我们体制中的痛点，恰恰就集中在纵向发包程度高，但是晋升竞争中所占权重比较低的区域。老百姓抱怨最多的问题几乎都出现在这片区域。所以，抽象地讨论国家能力或举国体制其实意义不大。现有文献对国家能力有各种各样的描述，从图3来看，其实国家能力在不同的"格子"中做着不同的事。这样一个框架，可以让大家看到中国的制度背后运行的底层逻辑是什么，可能会给大家一个解释性线索。

"官场＋市场"的模式可以帮助我们理解中国地区间经济发展的差异，但我还想提另外一个问题，即为什么同一个地方政府中的不同官员群体对同一件事情的态度会有差别，譬如招商引资。主政官员对招商引资、发展经济有高度的热情，因为这些官员直接对 GDP、财税收入负责，但是这些指标不能直接用于对环保局、公安局等职能部门的考核。譬如环保局，非但不对 GDP 负责，甚至还要对经济发展造成的环境破坏进行阻挠、警告。这样就会出现这种情况——一个企业到某个地方考察投资环境，主政官对他们非常热情，会做出很多许诺，但是等到项目落地跟地方职能部门打交道时，各种各样的问题就出现了。当然，各个职能部门需要执行国家制定的政策，需要坚持原则和制度，不可能对企业有求必应。这个不是我们这里讨论的情况。我们在现实中看到的情况是，当企业来投资的时候，一些职能部门并不是站在全局考虑问题的，也不是因为坚持原则，而是只考虑这个企业能给个人、他所属的职能部门带来什么利益。媒体上有时会报道一些地方政府如何对外部的投资者"开门纳客，关门打狗"，好像是政府各部门联合起来忽悠民营企业家的惯用手段。但我的理解不一样，我认为"开门纳客"是真，"关门打狗"也是真，只不过不是同一批人，前面是关心地方经济发展的主政官，后面是关心部门和个人利益的职能部门，而不是政府合谋的结果。所以，一个地方的经济能不能发展，营商环境能不能建立起来，靠的并不仅仅是主政官的口号和偏好。政策执行力取决于主政官的领导力——能不能驾驭小官小吏，将他们拉进政策执行体系中去，让他们的行动与总体行动保持一致。我把这种同一政府内部不同人群的"帮助之手"和"掠夺之手"的区分，称为历史上官吏分流的现代版。明清时期，胥吏没有晋升的机会，而且往往是世袭的，所以胥吏十分腐败。胥吏在本质上是赢利型"经纪人"，皇帝不给他发工资，所以他的目的就是赚钱；而官是流动的，他们有晋升空间，所以他们关注自己的言行后果，行为有所收敛。官吏分流导致了这两批人的不同行为。而如今的政治锦标赛和行政发包制其实在某种意义上也导致了"官""吏"分流的现象。

那么,"官场+市场"的解释框架怎样来回答之前提到的产权、国家能力、"帮助之手"与"掠夺之手"、政经互动等种种问题呢?"官场+市场"与行政发包制的互动基本上可以回答这些问题。官场竞争、市场竞争导致了地区间的经济竞争,官员利用各种资源帮助地方发展基础设施、产业园等,行政服务效率、政策执行力也因此得到提高和加强;同时,在别的领域,譬如医疗、环境、教育等领域,官员激励比较弱,国家能力发挥的作用则受到限制。

另外,我还能解释一个前面提到的困惑。中国在产权保护上存在的问题与民营企业的崛起、外商投资的增长之间存在一个悖论,而我的框架可以回答这个问题:对于地方官员,他知道自己的晋升命运寄托在民营和外资企业愿不愿意在本辖区投资。在这种情况下,地方官员会利用手中的行政资源,甚至个人承诺保护民营企业,努力营造良好的投资环境。这种产权保护并不来自于司法领域的进步,而是地方官员从自身利益出发给出的行政保护,因为官员有足够的动力跟民营企业家做朋友。在相当意义上,中国官员用行政保护和营商环境替代了司法保护,这就解释了为什么中国在司法领域所确立的产权保护不够完善,而民营企业和外商企业仍然愿意大规模投资,因为能够得到来自地方政府的有效保护。当然,有人会说行政保护不是完美的,不如司法保护公平、透明、持久。但问题是,等到司法本身进步到足以保护我们的民营企业时,已经不知道是多少年以后的事情了。所以,行政保护不是最好的选择,但却是一种次优选择(second best)。当然,这种激励并不是无障碍地自上而下自动贯通下去的,它也有局限,可能出现官、吏分流,需要地方官员协调各个部门的行为。

同样地,我的框架也解释了中国政治集权的稳定性和改革开放的彻底性之间的悖论。其实,在我看来两者之间并不相悖,而是完美的结合。因为如果没有人事任命权和政治权力的集中，聚焦经济发展的政治锦标赛、官场竞争就不存在，也难以推动20世纪80年代开启的市场化改革和对外开放。官场竞争与市场化改革、全球化捆绑在一起，如果没有与市场竞争的结合，官场竞争就可能演变成纯粹的权力游戏，上演"大跃进"时期竞相"放卫星"的局面。所以，在这个意义上，通过"官场＋市场"双重竞争机制，政治制度的稳定性和改革开放的彻底性是水乳交融的，谁也离不开谁，两者只有绑在一起才有可能造成我们今天的经济奇迹。GDP竞赛也强化了地方政府的资源汲取能力，比如在土地财政上，地方政府会用尽所有办法给企业提供融资，加强基础设施建设，政府的这种资源汲取能力并不是天生就有的，而是来自于地方竞争。所以，如果没有竞争机制，即使政府从计划经济体制下继承了全部的国家能力，可能也没有用。

在讨论经济学的制度范式时，我们不得不讨论政府和市场的关系。涉及经济发展这个问题时，经济学家一直存在争论，从亚当·斯密开始就有所谓的市场派，主张"看不见的手"，一直到今天的芝加哥学派、公共选择学派、奥地利学派等，他们虽然也强调市场有时会失灵，但认为政府的失灵更可怕，因为政府干预会带来更多的问题，所以与其让政府干预，还不如让市场自由发挥作用；但是在经济学领域，有人更强调国家干预，从凯恩斯到如今的诺贝尔经济学奖获得者斯蒂格利茨（Stiglitz）和哈佛大学的罗杰克（Rodrick）教授，他们都强调政府干预（"看得见的手"）和市场失灵。因为信息不对称、协调失败等因素，需要政府干预解决，其作用是不可否认的。

这两大主流学派的逻辑是，为了强调自己正确，就反过来强调对方的"另一只手"失灵。我想提出的挑战是，放眼望去，广大的发展中国家面临的最大困难是"两只手"可能同时失灵。任何一个国家要想从传统经济发展到现代经济，需要克服的困难太多了。办一个搞制造的企业,可能没有基础设施,金融市场的信息不对称导致企业借不到钱;也可能没有掌握熟练技能的工人,又不能寄希望于私人企业办教育、培训,更不用说基础性的研发,所有这些都需要政府去提供。可是当政府介入这些事的时候,也可能把政府失灵带了进来,如腐败、寻租和有限知识。市场和政府的双重失灵可能确实会让经济发展状况变得更糟,但是政府又不能放任不管,这样的话发展中国家就难以实现持续增长。所以,在这个意义上讲,中国过去四十年高速的经济增长为发展中国家提供了一个"中国式"的解决方案,即如何同时解决市场失灵和政府失灵的难题。用我的理论框架来描述,"中国式"的解决方案就是"官场+市场"。"官场竞争"促使地方官员建设基础设施、投入教育和技能培训、协调产业集聚,解决市场失灵问题。但是政府可能办坏事,也有可能做错事,因此我们的体制需要给官员政治激励,同时防止他做坏事和做错事;"市场竞争"则防止官员做坏事,引导其做对的事。为了克服市场失灵,我们引入了地方政府;同时我们又怕地方政府扮演"掠夺之手",因此又引入了晋升竞争,而且与市场竞争的结果挂钩,让市场竞争反过来制约和引导官员的行为。我们的这一套制度"组合拳"在相当意义上克服了政府和市场的双重失灵。这也就解释了过去四十年中国经济的持续、高速增长。

  从主流经济学的视角来看,政府和市场总体上是二元对立的关系,上帝的归上帝,恺撒的归恺撒——政府就应该提供基本的公共产品,市场就应该主要协调资源配置。超越这个分工,两者就是替代关系,政府多一点,市场就少一点,反之亦然。这是经济学中的主流范式。但是,中国的这种"官场+市场"模式对传统经济学中政府与市场的关系提出了有力挑战——辖区内政企合作,辖区间官场和市场双重竞争,那么这种情况下政府和市场到底是什么关系呢?两者的边界其实很模糊。地方政府看上去是

"政府",但它也参与市场竞争,也是一个市场主体;企业看上去是"市场",但市场背后站着的是地方政府,与地方政府"水乳交融"。还有一个很有意思的现象:当中国加入WTO,参与到更大的市场时,外部竞争愈加激烈,反而导致了辖区内的企业和政府更加密切、有效的合作。所以,如果从政府与市场二元对立的视角来看中国,至少在地区层面上,两者的对立没有太大意义,并不是有效的分析概念。

最后,站在历史的角度看,"官场+市场"经过了几十年的探索、演化,究竟是怎样的一种结合呢?总结起来即是,它把中国两千多年来最悠久的官僚政治传统(文官制度、科举制度)跟西方国家最悠久的市场化、全球化传统结合起来了。而且,市场化、全球化还改良、激活、引导了官场竞争;反过来,官场竞争又更好地赋能市场竞争,实现政企优势互补。我认为这两者之间实现了一种创造性的融合,这是最伟大的制度创新,也是邓小平最伟大的地方。他把中国传统积累下的官僚传统与计划经济时期塑造的国家能力通过持续的市场化改革和融入国际化,而加以最大化的聚焦、激活和引导。在任何别的国家都很难找到这两种竞争机制如此紧密的结合,它解决了发展中国家发展中面临的如此多的问题。当然,正如我前面所强调的,这种双重竞争机制不是完美的,也有其局限和短板,未来还需要不断改革和完善。

延伸阅读

道格拉斯·诺斯、罗伯斯·托马斯:《西方世界的兴起》,厉以平、蔡磊译,华夏出版社,1999年

德隆·阿西莫格鲁，詹姆斯·A.罗宾逊：《国家为什么会失败》，李增刚译，徐彬校，湖南科学技术出版社，2015年
张五常：《中国的经济制度》，中信出版社，2009年
周黎安：《行政发包制》，载《社会》，2014年第6期
周黎安：《转型中的地方政府：官员激励与治理》（第2版），格致出版社、上海三联书店、上海人民出版社，2017年
周黎安：《"官场＋市场"与中国增长故事》，载《社会》，2018年第2期

经济社会学的制度研究

——两条不同的跨学科研究路径

刘世定

北京大学社会学系教授

* 本文原为 2019 年 6 月 13 日刘世定老师在北京大学所做的"北大文研讲座"(第 131 期)。

一　不同层次的跨学科互动

经济社会学是一个跨学科的研究领域，它在经济学和社会学这两个学科的互动中发展，是从 20 世纪 70 年代以来一直比较活跃的一个研究领域。

讲到跨学科，我们有必要讲讲学科间互动的不同层次。经济学和社会学的互动可以大致概括为两个层次：一个是研究领域层次的互动，一个是基础理论层次的互动。

比较初级的互动是在研究领域层次上。具体表现为，一些经济学家运用传统经济学的理论进入传统社会学的研究领域进行研究；相应地，一些社会学家也运用社会学的传统理论进入传统经济学的领域进行研究。前几年去世的加里·贝克尔（Gary Becker）是开创这一层次互动的代表性人物。他在 1957 年出版的博士论文，题目叫《歧视经济学》（The Economics of Discrimination）[1]。当时的许多经济学家都在研究一般均衡理论，所以他的这个选题在当时的经济学研究里面是严重偏离主流的。但是他的研究成果却引起了社会学家的关注，有的社会学家甚至赞赏地说，社会学因此也有了一些基础理论模型。这大概给了贝克尔很大的鼓励，于是他又开始研究婚姻、家庭、犯罪等，进入一个又一个的社会学传统研究领域。最后他又把这些文章汇集起来，编成一本书叫《人类行为的经济分析》（The Economic Approach to Human Behavior）[2]。贝克尔认为经济学主要是一种方法，这种方法不仅可以用到传统的经济学研究领域，如市场、厂商等，也能运用到人类生活的其他领域，特别是社会学研究领

---

[1] G. S. Becker, *The Economics of Discrimination*, Chicago University Press, 1957.
[2] 加里·S. 贝克尔:《人类行为的经济分析》，王业宇、陈琪译，上海三联书店、上海人民出版社，1995 年。

域。社会学家们最初并不抵触贝克尔的研究，有的还非常赞赏，但随着贝克尔一步步地用经济学研究方法进入社会学研究领域，许多社会学家又不干了，他们感觉到了威胁，把贝克尔的研究纲领看作"经济学帝国主义"。但贝克尔自认为是一位社会学家。我记得有一年他访问北大，北大中国经济研究中心请我去参加座谈，贝克尔问我是哪个系的，我说我是社会学系的，他一听就说："事实上，我是个社会学家。"他那次讲的也是和人口有关的研究。虽然贝克尔自称是社会学家，但他首先是个经济学家，他的社会学家身份并不影响他去获得诺贝尔经济学奖，因为他的研究确实不仅对社会学而且对经济学有贡献。虽然学界一般不把贝克尔的研究称为经济社会学，但是广义上来讲，他拿着经济学的一套工具到社会学领域里面去蹚了个遍时，确实开创了一种经济社会学。但这种用传统经济学的工具分析社会学领域中问题的做法，是贝克尔早期的做法。后来他受到社会学的一些影响，在他的一些研究中放弃了传统经济学的假设，而引入社会学的某些假设，这就进入第二个层次的互动了。

在贝克尔用传统经济学的研究方法进入社会学研究领域后，传统的学科分界已经明显被打破，固守已经没有意义。社会学家也开始认识到这一点。有一些社会学家开始运用社会学的传统方法进入传统经济学的研究领域，比如大家都知道的，在经济社会学里有比较大影响的格兰诺维特（Mark Granovetter）、伯特（Ronald Burt）等人，他们都以自认为属于社会学的一套分析工具进入到传统经济学的研究领域进行考察、分析，特别是市场、厂商、财富生产等领域。[1]有的社会学家声称，我们也要搞"社会学帝国主义"。

---

[1]　参见马克·格兰诺维特：《找工作：关系人与职业生涯的研究》，张文宏等译，致格出版社、上海人民出版社，2008年；罗纳德·伯特：《结构洞：竞争的社会结构》，任敏、李璐、林虹译，致格出版社、上海人民出版社，2008年。

上面讲的是领域层次的互动。另外一个层次的互动是基础理论层次的互动，即在两个学科的互动当中试图形成新的理论分析工具，并且运用它来进行经验研究。

这是两个非常不同的研究路径。促使我进行这样一种划分的契机是，当年在北大给本科生讲经济社会学时写过一本教材，写完以后我请在清华大学讲经济社会学的沈原老师为我的教材写一个序。沈原老师做经济社会学研究的路数跟我不一样，他说我的研究应该叫"经济学的经济社会学"，大致把我归纳到和贝克尔差不多的那一路研究里面去。他认为他所坚持的，或者说大部分社会学家所坚持的研究，应该叫"社会学的经济社会学"。什么是"社会学的经济社会学"呢？就是用社会学的分析工具、理论假设进入传统经济学的领域。这样的分类名称比较简洁，作为一个标签来使经济社会学的初学者意识到这个学科有不同的做法，也有好处。但是我也担心会导致一些误解。

后来在我要退休的时候，当时的系主任谢立中老师建议我做场讲座，就讲"经济学的经济社会学"。我为了防止误解，并便于阐述我的想法，就在这个题目后面加了一个问号，叫"经济学的经济社会学？"。在这场退休讲座中，我讲了为什么"经济学的经济社会学"这个讲法可能会导致一些人的误解。实际上，我和一些想法接近的人所做的，是从经济学和社会学这两个学科当中提取要素，以便建构一些新的理论。我当时面对的北大社会学系的本科生中，有一多半都先修了经济学双学位，这促使我认真考虑，"经济社会学"究竟能比"经济学"多讲点什么？要面向这样的学生，于是我采用经济学传统的供给、需求、均衡分析等框架，对比着来讲，告诉学生"经济社会学"在每一个环节上都增加了一些什么东西，增加了这些东西以后，会得出怎样的逻辑结果。这个形式看起来好像是"经济学的经济社会学"，是用经济学的一套方法在分析，但其实不是，所以我要做自我辩解。

我们最想做的是上面讲的第二个层次互动下的研究路径,就是要在基础层面上有所互动,对原来两个学科的一些传统做法有所修改,然后形成一些新的基点。做成与否或者到底有多大成效是另外一回事,但至少有这样一种企图。

在社会学中,实际上也由此形成了两条跨学科的研究路径。一条是在社会学圈里接受度比较高的,用社会学成形的理论和方法进入传统的经济学研究领域当中,比如社会学研究过制度、网络、结构、文化等,就拿这些研究中形成的现成的理论去研究经济生活。我注意到美国一些有影响的经济社会学者,像格兰诺维特与斯威德伯格(Granovetter and Swedberg)[1]、弗兰克·道宾(Frank Dobbin)[2],在他们各自主编的经济社会学论文读本中,基本上就是强调采用这样的研究路径。

另外一条路径即从基础理论层面的互动中去发展经济社会学。在中国社会学界,这一条研究路径是从我们北大开始的。国外有些学者也在这么做,但是在国内确实是我们北大的经济社会学研究在自觉地坚持这一研究路径,我们想在基础理论上面有所推进。

这两条研究路径在制度研究当中也有所体现,我在这里就从制度研究的角度讲一讲这两条不同的研究路径,它们各自的特点、长处、可能存在的某些不足以及还需要探讨的地方。

二 制度研究路径 I

我们先说第一条路径,即用传统社会学的分析方法去进入

---

[1] Mark Granovetter and Richard Swedberg eds., *The Sociology of Economic Life*, Westview Press, 1992.
[2] 弗兰克·道宾主编:《新经济社会学读本》,左晗、程秀英、沈原译,上海人民出版社,2013年。

制度研究。我们把这条路径称为"路径I",其特点是:外生给定制度环境,考察由制度环境决定的组织特征、组织行为和个人行为。在制度环境中,不仅包含经由国家强力建构的所谓正式制度,也包含习俗、禁忌等所谓非正式规范。周雪光教授在文研院组织的这个制度研究系列讲座中,专门讲了对非正式制度的研究。[1]他讲的非正式制度,可以包含在外生给定的制度环境里。

从理论史的角度来看,这套做法严格说来是社会学者从20世纪30年代美国老制度主义者如凡勃伦(Thorstein Bunde Veblen)、康芒斯(John R.Commons)等人的研究传统当中继承下来的,而老制度主义则是美国的社会科学研究在一定程度上本土化的产物。当时的美国,有一部分人对主流经济学的一套分析框架不是很认同,他们结合美国本土的一些实践特点,发展出来了老制度主义的理论框架,此后逐渐形成研究传统。后来,这个传统在经济学里面慢慢被淡忘,却在社会学这里继承了下来。

在当代,这一研究路径下的代表性理论就是所谓组织社会学的新制度主义。周雪光教授在清华和北大讲组织社会学和经济社会学的时候特别讲过这种新制度主义。[2]组织社会学的新制度主义强调合法性机制,所谓合法性机制就是组织内部设置及行为与制度环境相协调的机制。比如,一个组织内部有一些机构设置,这些设置从效率的角度来看好像不是很有意义,它们的存在主要是适应它们所处的制度环境。在此需要提醒的是,这个新制度主义和新制度经济学的那个"新制度"并不是一回事,这个新制度主义是老制度主义的新制度主义,而不是交易成本经济学的新制度主义,它们的内涵是不一样的。

这种外生给定制度环境的研究路径确实可以从制度的角度

---

[1] 可参见本书第七篇,周雪光《论非正式制度——中国官僚体制研究的启示》。
[2] 见周雪光:《组织社会学十讲》,社会科学文献出版社,2003年。

解释许多现象。我们知道，今天的中国正处在制度变迁的过程当中，但事实上不是所有的制度都在变，其中有变化的东西，也有没变的东西。这条研究路径对于我们把握那些没有发生变化的制度结构如何发生影响十分有效。事实上，我自己做过的一些制度研究，虽然在分析的某些环节尝试把社会学和经济学的要素结合起来，形成多少有新意的理论生长点，但在整体分析框架上，仍然可以归到制度分析路径 I 的范畴。不过我们知道，这条路径对于制度变迁、对于在相互作用的群体之间遵循不同的规范、对于制度环境不确定条件下的诸多现象就缺乏解释力了，因为这套方法的理论前提是外生给定制度环境，在解释现实时这就意味着制度已经是现实存在并稳定发生作用的。用给定的制度怎么去解释其自身的变迁呢？

  按这套做法，在进行经验研究的时候，需要对制度的存在和特点做出预先判断，这常常会带来一些麻烦乃至偏差。比如我们在做经验调查时，可能会拿到一些规定的文本。这些规定的文本到底是不是制度？它们是否只是政府一厢情愿的一些规定条例？从社会学的角度看，制度是社会成员认同的互动规则。这些条例是不是大家认同的需要遵守的规则？不少做过社会学田野调查的人都知道，这还真的不一定，有的时候这些规定文本在一定程度上就是一纸空文。我们可以说它是一纸条例，但它并不一定是社会学研究意义上的制度。所以在经验研究中我们如果按外生给定制度的框架进行研究，就要预先判断：我拿到的这些文本到底是不是制度；它可能只是个摆设，而不是真的在运行当中发挥效用的制度。这种预先判断常常会有一些难度，往往会碰到这种情况：一开始以为它是个制度，做了调查之后发现，实际运行的制度并不是那个样子。所以如何预先把握制度环境，确实还有一些技术上、研究上的难度。这也是这条研究路径存在的一些不足和问题。

下面我想举几个我经历过的经验研究例子来说明怎么处理预先把握制度环境所面临的问题。需要声明，我下面所举的这几项经验研究，虽然在基本分析框架上属于研究"路径Ⅰ"，但在更具体的理论建构方面也吸收了社会学和经济学两个学科的要素。我想举三个例子来说明。

在预先把握制度环境时，一个重要问题是如何去把握真实生活中的制度环境。真实生活中的制度环境十分复杂，我们进行研究时不可能面面俱到。依据研究目标的不同可以有不同的把握制度环境的框架。问题是选择的框架要能较好地包容我们试图研究的真实生活中的制度要素。我想用进行农村社会经济研究时对"集体产权"这个制度环境的研究来讨论。我们在做农村土地利用、乡镇企业运行等研究时，会遇到一个基本的制度环境因素，这就是"集体产权"。在中华人民共和国宪法中规定了农村土地等资产的一种制度类型，叫"集体所有制"。但是这个集体所有制到底是什么？我们不能从字面上或仅依靠我们想象的"集体"概念去理解。在经验研究中，"集体所有制到底是什么"事实上成了一个摆在社会学者面前的问题。现在学界更习惯用"集体产权"这个用语。同样，对于"集体产权"是什么样的、是怎么运作的，我们不能从想象当中的一个"集体"概念往下类推，这样推下来的结论可能和现实有很大的差别。所以在使用"集体产权"这个用语时，要给它打一个引号，表示它可能有着一些和我们不加研究就想象的"集体"不一样的内容。当我们把"集体产权"作为外生给定的制度条件来处理我们的研究时，我们首先会面对如何表述它的问题。

不仅不能简单想象中国农村的"集体"概念，产权这个概念也需要追究。产权经济学在理解产权的时候，强调完全的排他和自由行使。但这实际上只是一种特例情况。在调查研究当中我们看到，排他性是有方位的，经济资源的占有者可能对某些主体排他，对另外一些主体不排他。传统产权经济学在研究占有方式选择的范围时，强调充分的自由，认为这是产权的又一个基本特点，但是我们在调查当中会看到，资源占有者能使用什么方式和不能使用什么方式常常是有诸多限制的，即占有方式的选择范围的自由度受到各种各样不同的限制。另外，还有占有的时间限度问题。无限期占有还是有限期占有，对人们的行为有很大影响。

当然，我们可以用产权经济学家已有的产权概念作为标准，即把完全的排他和充分的自由行使作为标准，来观察中国现实中的产权特征。但这样做有一个严重的缺点，就是它告诉我们的是中国现实中的制度"不是什么"，而没有回答"是什么"。在描述中国现实中的产权制度特征时，学界常用的"残缺的""模糊的"这些说法，就是在告诉我们"不是什么"。然而，怎么描述"是什么"呢？

在经验研究的基础上，我在《占有制度的三个维度及占有认定机制》一文中试图给出一个描述产权的框架，从现实的社会过程中到底是哪些主体如何在三维结构中占有这个角度去把握产权制度环境。[1]

这个描述框架很简单。我们将占有作为基础概念，将产权界定为得到社会认可的占有。认可的机制有多种，通过法律的认可、通过普遍性意识形态的认可、通过特殊人际关系的认可等。占有的三个维度包括，占有的排他性方位、占有方式选择的范围、占有的时限。排他性方位概念，强调占有的排他性不仅有全方位排他和全方位不排他的极端状态，而且还有有限方位排他的中间状态。在中国社会的占有关系中，存在大量的有限方位排他现象；占有方式的选择范围概念刻画的是特定主体对一定的经

---

[1] 刘世定：《占有制度的三个维度及占有认定机制》，载潘乃谷、马戎主编《社区研究与社会发展》，天津人民出版社，1996年。

济资源能够以怎样的方式、不能以怎样的方式利用的问题，它不是简单地区分是否自由行使，而是要求把握自由度的大小和具体的受限制方面；占有的时限概念突出了时间概念在产权中的重要性，中国产权改革的一些重要方面，如土地承包权的稳定、乡镇企业的改制，都和占有的时间因素有密切联系。借助这个框架，我们可以对一些复杂的产权现象做出更准确的把握。

以排他性方位的研究为例来做一点说明。如果不考虑排他性的方位，我们可能会以为中国的乡村"集体产权"意味着对乡村集体组织之外的主体都是排他的。但是利用排他性方位的概念，再将层级结构、排他的硬度概念引入，我们会看到，嵌套在中国政府的一套层级结构中，乡村"集体产权"的纵向排他是软化的，即对政府的排他是软化的，而横向排他则不软化，比如这个财产是我们村的，那其他的村子就不能随便来拿。至少在把握20世纪50年代到20世纪末这段时间中国乡村"集体产权"的制度环境时，纵向排他软化这一点很重要，它可以帮助我们理解中国农村经济运行的许多现象。

预先设定制度环境进行研究时，面临的另一个问题是对制度要素组合效应的把握。同样一些制度要素，不同的组合会形成不同的制度环境。在这个方面我想举的例子是对"同产不同权"或者"同产差权"的研究。所谓"同产不同权"是指在非经个人间有限授权的条件下，不同主体掌握同样的资产时拥有不同的权利。这是在中国经济社会生活中存在的一种非常有特色的现象，是身份制和产权组合而成的制度，它不同于有些国外学者研究过的可以称为"不同产不同权"的现象。在"不同产不同权"中，权利和不同的资产连带，但是和主体身份不连带，也就是说，没有身份制和产权组合。例如，有一块湿地是你的个人财产，但因为这块湿地影响着当地的气候环境，所以当地社会、政府要求你不能按照个人的意愿任意处置，比如把水排干。如果你的个人财产不是这块湿地,那么你愿意把水抽干了盖房子还是种树是你的个人自由,无人干涉。当然,你可以把这块湿地卖给另外一个主体,而另外一个主体一旦买进了这块湿地,他也仍然没有权利排水、盖房子。这叫"不同产不同权",即任意主体拥有"不是湿地"的财产和"是湿地"的财产,权利是不一样的。但是,我们这里讲的"同产不同权"的情况却与此不同。它的特征是,不同主体、有不同身份者拥有同样财产,权利是不一样的,因权利的差异带来的收益也就不同。周飞舟教授深入研究过地方政府的土地财政,土地财政中很重要的一部分就来自这种"差权"。在乡村集体组织手中的土地,没有按照自身意愿自由买卖、自由从事能够获取土地增值收益的建设的权利,但是土地可以由集体转移给政府,变成国有土地,这样就可以用于建设,开发商就有利益可得。同样的资产到不同的主体手里可以有不同的权利,这是中国极具特色的、与身份联系在一起的制度安排。这是身份制和产权组合在一起形成的制度环境。在这一架构下,我们可以理解很多现象,譬如土地财政、征地当中的社会冲突、预留地当中的博弈,甚至私下交易中的一些所谓的腐败现象。这里有许多值得研究的问题。这种研究,我们也是预先给定某种制度环境的架构,而这种架构是由产权制度和身份制组合而成的。如果对这种制度环境的架构把握得好,有洞察力,就会给后面的研究带来启发;但如果我们看不到制度组合的意义,对制度环境仅仅做一般性把握,只看产权或身份制,接下来的研究可能就不能得到把二者组合起来后增加的新知识。

预先设定制度环境还面临一个识别无效力规定的问题。如果我们把无效规定当成是制度环境,那就会在制度分析上误入歧途。我们在调查中注意到,在制度变迁过程中,某些规定和另一些制度之间存在张力,这种张力会使一些规定无效。我想以20世纪90年代农村合作基金会调查中对一些文本规定的分析为例,来说明无效规定。

在做田野调查的时候，通常的做法是先拿到一些文本，看看制度上有哪些规定。但是仅仅看到有哪些规定还不能够使我们了解制度究竟是什么样子，我们还要通过访谈、实地调查去看制度实际上是怎么运行的。

我们曾做过农村合作基金会的研究。农村合作基金会是20世纪八九十年代在农村的一些实验区及县、乡镇建立的一种地方性金融机构，类似于地方银行，后来中央因为担心引起金融上的问题，所以在90年代末叫停了。我们在做农村合作基金会研究时发现，当时政府给农村合作基金会是很放权的。我们在一个县调查时了解到，按文本规定，五万元以下的贷款由基金会主任审批，五万元以上则由上级的经联社主任审批。从文本的规定来看，日常业务中最重要的决策人是农村合作基金会的主任，他有权拍板投资或是不投资。制度条文给了农村合作基金会的主任在一定额度下的投资决策权，当中包含了对上级的拒绝权，换句话说，即使是上级政府觉得应该投资，而主任认为不合适，是可以拒绝上级政府的要求的。但是，如果我们依据文本以为这就是基本的制度架构的话，那么就大错特错了。为什么？如果我们把农村合作基金会主任的决策权放在等级结构的制度环境下加以考察，就会发现事情并非如此，因为农村合作基金会的主任是由上级任命，人事权在上级政府，主任的老婆孩子还在这边生活，所以他拒绝权的行使力度实际上是很有限的。从分析的角度来讲，我们先设定了一个孤立的资金投放博弈，这时候我们看这套制度是可行的。但是如果我们把这套制度嵌套在等级制度环境里面，这其实便包含了两个博弈：一个是资金投放博弈，同时还有一个等级博弈。如果把这两个博弈关联起来，我们就会发现，那个有关基金会主任权力的规定其实在很大程度上是一纸空文，是无效规定，甚至都不构成真正意义上的制度。为什么？因为有一个更大的、没有变的给定的等级制环境在发挥着作用。[1]

上面三个经验研究的例子意在说明，当我们沿着路径 I 预先给定制度环境进行研究时，会遇到一些需要谨慎处理的问题。当然，问题不止上面那些。在恰当地给定制度环境的前提下，路径 I 的研究方法对我们理解某些社会运行特征确实是蛮有效的。在制度稳定的条件下，这种研究方法的有效性更为突出；在制度变迁的条件下，其有效性就要打折扣了。当然，这条路径可以通过预先给定不同的制度环境来考察制度变迁的影响，但是它对制度变迁本身，对制度变迁的机制，显然是无力解释的。

三　制度研究路径 II

下面讲一讲第二条研究路径（我们称之为"路径 II"）。路径 II 的制度研究的基本框架是在同时吸取社会学和经济学的分析要素后形成的。

路径 II 从经济学里面主要吸取了交易成本经济学、制度演化分析中将制度作为内生变量处理的视角。传统社会学中的结构分析，或老制度主义分析，是把制度作为一个外生给定的变量来处理的。交易成本经济学的一个变化就是把制度作为内生变量来处理。在制度研究中这是一个非常重要的转变，它使研究者对制度变迁的考察从具体描述转向了理论解释。

路径 II 也肯定基于资源获取的利益互动在制度形成和变迁中的作用。经济学研究特别强调制度的形成基于利益的互动，强调在制度形成和变迁过程中，相对收益和相对价格在起作用。这一

---

[1] 刘世定：《低层政府干预下的软风险约束与"农村合作基金会"》，载《社会学研究》2005 年第 5 期。

点，路径Ⅱ的制度研究也认同。

　　当然，我们也注意到在经济学的某些分析中存在功能主义解释的弊端和机制不清的问题。功能主义解释的弊端在于它没有给我们指明机制，按照功能主义的解释，如果有不同的制度可供选择，一些交易成本低，另外一些交易成本高，那么自然交易成本低的更好，从而低交易成本制度会自然替代高交易成本的制度。这种功能解释是存在缺点的，其中的机制到底是怎么样的？人们一定会选择交易成本低的制度吗？按照有功能主义味道的交易成本经济学的分析，好像组织和制度都会朝向更低的交易成本指示的方向演化，这与一些事实不符。这是令我们不满意的一个地方。但是将制度作为内生变量处理的视角，我们觉得是有意义的。

　　路径Ⅱ从社会学中首先吸取了人的有限社会化假定及与此相联系的内化规范差异的假定。社会学假定人是"社会人"，这是在社会学者中认同度很高的假定。但传统社会学往往也给人的社会化以过强的假定，在这种过强的社会化假定下，通常是给定一个结构，给定人在这个结构当中的角色，后面的一切事情似乎就都搞定了。在我们遵循的经济社会学研究纲领中，承认人是具有社会性的，其心智结构中内化了行为规范，这没有错。但是，我们强调，人的社会化是有限的、不完全的。这和个体追求与社会规范间的张力有关，和人只具有有限的认知与学习能力有关，和社会规范本身的不完备有关。在概念上，我们采用了"有限社会化"这个术语。从有限社会化假定导出的另一个假定是不同个体内化的行为规范会存在差异。

　　从有限社会化假定和规范差异假定出发，我们得到的一个基本的逻辑设定是，行动者之间不仅仅进行利益互动，同时也携带着不同的规范互动。

　　我记得前些年在西藏做调研时，深深感到这种双重互动在生活中渗透到了许多方面，不容忽视。很多时候我们自以为靠经济手段就能够搞定，实际结果却并非如此。例如，我们了解到当地存在的一个问题是开矿山引起的社会反响。内地一些企业看到矿山是资源，又是国有的，所以认为去开矿没有任何问题。但是矿山对当地藏民而言有一种特别的神圣感，有时他们反倒要把财富输送进神山里面去，由此和神产生互动。从神山中开矿，对于藏民来说是一个很大的问题。听当地人讲，当时一位中央领导到西藏访问了解到藏民的反应后，便叫停了此事，得到了藏民的积极评价。这个事情说明，人是携带着规范在互动的，并不是只有利益互动就能把事情搞定的。

总之，路径Ⅱ从经济学中吸取了制度从利益互动中内生的思想，从社会学那里吸取了人是携带规范互动的思想。

这样，我们就可尝试发展一个研究架构，我们称为"双重互动"或"双重博弈"，在利益互动和规范互动中考察制度的形成、变迁及社会后果。

我们所说的利益互动，是指以物质资源的获取为目标的互动；规范互动，是指人们携带着不同的社会规范展开的互动。不论是利益互动还是规范互动，都影响着人们的效用。现实当中的真正制度，是在双重互动的均衡位置上形成的。如果没有达到双重互动的均衡，制度就会出现很大的问题。

以上是路径Ⅱ的制度研究特点。路径Ⅱ的制度研究并不排除存在互动各方共处的制度环境的影响，只是我们特别突出强调在这样的双重互动中去理解制度。

路径Ⅱ从利益和规范的双重互动中内生地理解制度，因而特别强调制度（规则）存在于社会共识、社会认可之中。没有得到社会认可的条规，不是制度。因此，我们在做调查的时候特别警惕。我们虽然会拿到一些文本，但那些文本是不是制度，我们还不能够立即做出判断。一项条规是不是实际运作当中的真正制度，还要看社会成员对它的认可程度。那些没有得到社会认可的条规，即便是以法律形式发布的，或者因为发布者没打算执行它，或者因为发布者想执行而老百姓不太认可，或者因为虽然老百姓认为它不错，但当权者并没有想去执行等原因，而不能算作制度。换句话说，没有达到某种社会共识的东西，无论它以什么样的形式存在，在社会学意义上都不能被视作在实际运作中真正存在的制度。

从社会认可的角度来看，路径Ⅰ在预先设定制度环境时，事实上假定了社会成员一致认可的制度的存在。但是遵循路径Ⅱ，当我们从人们携带着规范的互动角度来看，就会发现制度的不完整性，即未得到社会成员的一致认可，这并不是例外的现象，而是相当普遍的。刚才已经提到，有些条规发布之后，未得到广大民众的认可，而有些条规甚至发布者本人就不认可，只是做个样子罢了。这里面的情况实际上相当复杂。

我想再专门交代一下制度的不完整性概念。我们讲的制度的不完整性概念不同于交易成本经济学中的制度的不完全性概念。制度的不完全性强调由于人们有限的认知能力、信息的有限性以及未来的不确定性，因而当前被认可的制度（合约）必定存在漏洞；而经济社会学从社会认可的角度来看制度，就会发现另外一种现象，我们称之为"制度的不完整性"，它强调即使在当下，规则也未得到社会成员的一致认可这样一种状态。

谈到社会认可时，进一步的问题是，这种认可是什么样的认可？我们强调，只有得到社会共识，也即得到多方认可的规则才能被称为制度。然而，进一步的观察和思考可以发现，即使获得了认可，但认可的机制可能存在差异，不同的认可机制导致的后果可能还不相同。因此也就存在着"何种认可"的问题。假定国家发布的法律无须强制便得到民众的一致认可，此时是双赢的认可；但如果发布的法令有相当多的民众不认可，而国家运用强力对不遵从者实施惩罚从而使民众被迫认可，那么这种认可则是零和博弈下的认可。在这两种不同的认可下,制度运行的特征、后果都会有所不同。当然,这是两个比较极端情况下的对比。但是,它使我们比较容易看到实际上存在着不同的认可机制,它们导致制度实施成本、实施状态上的差异。张静老师在一篇论文中讲到,在多重规范并存的经验研究里面,实际上有不同的认可机制,有的通过政治过程就能解决互动规范的不一致问题,而有的则在政治过程中没有解决,问题一直遗留到了实施过程中,当然最后也会搞出个结果来。

下面我举几个研究的例子来说明。一个是有关政策变通和制度变迁的研究,当年王汉生教授和包括我在内的几个人一起做过这方面的研究,并写过一篇文章,文章题目是《作为制度运作和制度变迁方式的变通》[1]。从社会认可的角度来看,政策变通实际上就是把社会认可度低、不完整程度高的制度安排变为社会认可度高、不完整程度低的制度。

我曾做过乡镇企业发展和制度变迁中当事者对产权的认知的作用研究。我们发现,伴随乡镇企业的发展,产权似乎在不知不觉当中发生了变化,但是大的法律架构至少在一段时间当中没有变。产权的这种变化和当事者对产权的认知有关,一些重要的变化存在于当事者的默认之中。比如,在改革初期,我们的法律没有给私营企业的发展以合法地位,但是老百姓认可"谁投资谁拥有",地方政府也认可,这就成为一个大家公认的规范。最后给企业戴一顶"红帽子",使之在形式上更具合法性,而当事者间的认可是先行的。所以我们在研究产权的时候,要注意产权不光是一个法律现象,它是和人们相互的认可联系在一起的。

某些城中村改造中的制度认知冲突与解决也和制度的社会认

---

[1] 制度与结构变迁研究课题组:《作为制度运作和制度变迁方式的变通》,载《中国社会科学季刊》1997年冬季卷,总21期。

可有密切关联。北大深圳研究生院的城市规划学院曾请我去做有关产权的讲座,我就讲了经济社会学对产权的理解。我说,从社会学角度看,产权不仅是由法律规定的,更重要的是,产权存在于社会共识之中,是得到社会认可的对资源的占有,而这种社会共识常常要通过协调博弈——既有合作也有冲突的博弈——才能形成。深圳当时遇到了一个难题,为了一劳永逸地解决一些问题,深圳在20世纪90年代末由政府单方面宣布,所有辖区全部实现城市化。这背后的意涵是什么呢?我们知道,中国的法律规定,城市土地是国有的,深圳的大部分地区原来属于乡村范围,一些村庄即便已经成为"城中村",土地仍是集体所有的。然而,政府宣布全部辖区都实现城市化以后,就意味着深圳境内所有的土地都是国有的了,这样一来老百姓就不干了,许多人并不认可这种规定。从政府这边来看,土地既然变成国有的,政府该怎么改造就可以怎么改造。不少农民一看这形势,就抓紧在自家的楼上加层,原来的三层楼变成六层,他们认为政府来改造时这样的既成事实将有利于跟政府讨价还价。这当中引发了很多冲突,既有利益冲突,又有规范冲突。最后,听城市规划学院的李院长说,经济社会学关于产权是得到社会认可的占有、通过协调博弈达成社会共识的观点还发生了一些影响,大家慢慢谈判,达成共识解决问题。深圳的城中村改造事件说明,即便是法律宣布了一项规定,如果没有得到民众的认可,或者认知上有冲突,照样会产生一系列问题。

关于路径Ⅱ的相关理论和经验研究,我想讲讲"多重规范互动"问题。这个问题是研究路径Ⅰ不会遇到的。刚才我们已经讲到,路径Ⅰ假定制度环境是大家一致赞同的,而路径Ⅱ关注的一个基本点是当事者携带着不同的规范进行互动。在多重规范互动的条件下,制度如何内生地形成,在研究中其实是一个难点。这不仅仅是中国制度变迁过程中的难点,也是当前的一个世界性的难点。亨廷顿讲的所谓的"文明的冲突",实际上就是大家都携带着不同规范在互动的冲突。不同规范的互动,是今天处理很多复杂问题时必须考虑的一个视角。比如贸易谈判,不光是钱与利,还有贸易双方各自携带的规范怎样达成共识的问题。这方面的研究还有待深入。

中国的社会学者在这方面也进行了一些研究。比如张静教授在《土地使用规则的不确定:一个解释框架》一文中考察了各当事者携带着多种准则时的土地纠纷及平息方式。[1] 张静教授的经验研究发现,在土地纠纷中,一些人援引土地承包合同,一些人则援引土地法中"集体所有"条文,还有一些人援引一般的"公有制"理念等,而不同的准则指向不同的解决方案。在利益和规范的交织博弈中,解决纠纷的方式也是多样的,有的诉诸政府部门决定,有的最终由村干部说了算,有的通过群体压力解决,有的则是当事人交易。这些不同的利益、规范的博弈怎样协调并最后达成平衡,在理论上很值得我们归纳总结,使其条理化,哪怕只是小案例,只要有学术价值,就需重视。因为小案例中的道理可能不是小道理,而是大道理。

怎么解释这种现象?张静教授通过两个理想型的对比来揭示其中的逻辑:理想型 I 是政治和法律活动已分化模型,理想型 II 是政治和法律活动未分化模型。在理想型 I 里面,假定政治和法律活动已经完全分化为两个领域中的活动,各自遵循着不同的准则、实现着不同的目标。产权界定和实施规则是在政治活动领域中,通过社会成员的广泛参与,在利益互动和规范互动中形成的。产权的界定和实施规则,在政治活动领域中完成了广泛的社会认可。而法律活动领域则是按规则识别人们的行动,对纠纷做出裁决,识别谁违背了规范,谁没有违背。

---

[1] 张静:《土地使用规则的不确定:一个解释框架》,载《中国社会科学》2003 年第 1 期。

在理想型Ⅱ中，假定政治和法律活动没有分化为两个领域。法定产权规则的制定没有社会成员的广泛参与，因而没有得到广泛的认可。在经济资源占有发生纠纷的地方，人们各取所需地援引不同的规范支持各自的利益诉求，纠纷的平息方式取决于各方的力量对比，而力量对比又取决于各方已经掌握的资源、情境定义能力、调动第三方介入的能力等。经济资源的占有是在特定的条件下，在当事人的互动中被局部认可的。

张静教授用两个极端模型的对比为我们提供了一个解释，当然可能还有中间状态或者其他解释，但无论在哪个模型当中，我们都会看到不同规范的互动，只不过互动的领域、机制、表现形式不一样。这是研究路径Ⅱ特别要关注的问题。

再举一个和研究路径Ⅱ有关的例子。我曾做过一项有关公平互动中的集体选择的调查和研究，可参见我的论文《公共选择过程中的公平：逻辑与运作——中国农村土地调整的一个案例》。[1] 从研究路径Ⅱ来看，社会公平是被放到当事者的利益—规范双重互动的视角下来理解的，而不是研究者秉持的外在评价标准。这种秉持外在评价标准的公平研究比较流行。比如，一些对教育不公平的研究，不引入当事人，而是采用一套研究者的标准，说这是不公平的；一些对分配不公平的研究也一样，也有一个研究者的外在评价标准存在。但是当事人怎么看呢？我们现在很多的公平研究，没有从当事人的视角去做。而沿着制度研究路径Ⅱ的经济社会学研究，把公平问题看成一个规范互动现象，把它放到当

---

[1] Liu Shiding, "De la preference individuelle au choix collectif: Un cas de redistribution des terres en Chine rurale", Sous la direction de Isabelle Thireau et Wang Hansheng, *Disputes au village chinois*, Editions de la Maison des sciences de l'homme, Paris, 2001. 中文见刘世定：《公共选择过程中的公平：逻辑与运作——中国农村土地调整的一个案例》，载拙著《占有、认知与人际关系——对中国乡村制度变迁的经济社会学分析》，华夏出版社，2003年。

事者的互动当中来考察。

　　经典的公平研究，有罗尔斯在"无知之幕"下的公平概念和布坎南在"不确定性帷幕"下的公平考察。这两个概念在很大程度上是互相影响的。布坎南是当代公共选择理论的创始人之一，他获得了1986年的诺贝尔经济学奖，在获奖的时候他说，他的"不确定性帷幕"和罗尔斯的"无知之幕"异曲同工。后来我在看罗尔斯的《正义论》时发现，罗尔斯也在引用布坎南的"不确定性帷幕"的思想。这两个概念都假定人们不能确切知道自己的地位、利益何在，罗尔斯认为在"无知之幕"下的公平才是没有受到利益侵染的真正的公平；布坎南则认为在"不确定性帷幕"下人们比较容易达成一致赞同，而"一致赞同"被看成是效率与公平的统一。不过，也应该看到，这样的假定其实取消了不同的公平规范互动的存在价值。

　　在做经验研究的时候我们知道，当事人可不是在完全的"无知之幕"下行动，也不是在高度的"不确定性帷幕"下行动，他们在很大程度上知道自己眼下的地位、利益何在，同时对自己未来的地位、利益何在也有不完全知悉之处。因此我们采用了"有限不确定性帷幕"这个概念，观察和分析人们在"有限不确定性帷幕"下面如何进行利益互动和公平规范的互动，并形成制度安排。我们不像单纯利益互动范式那样，把公平仅仅看成利益的幌子。我们知道人在社会化过程中，将有限地内化某些社会规范，在与他人的互动中人们会将这些规范携带进去。

　　我在做农村土地调整方案形成的调查时，曾住在农村老百姓的家里，和农民、村干部私下聊天，了解他们的公平合理观，思考其中的逻辑；参加他们的会议和公开讨论，听他们在公共场合如何表达自己的利益，如何使用"公平""合理"这些词语；比较他们在公共场合的表达和私下里的谈论有什么差异；观察在争执中方案如何最后形成，哪种"公平""合理"观念占上风；跟着他们一起去看土地调整方案的落实,观察这个过程中当事人的满意与不满意,如何在这个过程中使用"公平""合理"话语,等等。在这个过程中,"有限不确定性帷幕"下的利益互动和规范互动成为生动的过程。我看到,一方面,老百姓知道土地调整以前和之后自己的利益所在,他们要争取更多利益;另一方面,村子里的老百姓相互之间抬头不见低头见,未来的关系是要维系的,而未来存在着大量的不确定性,所以往往还不能为了调整土地的利益撕破脸面。在公平互动过程中,老百姓既要考虑他自己能看得到的现实利益,还要考虑相互间更长远利益的协调。老百姓在公开场合使用"公平""合理"这些概念的时候,是要把理由拿到桌面上的,不是说我屁股坐在哪里,哪里的利益就是公平。这在农村行不通,大家会认为这种人是不懂事、不讲理的。所以,老百姓讲出的道理,既揉进了自己的利益,又要拿出面上还说得过去的理由,不然不能说服别人。不同规范的互动,在"有限不确定性帷幕"下面会凸显出它的意义来。这种互动,一部分是利益互动的投射,一部分是内化的规范的展现,也有一部分是规范性的说服。

我们在说"双重互动"的时候,假定人是既追求利益又讲道理的,如果大家都是耍混的人,那就没什么道理可讲了。现实中,耍混的人确实有,任何理论假定也不可能覆盖所有可能的情况。

从路径Ⅱ的研究视角,我们还注意到一类制度现象,这类现象的影响直到今天还存在,这就是掌握权力的当事人在互动中同时认可两类相互有矛盾的准则,并且依情境选择性地实施。这导致人人都是遵规者且人人都是违规者的局面,并带来治理上的一些特色。当年我和王汉生老师一起做农村乡镇企业研究时发现一个非常普遍的现象,我们把它叫做双重税制。什么是双重税制?其含义是,一方面国家规定了税法,企业、个人需要按这个税法纳税;另一方面,政府又实施了包税制,中央给各省下达税收任务,省把任务分解到市,市分解到县,县分解到乡,乡再分解到各个企业,完成了上级包下的任务，算是完成了税收。但是包税制和国家制定的税法之间，可不是完全吻合的。有些时候可能完成了包税任务，而实际上还没有完成依法纳税的额度；有些时候可能已经超过了依法纳税的额度，但没有完成上级包下的税收任务。这两种情况实际上是并存的。我们了解到，在政府和企业的互动中形成了一种特殊的默认或认可。比如，下级政府只要完成了上级包下的税收任务，那么即便企业没有按税法缴纳足够税额，也算你已经完税，政府也默认企业可以造出既和包税额相符合，又和税法相协调的假账。包税制是20世纪70年代末伴随各地实行财政包干以后逐渐演化出来的一种税制，并在一段时间中一直实施。双重税制在当时是保护地方发展的一项重要措施，但是后来导致了很严重的一个后果，即人人都是遵规者，同时人人都是违规者。企业经营者因此背负了"原罪"，少有例外地都变成了原罪者。结果，政府说你违规你就违规。早期保护地方企业发展的措施，后来却导致了非常不正常的政企关系。政府可以相机胁迫，政府现在需要企业做什么，企业就得做，不做的话，政府就要"查账"，背负"原罪"的企业经营者立即服软。这种特殊的利益互动和规范互动给后来的治理带来很大的问题，也给健康的经济、社会发展投下了阴影。

概括地说，从利益互动和规范互动的角度研究制度，我们会了解制度究竟是什么样的、怎么形成的、怎么变迁的、其机制是如何的。

需要说明，我上面讨论的两条制度研究路径只是众多制度研究方式分类的一种，当然还可以有其他的分类方式或者其他的研究路径，这是不言而喻的。

另外强调一点，我们讲的是制度研究的不同路径，而不是不同的制度。它并不意味着是针对不同的制度的不同的研究方式。针对同样的制度，我们可以从不同的路径去加以研究，当然不同的路径会使我们看到不同的侧面，不同的路径之间也各有利弊。

延伸阅读

G. S. Becker, *The Economics of Discrimination*, Chicago University Press, 1957

加里·S. 贝克尔:《人类行为的经济分析》,王业宇、陈琪译,上海三联书店、上海人民出版社,1995 年

罗纳德·伯特:《结构洞:竞争的社会结构》,仟敏、李璐、林虹译,致格出版社、上海人民出版社,2008 年

弗兰克·道宾主编:《新经济社会学读本》,左晗、程秀英、沈原译,上海人民出版社,2013 年

马克·格兰诺维特:《找工作:关系人与职业生涯的研究》,张文宏等译,致格出版社、上海人民出版社,2008 年

Mark Grannovetter and Richard Sweidberg, *The Sociology of Economic Life*, Westview Press, 1992.

刘世定:《占有制度的三个维度及占有认定机制》,载潘乃谷、马戎主编:《社区研究与社会发展》,天津人民出版社,1996 年

Liu Shiding, "De la preference individuelle au choix collectif: Un cas de redistribution des terres en Chine rurale", Sous la direction de Isabelle Thireau et Wang Hansheng, *Disputes au village chinois*, Editions de la Maison des sciences de l'homme, Paris, 2001. 中文见刘世定:《公共选择过程中的公平:逻辑与运作——中国农村土地调整的一个案例》,载氏著《占有、认知与人际关系——对中国乡村制度变迁的经济社会学分析》,华夏出版社,2003 年。

刘世定:《低层政府干预下的软风险约束与"农村合作基金会"》,载《社会学研究》,2005 年第 5 期

张静:《土地使用规则的不确定:一个解释框架》,载《中国社会科学》,2003 年第 1 期

制度与结构变迁研究课题组:《作为制度运作和制度变迁方式的变通》,载《中国社会科学季刊》,1997 年冬季卷,总 21 期

周雪光:《组织社会学十讲》,社会科学文献出版社,2003 年